九色鹿

GUARDING AND CO-PROSPERITY

Taiyuanyin in
the Tang Dynasty

镇守
与
共荣

唐代的太原尹

廖靖靖　著

社会科学文献出版社
SOCIAL SCIENCES ACADEMIC PRESS (CHINA)

本书为国家民委民族研究项目
"镇守与共荣：唐代北都周边民族关系与治理经验研究"
（2020-GMH-004）成果

本书受中央民族大学中国史一流学科建设资助

· 目　录 ·

绪　论

隋唐是中国统一多民族国家发展的重要时期，结束了东汉灭亡以后三百六十余年间的动荡分裂和南北对峙，看似"分久必合"，实则反映出中华民族共同体的持续发展，各民族交往交流交融进入新的阶段。表面上多个政权割据、对立的魏晋南北朝，从历史发展的全貌来看，全国性的多民族统一始终是趋势和主流：民族间的交融不断增进，人们对统一的期盼日益迫切。唐朝的"大一统"可谓"大融合时代"结出的果实，其灿烂辉煌的文化、强盛的国力、繁荣的经济皆由各民族携手创造，并成为中华民族大家庭的共同记忆。

在边疆汇聚为中国的漫长历程中，北方游牧与农耕混合地带曾经是各民族相遇相知、杂居共处、互嵌合作的前沿与舞台。发展至隋唐，胡汉文化进一步凝聚，跨越农耕和草原文明的复合型王朝建立，河东地区成为边疆诸族南下与融入的重要通道、枢纽，既是代表朝廷进行政令宣慰、文化传播的窗口，又是地方治理、道德教化的中心。如何全面、具体地还原该区域各民族交融与共荣的历史现场，唐代的北都太原是我们深入研究的关键切入点——人群从这里流动，承载着大量与周边民族互动往来的记录；官员在这里镇守经营，执行着不同时期唐朝中央对西北、北方诸族的政策，应对复杂多样且动态变化的民族关系。

跟随本书，我们将见证太原的历史：从龙兴之地到三都之一，从国之北门到北部边防线中心，最后落入割据势力之手，在五代十国的风起云涌中成为夺天下者的梦寐之地。在政治史、军事史、民族史、经济史的交织下，唐代北都不仅是一座城，城内、城外以及它所影响的更广泛的空间里，有太原尹、北都留守、河东节度使、少尹、副使等各类官吏，有天兵军、河东土团等武装力量，还有回纥、吐蕃、沙陀、退浑、契苾等族群，他们是中国古代民族交往交流交融的真正践行者。通过收集、整理、汇合他们的人生历程，可以再现一个立体鲜活的北都太原，重塑多元立体的唐代北部局势，分析唐王朝在处理民族关系、边疆事务上的利弊得失，探索与总结治理经验。

一　缘起：旌节镇北都

"襟四塞之要冲，控五原之都邑。"[1]太原地势险固，位于黄河中游，地处山西中部。唐代太原内有西城、中城、东城三城，其间晋水沿西城而过，汾水穿中城向南流。该地区本并州，天授元年（690）设置北都，开元十一年（723）为太原府。

太原乃唐之"北门"，作为北都与西京长安、东京洛阳形成掎角之

1　李白：《秋日于太原南栅饯阳曲王赞公贾少公石艾尹少公应举赴上都序》,《李太白全集》卷二六，中华书局，2015，第3786页。

势，是以北都成卫东西两京。王业所起，隋末李氏首义于此，唐朝建立以后其退可捍卫长安大门，进可直击塞外诸部，为兵家必争之地、河东之根本。至五代时期，后唐、后晋、后汉无一不是据此进入中原，可谓"得太原者得天下"。独特的战略位置与政治意义使太原具有举足轻重，甚至左右全局的地位和作用。与长安、洛阳相比，对于唐代太原的研究仍然有继续探索的空间——边疆诸族如何互嵌、共生，它如何成为朝廷处理周边民族关系的前沿中心。

"近狄""密迩戎胡""华戎杂错"是文献对北都太原及其周边区域的基本描述，以往的研究多由此探讨王朝在北边门户的防御与治理、北都"北阻强胡""屏护狄塞"的军事重镇性质、区域性的民族战争以及"戎风"（胡化）浸染的状况，本质上是以"分"的思路来考察中古时期农耕世界与游牧世界的各自发展，忽视了"魏晋南北朝—隋唐大融合时代"（何兹全先生语）的发展趋势。唐代"华风"的传播、影响、凝聚，并不局限于王朝腹地，东北、正北、西北、东南、西南边疆都出现了兼具区域中心以及民族交融前沿属性的城市，它们发挥着政治宣慰、经济共荣、文化互鉴的功能，围绕其发生的小规模武装冲突也在一定程度上是"斗争融合"的表现。通过考索唐代北都周边民族关系，梳理太原尹—北都留守—河东节度使处理民族事务的大量案例，笔者发现按照文化同心圆的由内而外，于长安、洛阳而言，太原是"掎角之势"的北端，代表中央和中原文化与边疆诸族互动——抚纳、教化、恩义始终是基本的民族关系理念；由外而内，北方民族的南下—杂处—融入是魏晋以后"渐慕华风""归礼淳化"的延续，个别族群短时期的"叛服不定"虽确实存在，但不能代表时代主流，就唐五代十国至两宋的长时段而言，边疆各族的自主抉择是内附、迁入、逐层突破同心圆的向心聚合。从文化认同和空间共通上而言，北都及其周边地区成为诸族互嵌的实际舞台。

"互嵌"即"互相嵌入"，是采用社会空间视角（social spatial perspective）的观察维度，不是简单的混居，而是以包容性为前提的心理认同、社会共建、空间杂处等多种因素的复合。对应到唐代，绵延在农耕政权和草原政权之间移动变化的"中间地带"（或"缓冲区"）正是培育诸族互嵌的沃土。北都承载着汉族与北方各族的交往。隋末唐兴之际，突厥降人南附、铁勒诸部迁徙以及西域胡人的不断进入拉开了各民族交流的序幕，回纥、吐蕃、沙陀，在此寻求南向拓展的路径与空间，退浑、契苾、"九姓"、"六州"和"五部"等散居在太原以北与当地百姓共同生活。发展至唐代中后期，以北都为中心的河东地区经济呈现农牧兼重的特征，各民族投身于贸易、生产、物质文化传递（丝绸之路东段）中；史料书写中，城市的建设与基础设施的营缮过程中亦多见边疆诸族的身影；当政局动荡需要扩充兵力保卫太原时，周边诸族成为招募兵力的对象，如沙陀"公绰召其酋朱邪执宜，治废栅十一，募兵三千留屯塞上"；[1]长期生活于此的边疆诸族从个人、家庭、家族等层面在不同程度上实现了自我认同的转变，从石刻史料如近年所出赫连山、赫连简的墓志可以看到他们自称太原人、主动华夏化的历程。整体而言，研究北都周边诸族的"三交"与互嵌，可为中华民族共同体演进的历史做一"注脚"。

　　若要深度还原唐代北都周边民族关系并重审治理经验，关键在于研究太原相关的"人生史"（Life-history），尤其是当地官员在任处理军政、经济、社会、民生的历史。他们既代表了朝廷各个时期对周边族群的基本态度、主张，也彰显出时人对于河东地区、北方防线、边疆诸族的不同观念，其群像、事迹、影响共同勾勒出更为立体鲜活的北都历史。太原尹是太原府的最高长官，引领地方行政制度的运转。太原尹的人选受到朝廷重视，官员以太原尹为中转迁任地方、中央。裴宽、李光弼、范希朝、令狐楚、李克用等多位唐史上的重要人物都曾实任于此。安史之乱后，北都战略地位不断上升，太原府成为唐代北方防御的支援基地，太原尹的委任发生阶段性的变化。太原尹、北都留守和河东节度使往往由同一位官员担任，三职合一镇守北都，奉行中央的政令，在北族南下侵扰局面中保持太原北塞诸道畅通。从总体局势上看，唐代北部

1　《新唐书》卷一六三《柳公绰传》，中华书局，1975，第5022页。

防御中心经历了从西向东移动的过程，从朔方至太原，再至幽州。直至唐末李克用受封太原尹、北都留守、河东节度使，中央失去对河东的控制，但北都的军事、边防、交通重要性仍然凸显。五代时期，太原尹被沿袭，石敬瑭、刘知远、刘崇等皆曾担任此职，经营北都，形成以太原为核心的地方势力，影响时局。太原尹经历朝代更迭，是研究 7~10 世纪中国北方格局的切入点，也是探讨中原王朝与草原政权互动关系的重要线索。本书在前人研究的基础上，重新整理历任太原尹，用众多个案总结太原尹之职的特征，探讨太原尹、北都留守、河东节度使三职的各自特点，三职合一模式形成的原因，并将三职合一的北都主帅作为研究对象来分析北都形势与河东格局。

二 前人研究：太原非复旧太原

学界对于太原已有深厚的研究基础，对太原的传统研究，宏观而言，政治、军事、经济、文化各方面都有涉及，讨论的主题围绕着太原的特殊地位、发展状况及其与政局变动的关系。进入 21 世纪后，地下出土材料日益受到学界重视，并被广泛使用，太原研究也呈现新的趋势。所谓"太原非复旧太原"，一方面，太原作为唐代的重要城市，其相关研究已经发展出多样化的论证主题，与长安学、洛阳学、幽州学相似，已经有相当成熟的研究者、课题、体系，是一个厚积薄发的领域；另一方面，整体历史学的发展，史学理论的更新、拓展，跨学科研究的兴起，赋予唐代太原新的挖掘土壤与延伸空间，如何重审、深挖、另辟蹊径，是新时期学者的共同目标。

1. 关于太原的研究 [1]

回顾前人著作，早期的太原研究主要集中在两个方面，一是城市

---

1 参考廖靖靖《二十一世纪以来唐代太原研究新动态》，樊英峰主编《乾陵文化研究》第 10 辑，三秦出版社，2016，第 383~391 页。

史、古都学，二是政治史。前者从古代重要城市的角度，分析唐代太原的形制、特征，及其在中古史上的地位；后者考证太原相关历史事件，探究其与唐代政局变动的关联。

（1）城市史与政治史研究

常一民先生《唐北都城址试探》[1]考证了唐代北都城址的轮廓和范围。文章由四个部分构成：第一部分分析西城、东城、中城三城的联系，认为中城连接东、西二城，三者成犄角之势；第二部分追溯北都的设置过程，囊括了上述三城，并非只集中在西城；第三部分对比文献中的北都城与现今遗存，包括晋阳内城和北罗城遗址；最后一部分针对"城周四十里"理解上的分歧，即此处的周长是仅指西城还是包括东城，阐释分歧出现的原因，作者认为这是人们的叙述习惯和北都三城相连的状况造成的。

尹钧科先生在《唐北都太原城初探》[2]中归纳出唐代太原城原始聚落的形态、建置沿革、城市结构，探寻唐太原城的重要标记汾水、晋水和潜丘。随着太原历史地位逐步上升，城市建设也逐步发展。作者在全面整理相关史料的基础上，详细地论述了太原城的修建过程与特点，重点考证了西城、东城、中城的修建时间、平面布局以及城市职能，从而构建出多层次的城市样貌。此文与常一民先生的文章为我们勾勒出北都城的基本面貌，这是认识北都的防御功能的前提，可以帮助我们理解太原尹布置兵力、整顿军械、储存物资的种种举措。

史念海先生在其《中国古都概说》系列的第1期[3]中阐述了古都学的概念和研究意义，在总体论述古都数目和年代时谈到太原；第5期[4]讨论历代陪都，分析太原在两个陪都和五都并立时期都被设立为北

1 常一民：《唐北都城址试探》，中国古都学会编《中国古都研究》第4辑，浙江人民出版社，1989，第348~359页。

2 尹钧科：《唐北都太原城初探》，中国古都学会编《中国古都研究》（第5、6合辑），北京古籍出版社，1988，第225~240页。

3 史念海：《中国古都概说（一）》，《陕西师大学报》（哲学社会科学版）1990年第1期。

4 史念海：《中国古都概说（五）》，《陕西师大学报》（哲学社会科学版）1991年第1期。

都，而且与长安、洛阳两都的并立保持了较长的时间——从开元十一年（723）直到至德年间（756~758），这是唐代陪都增设废省状况的具体案例。此乃较早研究太原，注意到三都并存局面的文章。

王振芳先生著有《论太原在唐初期的战略地位》[1]与《论太原在五代的战略地位》[2]两篇文章，分别着眼于唐初与唐末大乱之局中太原的历史作用。唐代初期，太原政治意义显著，作为李唐隆兴之地，受到中央重视，发展至五代，太原战略地位突出，后唐、后晋、后汉都以此为军事基地，反映出唐代以后太原地理位置和军事防御的重要性。对比两篇文章，可以看到它们都以战略地位为中心，把握了北都最核心的特征，还可以发现五代太原尹的重要性既承袭唐代，又有新表现。

康玉庆、靳生禾先生的《唐代"富吴体"与北都晋阳》[3]与上述文章颇为不同，从文化的角度来分析北都的特殊地位。该文探讨唐代古文运动中最早出现的新式散文文体——"富吴体"产生于晋阳的原因：作为当时全国最大的城市之一，太原有人才优势，有识之士会聚于此，同时南北文化在此交融，取长补短、相互增益。

（2）21世纪以来新问题、新方法、新材料的出现

前文已经提到新出土史料对于21世纪唐史研究的影响，近二十年来的太原研究与新史料密不可分。传统的两大主题仍然被关注，且随着研究日渐深入，新的问题也产生了。总体来看，唐代太原研究有两方面的发展趋势：一是史料的突破，主要体现在考古发现和石刻史料的运用上；二是新论题的出现，研究视野得到很大拓展。

第一，传统问题的重新探讨。

太原的城市史研究和政治史研究继续蓬勃发展，学者在这一领域不断挖掘，这里的"新"来源于研究的深度和广度，包括新的视角和新的线索。

1　王振芳：《论太原在唐初期的战略地位》，《城市改革理论研究》1988年第5期。

2　王振芳：《论太原在五代的战略地位》，《山西大学学报》（哲学社会科学版）1997年第3期。

3　康玉庆、靳生禾：《唐代"富吴体"与北都晋阳》，《大同高专学报》1998年第2期。

　　李钢先生主编《晋阳古都研究》[1]以太原城为主要研究对象，从春秋至唐代，多角度论述晋阳古都。文集将晋阳起兵作为晋阳发展进入顶峰时期的标志，太原是王业所起之地，又是防御突厥的重镇，自此二三百年间和平建设且平稳过渡，得到与长安同等级别的重视。李裕民先生《论太原的城防设施及其战略地位》[2]详细考述唐代太原的城防设施，包括城门、城墙、瓮城和羊马城的军事防御功能，并对西城、中城、东城的形制提出质疑，论证太原战略地位的变化过程。以其军事、政治方面对全局的影响力为标准，太原的战略地位从五胡十六国时开始上升，北宋后则急剧下降。这一动态变化过程的背后是朝代更迭、时局变动、社会主要矛盾的变化。王革勋、陈文道先生《古都名城话太原》[3]以时间为轴，逐朝代梳理太原的情况，将古都、名城分开论述，古都部分讨论武则天和玄宗时期太原被设立为北都，名城部分则阐述了太宗派李勣修建东城的过程和武则天重视太原城市建设。王尚义、张慧芝先生《唐陪都地位对太原城市文化的影响》[4]分析了唐代太原陪都地位对于今日之太原的影响，首先，"龙兴之地"造就了太原人民强悍不屈、诚信兼容的性格；其次，丰富且集中的唐代佛教遗存影响了太原的人文景观和城市形象；再次，作为北都，太原的交通与制造业、酿造业在唐代都得到了进一步发展；最后，唐代的三城格局、晋水灌溉影响了现今城市的自然景观文化。康玉庆先生《试论太原在古都史上的重要地位》[5]考述太原建都的历程，探讨太原在中国古都史上的重要意义。在唐代部分，政治上，作者梳理了从李渊起兵到李克用占据太原的整个时段，中央重视太原，因为它是龙兴之地，北御突厥和回纥；经济上，还原太原作为全

1　李钢主编《晋阳古都研究》，山西古籍出版社，2002。

2　李裕民：《论太原的城防设施及其战略地位》，《中国古都研究》第20辑，山西人民出版社，2005，第23~31页。

3　王革勋、陈文道：《古都名城话太原》，《中国古都研究》第20辑，第258~263页。

4　王尚义、张慧芝：《唐陪都地位对太原城市文化的影响》，《太原师范学院学报》（自然科学版）2007年第3期。

5　康玉庆：《试论太原在古都史上的重要地位》，《太原大学学报》2005年第4期。

国第三大都会的城市规模形制。总体而言，太原的特殊性来源于地形地势、地理位置和区域经济环境，即太原处于各民族经济生产生活方式的交错碰撞地带，中原王朝和游牧民族诸部都希望据有此地。樊晓剑先生《唐北都中城地理环境略考》[1]从历史地理的角度考证太原于唐代一朝的地理环境。作者详细考证太原中城，包括它的规模，它与东城、西城的互动关系，中城城墙的建筑方式和中城的内部构造，可知中城由跨汾河、连接东西两城的天桥和汾河的内部桥梁构成，它没有城市功能，主要发挥着防御功能。李芳峰先生《北朝至唐代晋阳地区行政区划演变研究》[2]以魏晋以降为限追踪晋阳军事政治中心地位的形成过程，聚焦周边行政区划的增设与改置，强调唐代对交城县的调整、清源县的增置旨在加强对太原南部及附属交通线的控制，以期形成防卫北方部族南下的屏障。李琪《唐代太原城研究》[3]在讨论太原城自身变迁的基础上，将城市的建设、形态变化与中央—地方的互动关系结合，关注到武则天、唐玄宗时期以及安史之乱时太原城的营造细节、政治地位的升降过程。高峰先生《唐晋阳城结构初探》[4]在前人研究的基础上重审晋阳城的内部结构，从"晋阳城"的概念、范围到晋阳城西城、东城、中城的形制，展开细致的文献梳理与考古挖掘成果总结，并绘制出新的唐晋阳城城址示意图。

　　以上研究基本是围绕城市史研究中的相关问题，时间跨度较大，将唐代太原的情况放置于长时段的研究中。以下几篇文章则围绕着太原与政局变动的关系展开。张耐冬先生在《太原功臣与武德政争》[5]中考证太原功臣，他们跟随李渊从晋阳到长安，初期地位确立，裴寂与刘文静之争后逐渐分化，此番政争使太原功臣局限于"武人群体"，前途

1　樊晓剑：《唐北都中城地理环境略考》，《山西师范大学学报》（自然科学版）2011 年第 4 期。

2　李芳峰：《北朝至唐代晋阳地区行政区划演变研究》，《陕西档案》2018 年第 5 期。

3　李琪：《唐代太原城研究》，硕士学位论文，福建师范大学，2020。

4　高峰：《唐晋阳城结构初探》，《史志学刊》2021 年第 2 期。

5　张耐冬：《太原功臣与武德政争》，《北京理工大学学报》（社会科学版）2006 年第 4 期。

黯淡，无法跻身政治核心。李伟、王振芳先生《唐太宗的太原情结》[1]梳理了史料中唐太宗与太原的密切关系。从隋末乱世至北御突厥，再到龙兴建唐，太原在各个阶段都起着重要作用。何莉莉、王振芳先生《略论唐玄宗北巡太原》[2]考证开元年间（713~741）唐玄宗两次北巡太原的原因、背景和经过，总结唐玄宗此行的政治思想和对太原之后发展的影响。赵涛、王振芳先生撰有《论李光弼血战太原》，[3]首先回顾唐代重大的战役，介绍血战太原的历史背景，继而详细叙述此战的经过，分析太原大捷对时局的影响：一方面鼓舞士气，压制了安史叛军的发展势头，另一方面为之后全面反击叛军打开了局面。王效锋先生《武则天与大唐北都晋阳》[4]论述武则天作为并州文水人对故乡有深厚的感情，并对晋阳城的发展做出重要贡献。该文记述了武则天的两次并州之行，第二次是跟随高宗北巡。武则天在称帝后更加重视太原，不仅提高了太原的政治和军事地位，还加强了太原的城市建设。自此，太原的防御功能大增，这是安史之乱中晋阳保卫战取得胜利的原因之一。

　　2020 年以来出现多篇关于太原"陪都"的新论。其中最具代表性的是齐子通先生的《如影随形：唐宋之际都城东移与北都转换》。[5]与以往的都城研究不同，该文特别关注到太原北都地位的丧失，以两朝为背景、两都为载体，探究从唐代到宋代，都城（洛阳—开封）与北都（太原—大名府）皆向东移动的原因与关联。通过对比武则天、唐玄宗、宋仁宗设置北都的原因，发现共性之处在于对内拱卫京师、对外防御北方诸族侵扰；特性在于唐末五代，国家政治重心移至关东，游牧民族权力中心东移，以及最重要的中央区位的操作——都城变化带来"如影随形"的牵动。另有，丁海斌、张思慧《作为军镇制陪都

1　李伟、王振芳：《唐太宗的太原情结》，《文史月刊》2006 年第 5 期。

2　何莉莉、王振芳：《略论唐玄宗北巡太原》，《史志学刊》2007 年第 4 期。

3　赵涛、王振芳：《论李光弼血战太原》，《史志学刊》2007 年第 6 期。

4　王效锋：《武则天与大唐北都晋阳》，樊英峰主编《乾陵文化研究》第 8 辑，三秦出版社，2014，第 100~104 页。

5　齐子通：《如影随形：唐宋之际都城东移与北都转换》，《中国史研究》2020 年第 2 期。

之唐北都太原研究》[1] 将唐代太原定义为以军事功能为主的"军镇制陪都"，[2] 并从战略地位、军镇背景、自择参佐的特权、驻兵优势、城防的先天屏障与精良装备等多方面论证太原成为军镇制陪都的原因、过程，及其抵御外敌、平定安史之乱、制衡藩镇的作用。此外，王艺深《七至八世纪唐、日陪都比较研究——以建置原因与城市布局为中心》[3] 运用中外比较的视角，分析出中日首都、陪都建设在目的上相反，唐朝是以龙兴之地太原为陪都，是以"留守"为要，日本的陪都则以外向型为主，旨在对外发展。

第二，新出土史料研究。

作为山西地区唐代墓葬集中地区之一，近年来伴随着考古工作的开展，太原地下之新材料被更广泛地运用于研究。

华阳先生有三篇文章论及太原——《山西地区唐墓初探》[4]、《浅议山西唐墓的葬俗》[5]、《论山西地区唐代砖墓形制》[6]，分别介绍山西地区唐代墓葬形制、葬具和葬俗以及墓中的壁画，阐述重要的普遍规律。商彤流先生《太原唐墓壁画之"树下老人"》[7] 详述太原市金胜村出土唐代壁画的发掘历程、文物内容，并对比其与唐代葬俗、文化、艺术风格的异同，分析当时人对死后世界的认识。贾志刚先生《唐代河东承天军史实寻踪——以五份碑志资料为中心》[8] 从"承天军"这一个案出发，利用新史料，探讨唐朝基层军职的变化，分析低层军职从开元兵制如何向藩镇兵制过渡。《铁元始像赞》、《承天军城记》和《妒神颂碑》都证明唐

1　丁海斌、张思慧：《作为军镇制陪都之唐北都太原研究》，《中原文化研究》2020 年第 6 期。

2　参见丁海斌《中国古代陪都十大类型论》，《辽宁大学学报》（哲学社会科学版）2011 年第 4 期。

3　王艺深：《七至八世纪唐、日陪都比较研究——以建置原因与城市布局为中心》，硕士学位论文，东北师范大学，2020。

4　华阳：《山西地区唐墓初探》，硕士学位论文，吉林大学，2004。

5　华阳：《浅议山西唐墓的葬俗》，《湘潮》2011 年第 12 期。

6　华阳：《论山西地区唐代砖墓形制》，《社会科学战线》2011 年第 12 期。

7　商彤流：《太原唐墓壁画之"树下老人"》，《上海文博论丛》2006 年第 3 期。

8　贾志刚：《唐代河东承天军史实寻踪——以五份碑志资料为中心》，《人文杂志》2009 年第 6 期。

代承天军对保护太原起着重要作用。杨东晨先生《唐代温佶碑与邈墓志铭的族系问题考证——兼考温姓出自姬姓与太原祁宗族四迁的可靠性》[1]以《唐故太常丞赠谏议大夫温府君神道碑并序》和《唐故正君左补阙温先生墓志铭并序》为线索，讨论唐朝太原的温姓望族，利用碑刻材料补充传统的温姓来源说法，说明唐代时宗族迁徙于各地，分布在不同地区并形成新的支系。太原市文物考古研究所《山西太原晋源镇三座唐壁画墓》，[2]陈述三座唐代砖室墓的出土情况、形制和壁画，探讨太原地区唐墓布局和内容特色的形成是否继承自魏晋南北朝壁画，南朝竹林七贤与荣启期拼画风格，以及京畿地区墓葬壁画的影响。

随着考古发掘的进行，新的出土石刻资料不断为唐代太原研究注入活力，唐史学人以披沙拣金之勤持续搜集与整理墓志史料为学术探索的深入提供案例与素材。2014 年 6 月，太原生态工程学校在校园建设中发现古墓，经太原市文物考古研究所的抢救性发掘，发现三座唐代墓葬，其中两座保存较为完整，墓主分别为赫连山和赫连简。根据《山西太原唐代赫连山、赫连简墓发掘简报》[3]、《赫连山、赫连简墓壁画的绘制、描润与配置——兼谈唐代壁画墓的“太原模式”》[4]、《山西太原唐代赫连山、赫连简墓志校补》[5]等考古报告及论证，可知两位墓主系兄弟，出身边疆部族，祖辈已主动学习华风、融入华夏，定居于太原，以唐朝人自居，为国家效忠。另有郭澄墓、郭行墓、温神智墓等在太原及其周边地区出土，相关发掘简报、研究正陆续发表。此外，近十年来学界整理墓志的工作仍在继续，2011~2020 年相继出版的《秦晋豫新出墓志搜佚》（四册）、《秦晋豫新出墓志搜佚续编》（五册）、《秦晋豫新出墓志搜

1　杨东晨：《唐代温佶碑与邈墓志铭的族系问题考证——兼考温姓出自姬姓与太原祁宗族四迁的可靠性》，《黄河科技大学学报》2010 年第 1 期。

2　太原市文物考古研究所：《山西太原晋源镇三座唐壁画墓》，《文物》2010 年第 7 期。

3　太原市文物考古研究所：《山西太原唐代赫连山、赫连简墓发掘简报》，《文物》2019 年第 5 期。

4　王炜、张丹华、冯钢：《赫连山、赫连简墓壁画的绘制、描润与配置——兼谈唐代壁画墓的“太原模式”》，《文物》2019 年第 8 期。

5　吴葆勤：《山西太原唐代赫连山、赫连简墓志校补》，《文物》2020 年第 4 期。

佚三编》（四册），[1] 十三册中有大量碑文或涉及唐代太原。王守芝、严寅春《唐代山西刺史校补——以〈秦晋豫新出墓志搜佚〉系列为中心》[2] 以此为资料对郁贤皓先生《唐刺史考全编》的河东道部分进行了补充和校对，其中有对裴度、郑儋、严绶等在太原尹任上信息的增补。

　　日本学者也广泛运用新材料进行研究，他们主要关注藩镇、民族势力，着眼点在军事和政治问题。森部丰先生《〈大會抄録〉唐末五代河東地域におけるソグド系武人の系統と沙陀勢力》[3] 与西村阳子先生《唐末五代の河東道北部における沙陀集団の内部構造について：〈契苾通墓誌銘〉の分析を中心として（東洋史部会，第一〇三回史学会大会報告）》[4] 将研究时段定在唐末五代，聚焦于河东道，推究太原的防御功能，以及其与粟特、沙陀武人势力的互动关系。山下将司先生在《唐の太原擧兵と山西ソグド軍府：〈唐・曹怡墓誌〉を手がかりに》[5] 中考证 2007 年出土的唐代曹怡墓志铭，分析唐太原起兵事件与山西地区的粟特军队。

　　第三，新论题拓展。

　　太原研究在传统问题不断深入的同时出现了一些新的论题，其中备受关注的有士族研究、宗教文化研究、经济研究以及打通隋唐五代十国宋史的长时段观察与论证。

　　和庆锋先生《唐代太原王氏研究》[6] 回顾太原王氏渊源，补订王氏世系和成员，分析其在唐代的政治、社会和经济地位。唐代太原王氏始终

1　赵君平、赵文成编《秦晋豫新出墓志搜佚》，国家图书馆出版社，2012；赵文成、赵君平编《秦晋豫新出墓志搜佚续编》，国家图书馆出版社，2015；张永华、赵文成、赵君平编《秦晋豫新出墓志搜佚三编》，国家图书馆出版社，2020。

2　王守芝、严寅春：《唐代山西刺史校补——以〈秦晋豫新出墓志搜佚〉系列为中心》，《忻州师范学院学报》2022 年第 3 期。

3　森部丰：《〈大會抄録〉唐末五代河東地域におけるソグド系武人の系統と沙陀勢力》，《東洋史研究》2002 年第 3 期。

4　西村阳子：《唐末五代の河東道北部における沙陀集団の内部構造について：〈契苾通墓誌銘〉の分析を中心として（東洋史部会，第一〇三回史学会大会報告）》，《史學雜誌》2005 年第 12 期。

5　山下将司：《唐の太原擧兵と山西ソグド軍府：〈唐・曹怡墓誌〉を手がかりに》，《東洋学報：東洋文庫和文紀要》2012 年第 4 期，第 397～425 页。

6　和庆锋：《唐代太原王氏研究》，硕士学位论文，上海师范大学，2010。

保持着与李氏皇室和高门大族间密切的婚姻关系，这使他们在唐代中央和地方政治舞台上占有一席之地。王氏自称太原晋阳人，或太原祁人，若单就郡望而言，他们的主要活动区域为洛阳和长安。和庆锋先生《隋唐太原王氏的变迁与影响》[1]在其硕士论文研究的基础上探讨太原王氏各支系在隋唐政治领域的发展与境遇的变化，发现王氏成员留在太原本地或迁徙至洛阳、长安都仍然会受到本望的影响。俞钢、和庆锋先生《唐代〈王庆诜墓志〉反映的太原王氏婚姻关系》[2]考证"太原王府君"墓志铭，分析其郡望、迁转两次和婚姻状况，讨论太原王氏婚姻关系的特点，他们虽在社会政治地位上受到抑制，但通婚对象的选择仍然恪守传统士族礼法，多是高门士族。张广村先生《中古河东裴氏家族及其文献研究》[3]考证中古时期的河东裴氏，叙述整个宗族的发展演变脉络，研究时间跨度大。裴氏家族在唐代达到鼎盛，出现众多文臣武将，并在治理太原上有所成就。

范兆飞先生《中古太原士族群体研究》[4]研究中古太原士族群体，考证唐代士族的婚姻关系与门第的消融状况。从王氏和王氏旁支，以及太原其他士族的婚姻中，可以看到他们不同程度地脱离本望，如此，士族群体就失去了乡里基础，他们在政治生活中的地位越来越低，门第逐渐消融。这一过程伴随着唐朝的发展和衰落。作者在附录中考证了隋唐时期太原郭氏的迁移，其中一部分迁往东都和西京，也有滞留并州的情况。

以上是关于唐代太原士族的研究概述。宗教文化方面，崔岩先生《也谈唐代太原"黄坑"葬俗的宗教属性》[5]通过分析太原周边佛教环境，对比佛教、祆教的教义，讨论唐代太原旧有"尸体送近郊以饲鸟兽"的

1　和庆锋：《隋唐太原王氏的变迁与影响》，博士学位论文，上海师范大学，2013。
2　俞钢、和庆锋：《唐代〈王庆诜墓志〉反映的太原王氏婚姻关系》，《上海师范大学学报》（哲学社会科学版）2012 年第 6 期。
3　张广村：《中古河东裴氏家族及其文献研究》，博士学位论文，山东大学，2012。
4　范兆飞：《中古太原士族群体研究》，中华书局，2014。
5　崔岩：《也谈唐代太原"黄坑"葬俗的宗教属性》，《洛阳大学学报》2003 年第 3 期。

"黄坑"葬俗应该属于佛教葬俗。徐文明先生在《太原北崇福寺初考》[1]中考证北崇福寺,此寺原名为太原寺,是武则天母亲杨氏去世时修建的用以修福的四座寺院之一,具有特殊的政治地位,并且有怀玉、崇政等名僧出于此寺。王媛媛先生《唐大历、元和年间摩尼寺选址原因辨析》[2]从元和年间(806~820)太原府摩尼寺的建立谈起,分析中央处置和安抚回鹘在战略意义和政治上的考虑。文章还讨论太原在唐代北御中的重要地位,以及其适合宗教发展的文化环境。

最新的相关研究是 2020 年张驰先生《唐代军器监置废考》。[3] 文章论及北都军器监置废情况,在对比分析不同史料(《唐六典》《通典》《旧唐书》《新唐书》《册府元龟》等)之间的抵牾后,得出结论:军器监应是唐玄宗接受兵部尚书张说的建议,于开元十一年(723)在太原设置,意在调整河东地区的军事部署、巩固北方军事重镇,直至开元二十三年(735),北都军器监被废。该文指出军器监的制度和位置选择反映出朝廷对军器制造的重视、军备的需求,以及君主的好恶、政治的变迁。

2. 关于河东道、山西的研究

若将考察视野进一步扩大,河东道和山西的研究可为研究太原尹和北都提供区域背景。根据唐代的行政区划,河东道领太原府。河东道一直为学者所关注,相关的专题众多。军事上,高霞先生《试论唐朝河东道的军事地位和军队部署》[4]叙述各时期的边防形势和中央政策,以时间为轴,考证河东道军事防御体系的建立和军制的演变。太原在北塞军事支援方面的重要地位与之相对应,不断上升。李振华先生在《隋唐时期河东道北部地区治边机构演变研究》[5]中探讨隋唐时期河东道北部治边

1 徐文明:《太原北崇福寺初考》,《晋阳学刊》2009 年第 5 期。

2 王媛媛:《唐大历、元和年间摩尼寺选址原因辨析》,《西域研究》2011 年第 3 期。

3 张驰:《唐代军器监置废考》,《中国史研究》2020 年第 3 期。

4 高霞:《试论唐朝河东道的军事地位和军队部署》,《山西师大学报》(社会科学版)2006 年第 A1 期。

5 李振华:《隋唐时期河东道北部地区治边机构演变研究》,硕士学位论文,陕西师范大学,2011。

机构的演替变化过程。隋和唐前期河东道实行的是总管府（都督府）—州—县三级管理体制，并州都督府治并州，在太原，到唐后期改为节度使司制度时，河东节度使的治所依旧在太原。政治上，乔玲先生的《安史之乱前后河东地区地位之转移》[1]详述唐代河东地区的基本情况，通过对比安史之乱前后河东地区军事、政治形势的变化，分析得出由上而下的中央统领关系此后逐渐淡化，河东地区的地位日益突出的结论。袁本海先生在《试述开天之际河东节度使相关状况——以〈唐会要〉和〈新唐书〉所载为中心》[2]中整合传统史料，列举开天之际河东节度使的官员、建置沿革、权力状况以及所辖军州。阴朝霞先生《唐代河东道研究——以敦煌文书为中心》[3]以敦博58号《天宝年间地志残卷》和《诸道山河要略第二》为主要材料，探讨河东道的社会经济状况、行政区划、军事交通和社会文化。任艳艳先生《建中末河东道政区调整与德宗藩镇政策》[4]以河东道为切入点，考证德宗削藩时期河东镇、河中镇、昭义镇与其他藩镇的互动，以及它们自身的变化，由此分析中央与河东诸镇的关系。经济上，张明禄先生在《唐代河东道经济发展概论》[5]中从人口、农业、手工业、商业等角度展开，论述河东道的经济状况，其中包括太原府的人口数量和变化，水利工程的建设状况，以及土贡和物产储备。社会文化上，张瑞贤、王婧、张慕群先生《唐代河东道药出州土浅析》[6]考证史料中河东道所辖太原府、河中府和诸州出产及进贡的药材，对一些特色药物进行分析和阐述。吴保安先生《唐代河东地区科学技术文化源流汇考》[7]以唐代河东地区科技发展的传承

1　乔玲：《安史之乱前后河东地区地位之转移》，硕士学位论文，中央民族大学，2009。

2　袁本海：《试述开天之际河东节度使相关状况——以〈唐会要〉和〈新唐书〉所载为中心》，《黑龙江史志》2009年第17期。

3　阴朝霞：《唐代河东道研究——以敦煌文书为中心》，硕士学位论文，西北师范大学，2010。

4　任艳艳：《建中末河东道政区调整与德宗藩镇政策》，《江汉论坛》2011年第5期。

5　张明禄：《唐代河东道经济发展概论》，硕士学位论文，山西大学，2005。

6　张瑞贤、王婧、张慕群：《唐代河东道药出州土浅析》，《江西中医学院学报》2007年第3期。

7　吴保安：《唐代河东地区科学技术文化源流汇考》，博士学位论文，山西大学，2009。

和观念为大背景，陈述河东地区的医学、冶炼、酿酒、建筑、制盐等多方面的沿革和进步。

把握唐代山西局势是深入考证太原的重要前提。谭其骧先生在《山西在国史上的地位——应山西史学会之邀在山西大学所作报告的记录》[1]中回顾远古至今，重点分析春秋中期、战国初年、十六国北朝以及唐末五代的山西，讨论山西在分裂乱世中重要性凸显的原因，不同时期的共性在于周边民族的兴起或进入。宁可、阎守诚先生《唐末五代的山西》[2]讨论山西于分裂之际的作用。唐末五代时期，李克用、李存勖父子割据太原成为地方势力，先后与中央和开封势力展开激烈争夺，并获得胜利，这与山西独特的地形地势、战略地位、北部边防密不可分。张捷夫先生《山西在唐代的地位》[3]考证晋阳兵变以后山西地位的变化。唐朝的山西稳定发展，从物质、人才等多方面对整个王朝做出贡献，同时自身的军事、经济、交通都得到进一步发展。经济方面，周挈先生《唐代山西经济发展试探》[4]考证社会政治环境，论述山西经济状况。山西在这一时期经济总体迅速发展，大量粮食外调以补给长安粮仓，池盐业发展成为唐王朝的支柱产业之一，手工业逐渐完善并对全国产生影响。樊晓静《唐代并州经济研究》[5]关注到该地区的"过渡性"特征，自然环境上太原以西、以北畜牧业发展，以南地势平坦有农耕优势，加之北方游牧民族南下与中原汉族的协作互助、共同参与生产活动，推动牧马业、葡萄酒业、毛纺织业等兴盛，使得太原成为重要贸易枢纽。社会文化方面，谷威先生《唐诗中的山西景观》[6]从浩瀚的唐诗中摘选出《太原早秋》《忆旧游寄谯郡元参军》《豫让桥》等描写太原的诗作进行释读。石云涛

1 谭其骧：《山西在国史上的地位——应山西史学会之邀在山西大学所作报告的记录》，《晋阳学刊》1981 年第 2 期。

2 宁可、阎守诚：《唐末五代的山西》，《晋阳学刊》1984 年第 5 期。

3 张捷夫：《山西在唐代的地位》，《沧桑》1995 年第 3 期。

4 周挈：《唐代山西经济发展试探》，硕士学位论文，山西大学，2005。

5 樊晓静：《唐代并州经济研究》，硕士学位论文，山西师范大学，2018。

6 谷威：《唐诗中的山西景观》，《文史月刊》1999 年第 5 期。

先生《唐诗中长安—晋阳官驿道上的行旅——兼谈晚唐诗人杜牧北上游边的经历》[1]以大量的唐诗素材还原唐代"太原道"在不同时期的运行场景，分析此南北交通要道的路线及其变迁，详述行旅之人的类型（将士、官员、士人、使节等），探究太原在连接长安、洛阳与北方诸族中的特殊性。另有两篇较长时段的研究，《山西籍军事人才时空分布演变及文化背景分析》[2]和《山西尚武民风的时空演变与分异研究》[3]，综合考证古代史上山西的情况，前者统计唐代山西籍军事人才的地域来源，后者认为以太原为界，其北民风尚武，其南则文武兼修。

近年来，历史上各民族的交往交流交融是历史学界热议的话题。涉及唐代太原与周边诸族关系的论文频出，其中有李军、何静苗先生《唐大中年间宣宗经略党项政策之演进——以石刻资料为中心的考察》，[4]以墓志史料详细阐述唐宣宗时期河东节度使王宰率军征讨党项的历程，分析河东驻军、沙陀及诸蕃部落子弟的作用，探讨朝廷对党项的政策从全面征讨到安抚为主、招讨为辅的变化；杨宇婷《唐末五代河东地区与沙陀势力研究》[5]注意到沙陀族群在河东的发展，并以安史之乱为时间分界讨论其与河东地区的双向影响：一方面沙陀在此建立政权，推动畜牧业发展，传播尚武之风；另一方面沙陀与汉族通婚，任用汉族官员，吸收汉族文化，最终与汉族融为一体。

3. 关于太原官吏的研究

概念界定上，太原尹包括两方面的含义，一是指太原府最高行政长官这一职务，二是指担任过太原尹的官员。这构成了本书的两个研究方

1　石云涛：《唐诗中长安—晋阳官驿道上的行旅——兼谈晚唐诗人杜牧北上游边的经历》，《晋阳学刊》2018 年第 5 期。

2　李爱军、司徒尚纪：《山西籍军事人才时空分布演变及文化背景分析》，《山西大学学报》（哲学社会科学版）2008 年第 4 期。

3　李爱军、吴宏岐：《山西尚武民风的时空演变与分异研究》，《山西师大学报》（哲学社会科学版）2011 年第 5 期。

4　李军、何静苗：《唐大中年间宣宗经略党项政策之演进——以石刻资料为中心的考察》，《西北大学学报》（哲学社会科学版）2021 年第 4 期。

5　杨宇婷：《唐末五代河东地区与沙陀势力研究》，硕士学位论文，内蒙古师范大学，2022。

向：从职官制度方面分析太原府的行政运转状况和从官员个案总结唐代不同时期北都的实际局势。回顾学术史，重点考察与太原行政、军事、边防相关的文章，兼顾担任过太原尹官员的人物研究，以唐代河东和山西研究为区域背景。

谈太原尹，离不开深入分析河东节度使。《元和郡县图志》记载："太原府，今为河东节度使理所。管州十一：太原府，汾州，沁州，仪州，岚州，石州，忻州，代州，蔚州，朔州，云州。县四十七。都管户一十五万一千六百八十三。"[1]太原府地处山西中部河谷地区，年谷独熟，人庶资丰，东带名关，乃南北通行之要地，是河东道的根本。河东节度使与太原尹，分别握有河东道、太原府之权柄，二者关系密切，难以分割。

关于唐代太原尹最直接的研究是李裕民先生的《唐代的太原尹》。[2]这篇文章是 1989 年至 1990 年他发表在《城市研究》期刊上的北都研究系列成果之一。[3]这些文章归纳太原的建置沿革及官府构成，基本属于制度史研究范畴。综合来看，唐代太原的最高行政长官曾发生多次变化，从唐初至开元年间，分别为总管、上总管、都督、大都督和太原牧。官员有的到任，有的在京遥领。在遥领的情况下，实际权力由第二把手长史掌握。开元及天宝之后，最高行政长官是太原尹，并兼任北都留守和河东节度使。以两《唐书》、《资治通鉴》、《唐会要》、《全唐文》以及《文苑英华》为依据，李裕民先生在《唐代的太原尹》一文中列举历任总管、都督、长史和太原尹，但是仅限于列举，没有进一步讨论这些职官的设置情况和演变过程，也没有对历任太原最高行政长官进行考证。

1　李吉甫：《元和郡县图志》卷一三《河东道二》，中华书局，1983，第 359 页。

2　李裕民：《唐代的太原尹》，《城市研究》1990 年第 1 期。

3　这个系列包括：李裕民《唐代太原的建置沿革——北都研究之一》，《城市研究》1989 年第 2 期；《唐代太原的总管与都督——北都研究之二》，《城市研究》1989 年第 4 期；《唐代太原的长史》，《城市研究》1989 年第 5 期；《唐代的太原尹》，《城市研究》1990 年第 1 期。

唐代官制的史料整理辑校中，成书年代较早的有吴廷燮先生《唐方镇年表》，[1]他在第四卷河东部分整理出从景云元年（710）至天祐四年（907）的河东节度使年表，主要列举了直接对应的记载；戴伟华先生《唐方镇文职僚佐考》[2]以历任节度使为纲，详述其下担任文职的人物；郁贤皓先生《唐刺史考全编》[3]中，卷八九、九〇太原府（并州）上、下以时间为轴排列治理太原府的历任官员，包括唐初的并州总管，中后期的河东节度使，也包括太原尹。与之前两部著作相比，郁贤皓先生在利用文献外还辅以石刻史料，两者相互补充、对照。此书考述清晰，列举的太原尹颇为全面，是本书参考的重要论著，然而对于历任太原尹官员的共性、特性没有进一步探讨。

对太原尹个体的研究。如杜暹、裴宽、李光弼、范希朝、令狐楚、李克用等显赫当时、传闻后世的名人多为学界所关注：姜剑云先生《令狐楚年谱简编》[4]和《有关令狐楚的几点考辨》[5]、李裕民先生《李光弼太原保卫战》[6]、杨晓霭先生《令狐楚简论》[7]、刘冬先生《论唐后期边将范希朝的治边活动》[8]以及张国清和许文娟先生的《试论李克用河东幕府的建立及其人员构成》[9]。这些文章以人物为线索，考述其生平、郡望和历史贡献。个案包含他们在并州时的情况，各有特点，共同的大背景是太原府在唐王朝特殊的地缘环境、政治军事地位，其中多篇论及中央与地方的关系和不同时期的治边政策。

以群体为研究对象的专题性论文也涉及担任过太原尹、河东节度使

1　吴廷燮：《唐方镇年表》，中华书局，1980。

2　戴伟华：《唐方镇文职僚佐考》，广西师范大学出版社，2007。

3　郁贤皓：《唐刺史考全编》，安徽大学出版社，2000。

4　姜剑云：《令狐楚年谱简编》，《山西大学学报》（哲学社会科学版）1999年第3期。

5　姜剑云：《有关令狐楚的几点考辨》，《山西大学师范学院学报》（综合版）1992年第1期。

6　李裕民：《李光弼太原保卫战》，《城市研究》1994年第2期。

7　杨晓霭：《令狐楚简论》，《兰州大学学报》（社会科学版）2002年第6期。

8　刘冬：《论唐后期边将范希朝的治边活动》，《内江师范学院学报》2012年第1期。

9　张国清、许文娟：《试论李克用河东幕府的建立及其人员构成》，《新余学院学报》2011年第3期。

的官员。耿强先生《唐肃宗至唐宪宗时期河东节度使及辖区研究》[1]在全面地介绍辖区后，将重点放在河东节度使与中央的关系上，利用前人研究成果，对唐肃宗至唐宪宗时期河东节度使的出身和迁转进行分析，探讨了这一时段中央的政治导向与策略。刘晓艳先生《从唐中后期使相的变迁看唐末地方独立化的进程》[2]以安史之乱和黄巢起义为关键时间点，讨论宰相出任藩镇节度使、藩帅带宰相官衔的具体案例，进而分析使相群体，探究唐末的地方独立化问题。王世丽先生《安北与单于都护府——唐代北部边疆民族问题研究》，[3]从民族问题入手，围绕着太原北御突厥以及与中原腹心之地形成掎角之势的战略位置，阐述河东节度使在此发挥的军事职能。其考述单于都护府官员的部分里，多段史料所载事件与北都相关。附录中的历任安北、单于都护府长官表值得注意，部分官员曾担任太原尹。

上述研究可以为逐个研究太原尹提供案例，丰富我们对太原尹个体的认识，全面考察他们被任命镇守北都的原因、任期内的表现和此番经历在其履历中的作用和意义。然而受题目所限，这些论著在一定程度上对研究太原尹这一职务和北都而言是零散的、局部的，《唐肃宗至唐宪宗时期河东节度使及辖区研究》呈现的是时间上的阶段性特征，《安北与单于都护府——唐代北部边疆民族问题研究》在空间上和太原府有一定距离。

对于府尹的研究，张荣芳先生《唐代京兆尹研究》[4]为本书提供了参考和范例。此书梳理可考的一百九十九任京兆尹，从行政制度入手，考察他们在职掌、任期、迁转方面的诸多问题，深入分析他们在政局变动中的作用，以及与京畿势力的关系。正是在研读《唐代京兆尹研究》的

---

1 耿强：《唐肃宗至唐宪宗时期河东节度使及辖区研究》，硕士学位论文，陕西师范大学，2012。

2 刘晓艳：《从唐中后期使相的变迁看唐末地方独立化的进程》，硕士学位论文，天津师范大学，2012。

3 王世丽：《安北与单于都护府——唐代北部边疆民族问题研究》，云南人民出版社，2006。

4 张荣芳：《唐代京兆尹研究》，台北：台湾学生书局，1987。

过程中，笔者意识到京兆尹在治理长安中的重要意义，开始考虑三都府尹的异同。唐代西京、东都、北都在多项规定中并列，地位高于其他诸府，京兆尹、河南尹、太原尹在此基础上受到中央重视，制度上也有共通之处。与京兆尹、河南尹的研究对比，有利于理解太原尹的特殊性。近年来，关于太原官吏的讨论仍在继续。李永先生《唐代的北都留守》[1]从留守制度出发，梳理历任北都留守，分析其设置原因、执掌特点，强调太原在李唐王朝历史记忆中的特殊地位，探讨唐末北都留守所具有的"中央性"。

从学术史的回顾中，可以看出前人在太原研究领域已经做出了众多有益的探索。早期的研究考证了三个基本问题：唐代太原城城址、城市建设，唐代太原的特殊地位，以及唐代太原的发展状况。21世纪以来，太原研究有了新的突破，早期基本问题得到了深入探究，同时新材料、新论题不断涌现。

基本问题的新探讨表现为考证更加具体，对过去的研究提出疑问，对比现今状况，使用更多的理论方法，包括数据统计、图表分析等计量方式。研究太原的军事防御已经细化到城墙、瓮城、城门等设施的建造和使用；城市规模研究具体到分析中城的建筑方法和内部结构；结合武则天个人的故乡情结考证武则天与太原发展的关系；讨论唐代太原对今日太原自然景观、城市人文的影响；对于太原特殊地位的理解，补充了历史地理的思维，目光向北，太原位于两种经济的交接地带，是游牧民族和农耕民族文化交错、碰撞的地区，也是双方激烈争夺的前沿。

太原研究发展的表现和今后很长一段时间内的趋势是新材料的突破和新论题的拓展。这里探讨的新材料是指地下出土的石刻碑志和墓葬遗址。近年来，学者在考证中都会重视这些材料，以墓志为新的切入点是唐史研究的大氛围。对比长安、洛阳，现阶段太原出土的墓志数量较少，而且整理程度较低，发表的墓志研究是零散的，尚未形成系统。论

1　李永：《唐代的北都留守》，武汉大学中国三至九世纪研究所编《魏晋南北朝隋唐史资料》第40辑，上海古籍出版社，2019，第194~211页。

题上，社会文化研究热度持续上升，家族史、宗教史尤为突出。太原王氏的婚姻、迁徙和发展受到重视，成为考察唐代士族、门第的样本。在中古史这一跨朝代的时间范围内，唐代是士族门第逐渐消融的重要阶段。唐代太原的宗教处于适宜的氛围之下，佛教以及南北融合带来的其他宗教都不断地发展，留下众多可供考证的遗存。综上所言，尽管已有丰富的成果，唐代太原研究在传统问题的深入和新领域的拓展上仍尚有探索的空间，需要唐史学者更广泛地开拓研究阵地。

其中，太原尹作为唐代太原史的一部分，伴随着这座城市而发展、变化，反映着这座城市的特殊地位。作为太原、河东、山西研究的交汇之处，太原尹的考证是重新审视上述诸问题的切入点。虽然太原尹被注意和论及，但现有的研究或停留于职官，仅限于历任人物的搜集和排序；或局限于一段时间、个别人物，未能顾及整个唐代的太原尹群体；或尚未将太原尹、北都留守、河东节度使作为整体来分析北都在唐代中后期的战略地位。还有一些现象背后的问题未能被提出和解决：唐代太原尹的具体执掌、历任迁转状况以及他们在唐代晚期政局变动中的作用等。再次聚焦太原尹问题，一方面承袭城市史和政治史研究传统，另一方面需要新材料、运用新方法、发掘新问题。笔者在行文过程中将采用两种模式来分析太原尹，一是以长安、洛阳——唐朝腹心之地为中心观察北都形势，二是以北都为中心讨论河东区域内的情况。

小 结

在前人深厚的研究基础上，如何更加深入地认识唐代的北都太原，更加全面地还原这座城市、城中之人与周边族群、王朝格局、整个时代的互动面貌？当学者聚焦于"国之北门"军事、边防重要性时，太原作为枢纽、通道、各民族交往交流交融前线、游牧—农耕文化互嵌之地的特殊作用不应被忽视。当草原上纵马驰骋的边疆诸族来到这座古城，他们所感受到的是大唐开放的怀抱、强盛的实力以及丰富多样的文化。从这里可以走向国家的腹心——西京长安与东都洛阳，也走入了渐慕华风、和同为一家。

　　本书将全力呈现中古时期多角度的太原，以鲜活的太原尹人物群像串联起政治史、职官史、民族史。一是系统地考述唐代历任太原尹，鉴于李裕民先生和郁贤皓先生研究中尚存在人物和排序上的问题，本书结合传世文献、石刻材料、唐诗、宋人笔记中的唐代史料逐个考证担任过太原尹的官员，对前人研究进行补充，并整理出更为准确的年表。二是比较三都府尹，分析太原尹与京兆尹、河南尹的共性与差异，探讨太原尹的特殊性及其原因。探讨一人兼任太原尹、北都留守和河东节度使的情况，考证前人较少论及的北都留守，进而分析太原尹、北都留守、河东节度使三者的关系以及它们在地方行政体系中的运转情况，研究三职合一模式的实际效果及意义。三是分析北都邻近民族，探究太原尹领导下的北都在安史之乱后战略地位的变化，考察唐代中后期以北都为核心的北防线。四是使用新视角研究唐代太原尹与政局的关系，以安史之乱为界，分析太原尹在安史之乱时发挥的作用和安史之乱后太原尹与宦官、藩镇问题的关系。

　　与魏晋南北朝相比，太原非复旧太原。作为李渊起兵立国的出发地，它是整个王朝的龙兴之处，唐代皇帝多次北巡至太原，并以其特殊地理位置控扼北方诸族；它代表着"守护"与"交融"——位于通往北塞的交通要道之上，使节、商贸莫不由之，安史之乱后其他道路多受袭扰，唯有太原一线保持畅通。与五代十国、宋朝相比，太原亦有深刻的变化。历经分裂与统一，随着政治经济重心的移动，曾经的"北都"不再，但北都的制度、相关的民族治理经验仍在延续，对此后政权的建立与迭代产生着影响。唐代北都到底留下了怎样的历史记忆，变与未变之间有哪些史事可供探究，我们将在正文中共同探索。

第一章　唐代北都：龙兴之地的 行政设置与地位变迁

　　作为中国古代史上的重要城市，太原的兴衰荣辱是基于山西整个区域的动态变化。谭其骧先生曾指出，历史上的山西曾占有突出的地位，其重要性远远超出今日的山西省。[1] 早在中华文明孕育与诞生的时期，这里就留下了古代先民披荆斩棘、筚路蓝缕、生产生活的痕迹，并经历传说时代到夏商周，成为黄河流域的文化中心之一。游牧族群在此逐水草生活，农耕之民以此为良田，山西生态环境的包容性使各族儿女都以之为家园。边疆诸族如条戎、余无戎、赤狄、长狄等都曾在这里活动，经过漫长的杂居共处、交流互鉴逐渐同华夏融为一体。到了

1　谭其骧：《山西在国史上的地位——应山西史学会之邀在山西大学所作报告的记录》，《晋阳学刊》1981 年第 2 期，第 2 页。

秦统一六国、汉并天下时，山西境内基本是合为一家的汉族群体。太原被王朝国家视为重要的行政、军事要地与山西容纳诸族的特性密切关联。从东汉开始不断有新的兄弟民族进入山西、来到太原，逐渐南下。以匈奴为例，散布在"晋阳汾涧之滨"的就有三万多人。朝廷需要进可攻、退可守、兼具枢纽与门户作用的太原以中心城市的形态代表中央控御山西全境，所以东汉以晋阳为并州首府，三国时的曹魏以及此后统一的西晋皆置太原郡并以晋阳为治所。后八王之乱起，政局动荡，五胡乱华，匈奴、鲜卑、羯、氐、羌诸族逐步深入华夏腹心之地，他们多以山西为根据地，以山西的重要城市如平城（靠近今大同）、太原为统治中心。这一地带即是魏晋南北朝各民族交往交流交融的前沿和舞台。

一　虚实之间：皇子"遥领"的荣誉背后

太原，位于黄土高原的东部，太原盆地北部，汾河流淌其中，南部是开阔的河谷盆地。《禹贡》记载其为冀州之域，至春秋时属晋国，战国时属赵国。秦初置太原郡，汉初经过几番调整，改分韩国、代国，汉武帝时又改为太原郡，成为并州的来源。东汉因循之，略微调整其下辖县，至末年，曹操废除并州刺史部，太原郡归入冀州。三国鼎立时，曹丕设立太原国，西晋承袭之。十六国时期，太原先后被前赵（汉）、后赵、前燕、前秦和后燕短暂地割据。至北魏孝武帝时，太原郡得以复置，隶属并州。北齐[1]、后周因袭之。隋初，废郡析置州县，于并州设置河北道行台尚书省。开皇九年（589）改为总管府，大业三年（607）又置太原郡。唐代，武德元年（618）并州初置大总管府，三年后废总管府，次年又置，至武德七年（624）改为大都督府。武则天天授元

1　根据毛汉光先生的《中国中古政治史论》，在北齐时期，太原发展成为重要的核心区，皇帝常驻跸此处（上海书店出版社，2002，第93~101页）。

年（690）置北都，改并州为太原府，至神龙元年（705），改回大都督府。开元十一年（723）玄宗北巡至太原，以太原府取代大都督府。之后，天宝元年（742），玄宗曾将北都改为北京。太原尹之职沿设至唐朝灭亡。

唐代太原地区的最高行政长官有阶段性的变动。唐初到开元年间，设置过总管、上总管、都督、大都督、太原牧等，他们在京遥领或者在任执掌；开元十一年后，以太原尹掌管太原府，北都留守处理戍卫都城之事。开元二十一年，天下州郡被分为十五道，以河东节度使管辖河东道各军。太原尹身份复杂、地位特殊，为了深入分析这一群体，首先要梳理太原府的建制和太原尹的确立过程，包括中央在河东区域内的布局和地方僚属体系的构成。

（一）开元十一年前的"太原尹"

太原府的设立时间在《元和郡县图志》《旧唐书》《新唐书》《资治通鉴》中都记载为开元十一年（723），《唐会要》则记录了两次设立太原府的时间，另一次在开元十一年前的长寿元年（692）。经过分析史料，笔者认为天授元年（690）太原被提升为北都时，很可能建立过太原府，但是很快改回都督府制，而且是"都督为长史"，长史是实际权力的掌握者，所以史料中开元十一年前的"太原尹"需要商榷和讨论，很可能是指长史。

《旧唐书·崔隐甫传》记载："九年，自华州刺史转太原尹，人吏刊石颂其美政。"[1]叙述了开元九年（721）崔隐甫受命太原尹之事。这一年不在《唐会要》所记废都督、行太原府的时间范围（692~705）内，从政令上看，太原当时并无太原尹的设置。崔隐甫其人，在此之前曾担任汾州长史和洛阳令，熟悉地方官员序列，到

1　《旧唐书》卷一八五下《崔隐甫传》，中华书局，1975，第4821页。《新唐书》卷一三〇中也记崔隐甫为太原尹，"累拜华州刺史、太原尹，入为河南尹"（第4497页）。

任太原时表现极佳，受到拥戴，此后调任河南尹。他的迁转经历说明他是中央重视的地方之"长"，这符合太原府设立前朝廷选取长史的标准。可以推测，崔隐甫在太原是以长史的身份处理具体事务。

王晙的案例与之类似，《旧唐书·王晙传》载："左迁梓州刺史。十年，拜太子詹事，累封中山郡公。属车驾北巡，以晙为吏部尚书，兼太原尹。"[1]他实际上也是并州长史，这一点有确切的史料佐证，如《新唐书·玄宗纪》："右卫大将军郭虔瓘为朔州镇军大总管，并州长史王晙副之。"[2]另有，《故京兆府宣化府折冲樊公（庭观）墓志铭并序》："去开元七年，中山郡开国公、守吏部尚书、检校并州长史、天兵军节度大使王晙，籍其英干，特奏充横野军副使。"[3]所以开元十年（722）王晙是并州长史而非太原尹。此外，《大唐新语》卷七"玄宗尝赐握兵都将郭知运等四人天军节度，太原尹王皎独不受"，[4]这里的"王皎"当为"王晙"之误。

崔隐甫与王晙是玄宗设立太原尹之前最后的长史，他们被记载为太原尹，一方面体现出太原尹之职是对长史的继承，职务上有颇多共通之处；另一方面是因为他们处在都督府向太原府转变的过渡时期。崔隐甫在太原府设立后，于开元二十一年（733）再赴太原，任太原尹，并州长史的经历无疑有利于他把握太原尹一职的工作。在下文的考述中，以《资治通鉴》和《唐会要》所记的韦凑为第一任太原尹。

（二）李唐宗室遥领太原尹

并州都督府时期，都督（大都督）常由李唐宗室遥领，这一现象在

1　《旧唐书》卷九三《王晙传》，第2989页。

2　《新唐书》卷五《玄宗纪》，第124页。

3　周绍良等编《唐代墓志汇编》，上海古籍出版社，1992，第1294页。

4　刘肃：《大唐新语》卷七《识量第十四》，许德楠、李鼎霞点校，中华书局，1984，第103页。

太原府设立之初被沿袭。《唐大诏令集》载："故司徒兼太原尹、使持节充河南（东）道诸军节度大使度支营田等使、上柱国庆王琮……可赠靖德太子……天宝十一年五月。"[1]李琮被记载为太原尹，但实际上他是太原牧。《旧唐书·玄宗纪》亦载："天宝元年，兼太原牧。十一载薨，赠靖德太子。"[2]从天宝元年（742）至十一载（752），太原尹为裴宽和韦济。李唐宗室遥领太原行政长官，实际上是彰显朝廷对北都的重视。相似的案例还有李琰和李纮。《旧唐书》载，李琰"（开元）十五年，遥领太原牧、太原已北诸军节度大使"。[3]这时的太原尹为李暠。李纮在《授抚王纮河东节度使制》中被记录为太原尹，"抚王纮……可开府仪同三司，充河东节度观察处置等使、兼太原尹、北都留守"。[4]这条诏令出于顺宗朝（805年），但根据《旧唐书·德宗纪》，"八月戊午，以河东行军司马严绶检校工部尚书、兼太原尹、御史大夫、河东节度使"，[5]且"绶在镇九年，以宽惠为政，士马蕃息，境内称治"。[6]从贞元十七年（801）到元和四年（809），严绶才是真正镇守北都的太原尹。

　　李琮、李琰、李纮出于李唐宗室，[7]他们是太原府的太原牧，而非真正的太原尹，对应史料中将"太原尹""太原牧"混记，他们获得的只是虚阶，没有实际权力，对太原地区的影响甚微。从都督遥领到太原牧遥领再到史料不载"太原牧"，李唐宗室在京兼领最高行政长官的模式于北都而言不再适合，新的模式即将出现。

1　宋敏求：《唐大诏令集》卷三二《皇太子·追赠·庆王赠靖德太子制》，中华书局，2008，第427页。

2　《旧唐书》卷九《玄宗纪下》，第226页。

3　《旧唐书》卷一〇七《玄宗诸子传》，第3260页。

4　董浩等编《全唐文》卷五五《授抚王纮河东节度使制》，中华书局，1983，第4988页；宋敏求：《唐大诏令集》卷三六《诸王·除亲王官下》，第6200页。

5　《旧唐书》卷一三《德宗纪下》，第395页。

6　《旧唐书》卷一四六《严绶传》，第3960页。

7　李琮是唐玄宗长子，李琰为唐玄宗第四子，李纮为唐顺宗第十七子。

二　携印向并州：太原的行政状况

谭其骧先生曾指出，北魏以后"北中国的实际政治中心从河南的洛阳转移到了山西的晋阳"。[1] 该区域以军带政的特征延续到东魏、北齐、北周，受到统治者的特别关注，以行政级别强调其重要性，被称为"霸府"和"别都"。时至唐代，道、州（府）、县成为主要的地方行政层级，"府"设置于京师和要害腹心之地，其中最为重要的当数京兆、河南、太原三府。此外还有凤翔、河中、成都、兴德、兴元和江陵六府。京兆、河南、太原三府有"三都"之名，京兆府为西都，河南府为东都，太原府为北都。行政设置上，东、西两都地位较高，京兆府和河南府在政令中多有并列，在僚属设置、勾征事宜等方面得到特殊处理。[2]

（一）三都掎角

组织结构方面，太原府与京兆、河南两府一致，"官属制置悉同两京"。[3] 根据《唐六典》的记载，可整理太原府内的职官名称与品阶，其构成如表 1-1 所示。

1　谭其骧：《山西在国史上的地位——应山西史学会之邀在山西大学所作报告的记录》，《晋阳学刊》1981 年第 2 期。

2　政令中单独列举京兆府、河南府，体现了两府的特殊性和重要性。譬如，《旧唐书》卷一二《德宗纪上》记载："诏省州县官员，上州留上佐、录事、参军、司户、司士各一员，中州上佐、录事、参军、司户、司兵各一员，下州上佐、录事、司户各一员，京兆、河南两州司录、判司及四赤丞、簿、尉量留一半，诸赤畿县留令、丞、尉各一员。"（第 356~357 页）再如王溥《唐会要》卷五九《尚书省诸司下》记载："唯京兆府、河南府，既句府并句县。伏以县司文案，既已申府，府县并句，事恐重烦。"（中华书局，1960，第 1036 页）这是指中央不需要对普通州的县进行勾征，但是一定时期内对京兆府和河南府及其下辖的县都要直接勾征。

3　杜佑：《通典》卷三三《职官十五·州郡下·京尹》，中华书局，1988，第 903 页。"开元以后，增置太原府为北京，官属制置悉同两京。初，武太后长寿元年，以并州后之故里，改为北都，神龙初废。开元十一年，又以并州高祖起义之始，复置太原府，号曰北京。"

表 1-1　唐代太原府职官名称与品阶

职官名称	人员数目	品阶
太原牧	1	从二品
太原尹	1	从三品
太原少尹	2	从四品下
司录参军事	2	正七品上
功曹参军事	2	正七品下
仓曹参军事	2	正七品下
户曹参军事	2	正七品下
兵曹参军事	2	正七品下
法曹参军事	2	正七品下
士曹参军事	2	正七品下
经学博士	1	正八品上
参军事	6	正八品下
录事	4	从九品上

　　资料来源：李林甫等《唐六典》卷三〇《京兆、河南、太原三府官吏》，陈仲夫点校，中华书局，1992，第 740~742 页。

　　此外，还有执刀十五人、典狱十八人、问事十二人、白直二十四人、经学博士助教二人、学生八十人、医学博士一人、助教一人、医学生二十人、府、史多名。[1]《元和郡县图志》记载："太原府，并州。开元户十二万六千八百四十，乡二百四十五。元和户十二万四千，乡二百四十九。"[2] 府设在太原三城中的西城，且"管县十三：太原，晋阳，榆次，清源，寿阳，太谷，祁，文水，交城，广阳，阳曲，盂，乐平"。[3] 再结合《唐六典》与《通典》所述，太原府与京兆府、河南府一

1　李林甫等:《唐六典》卷三〇《京兆、河南、太原三府官吏》，第 740~742 页。
2　李吉甫:《元和郡县图志》卷一三《河东道二》，第 359 页。
3　李吉甫:《元和郡县图志》卷一三《河东道二》，第 362 页。

致，"凡三都之县，在城内曰京县，城外曰畿县"，[1] 而"京都所治为赤县，京之旁邑为畿县，其余则以户口多少、资地美恶为差"。[2] 所以，太原府太原县令、晋阳县令为正五品上，[3] 其他诸县令为正六品上，[4] 太原府诸县丞为正八品下，诸县尉主簿为正九品上。[5]

　　关于太原府中的太原牧，史料记载不多，多由李唐宗室出任或遥领，如李琮于天宝元年（742）兼任太原牧，[6] 李琬于开元十五年（727）遥领太原牧。[7]《旧唐书·职官志》载其职掌为："掌清肃邦畿，考核官吏，宣布德化，抚和齐人，劝课农桑，敦敷五教。"[8] 实际上，太原牧并非掌管一方实权的最高长官，真正统率太原府组织机构的职官为太原尹。从太原尹的政绩和举措中可以看到，《旧唐书》中太原牧的责任主要由太原尹承担。

（二）要地特设

　　以上为太原府行政设置的基本情况。太原地区在此之前有过总管府、都督府和大都督府，太原府与它们之间有何异同之处？首先是总管

1　李林甫等：《唐六典》卷三《户部郎中·员外郎》，第73页。

2　杜佑：《通典》卷三三《县令》，第920页。

3　李林甫等：《唐六典》卷三〇《京县、畿县、天下诸县官吏》，第750页。"万年、长安、河南、洛阳、奉先、太原、晋阳，令各一人，正五品上。"

4　李林甫等：《唐六典》卷三〇《京县、畿县、天下诸县官吏》，第751页。"京兆、河南、太原诸县，令各一人，正六品上。"

5　李林甫等：《唐六典》卷三〇《京县、畿县、天下诸县官吏》，第751页。"丞一人，正八品下。主簿一人，正九品上。"

6　《旧唐书》卷一〇七《玄宗诸子传》，第3258页。"奉天皇帝琮，玄宗长子也，本名嗣直。景云元年九月，封许昌郡王。先天元年八月，进封郯王。开元四年正月，遥领安西大都护，仍充安抚河东、关内、陇右诸蕃大使。十三年，改封庆王，仍改名潭。十五年，遥领凉州都督，兼河西诸军节度大使。二十一年，加太子太师，改名琮。二十四年，拜司徒。天宝元年，兼太原牧。"

7　《旧唐书》卷一〇七《玄宗诸子传》，第3260页。"棣王琰，玄宗第四子也，初名嗣真。开元二年十二月，封为鄫王。十二年三月，改封棣王，仍改名洽。十五年，遥领太原牧、太原已北诸军节度大使。"

8　《旧唐书》卷四四《职官志三》，第1919页。

府时期，从武德元年（618）至武德七年（624）；之后是都督府（包括大都督府）时期，包括武德七年至天授元年（690）和神龙元年（705）至开元十一年（723）；中间出现了设置北都，以都督为长史的时期，是从天授元年至神龙元年。关于总管制和都督制，前人已有丰富的研究成果。[1] 我们结合并州的具体情况来看这两种制度的施行和变化。总管制是北周时期的地方军政制度，隋朝承袭之。唐朝建立之初，《旧唐书》载："其缘边镇守及襟带之地，置总管府，以统军戎。"[2]《资治通鉴》亦记载："时天下未定，凡边要之州，皆置总管府，以统数州之兵。"[3] 太原"襟四塞之要冲，控五原之都邑"，[4] 并州总管府设置于此。武德三年总管府被废除，四年重置，五年时"以洺、荆、并、幽、交五州为大总管府"。[5] 都督制源于东汉，魏晋南北朝时期得到普遍推行，唐武德七年总管府通改为都督府，这一制度在部分地区一直延续至五代，没有明确的诏令将其废除。将两者对比来看，总管制在并州实行时间较短，都督制持续八十余年，《通典》指出："后周改都督诸军事为总管，则总管为都督之任矣。"[6] 共同之处，一是加上"大"字后，称并州大总管或并州大都督时，官员往往是李唐宗室或重臣，他们遥领太原，具有一定阶官的性质；二是与州的关系有相似或者说一致之处，即都对州有军事方面的统辖权。总管制被取代的原因之一在于，它助长了地方势力的分裂，成为政权稳定的隐患。唐代的都督制一定程度上继承了魏晋南北朝时期的

1　参看田尚《唐代政区中的府制》，《郑州大学学报》（哲学社会科学版）1987 年第 6 期；艾冲《隋代总管府制的发展与废止》，《唐都学刊》1998 年第 4 期；艾冲《论唐代都督府政区的发展与衰落》，《陕西师范大学成人教育学院学报》1999 年第 4 期；李青淼《唐代前期都督府探讨》，《中国历史地理论丛》2006 年第 4 期；李青淼《20 世纪以来唐代都督府研究综述》，《中国史研究动态》2007 年第 5 期；许正文《论隋代及唐前期的政区整治与改革》，《吉林大学社会科学学报》2008 年第 1 期；夏炎《试论唐代都督府与州的关系》，《史学集刊》2008 年第 2 期。

2　《旧唐书》卷三八《地理志一》，第 1384 页。

3　司马光：《资治通鉴》卷一八五，武德元年六月癸未条，中华书局，1956，第 5795 页。

4　李白：《秋日于太原南栅饯阳曲王赞公贾少公石艾尹少公应举赴上都序》，《李太白全集》卷二六，第 3786 页。

5　司马光：《资治通鉴》卷一九〇，武德五年八月辛亥条，第 5953 页。

6　杜佑：《通典》卷三二《职官十四·州郡上·都督》，第 894 页。

军事管理权，又随着唐朝的发展而变化。一些学者，如艾冲先生指出节度使制与都督制在军事方面是前后继承的关系。[1] 都督的职责在于"掌所管都督诸州城隍、兵马、甲仗、食粮、镇戍等"。[2] 总体来看，其管辖地区若处于混乱时期，则都督府的主要职责在于军事，若处于稳定时期，则休养生息，注重经济发展。

并州和其他设置总管府、都督府的地方类似，是边防要地，具有重要的战略地位，且与北方诸族距离较近。不同的是，并州的地位发生了转型，成为北都，与西京长安、东京洛阳并称三都。首先，这是地位的上升，其僚佐、辖县都随之上升；其次，这是性质的转变，与其他边州相比，北都作为一个"点"凸显，获得了一定的都城属性（陪都属性）；最后，太原府取代并州都督府，是太原地区走向特殊发展之路的表现之一，换言之，这一地区跳出了节度使制接续都督府制的模式。尽管河东节度使设立后管理并州的军事，但是开元十一年（723）至开元二十一年（733）以北都为核心的发展模式已经逐渐成形。需要补充说明的是太原府设立时间之"两说"，其一是《元和郡县图志》记载的玄宗开元十一年北巡后，[3] 其二是《唐会要》记载的在此之前的长寿元年（692），武则天设立北都时设立过太原府。[4]《旧唐书》《新唐书》《资治通鉴》所述时间与《元和郡县图志》相同。笔者认为太原府真正确立下来是在玄宗北巡之后，但这之前太原的特殊性已经逐渐显现。如果将《元和郡县图志》和《唐会要》的信息结合起来，很可能的情况是天授元年（690）并州都督府被罢去，设置了北都，长寿元年设置过太原府，至神龙元年（705）再次改回都督府制。做出此番推测有两方面原因。其一是武则天对并州地区，特别是对太原的重视。天授元年正是武则天自立为帝的第一年，她提高太原地位，不久后在此设立府，是合乎逻辑的。其二是并

1　艾冲：《论唐代都督府政区的发展与衰落》，《陕西师范大学成人教育学院学报》1999 年第 4 期。

2　杜佑：《通典》卷三二《职官十四·州郡上·都督》，第 894 页。

3　李吉甫：《元和郡县图志》卷一三《河东道二》，第 361 页。

4　王溥：《唐会要》卷六八《诸府尹》，第 1190 页。

州都督府被太原府取代，两种制度相比，都督府制在北都地位快速上升的情况下可能难以继续，需要新的制度来适应并州整体的发展。如果长寿元年设置过太原府，为什么它没有延续下来呢？这与唐代的北方局势相关，北部防御中心从朔方向东移动，当时尚未到达太原，即太原的形势还在酝酿和发展之中。换个角度，我们来看太原府对于并州都督府的承袭。第一，它们都是唐代地方高级行政区；第二，都出现过亲王或重臣遥领而由别的官员来处理实际事务的案例；第三，对应的最高行政长官在职掌上有共通之处，兼具了民政和军事职能。

三　文武镇北边：北都的官吏设置

随着北都军事战略地位的提升以及该区域各民族交往交流交融的深入，唐廷日益重视当地的职官配置。在王朝早期的诏令中，太原的标志性身份是王业肇基之地、国家大业所起之处，至高宗、武周时期，转变逐渐出现。唐朝与周边诸族的关系在这一时期由攻势转为守势，北方的压力主要来自突厥，而防御该势力的门户正是北都太原。到长寿二年（693）朝中讨论边疆诸族问题时，太原不再以国家龙兴的礼仪、皇权象征出现，而是作为关键的地理位置、界线性的城市。玄宗朝巩固并强化了北都的特殊地位，"龙兴"旧事之下是镇边功能的凸显。以此为基础考察官职的设立和调整，会发现朝廷对太原尹及其僚属的安排与唐代"出将入相"的用人风格、地方治理的需求是一致的，正如钱起在《送鲍中丞赴太原军营》中所说"文武用书生"。[1]

（一）唐代太原尹制度的确立

随着北方民族势力日渐增长，对唐王朝形成重大威胁，武则天和玄宗

1　彭定求等编《全唐诗》卷二三八《送鲍中丞赴太原军营》，中华书局，1999，第4册，第2647页。

时期，中央对太原的重视程度大为提高。北都设立后，设置太原府是地方建制的变革，它带来制度的变化，也带来职官设置的调整。太原尹出现，对应体系得以确立。《唐会要》记载：

> 武德元年五月二十六日，并州置总管府，以窦静为长史。七年二月十七日，改为大都督府，以齐王元吉为之。贞观二年十月，去大字，为都督府，以李宏节为之。龙朔二年二月十六日，又加大字。长寿元年九月七日，置北都，改为太原府，都督为长史，以崔神庆为之。神龙元年二月四日，罢为大都督府，以宋璟为之。开元十一年正月二十日，置北都，以韦凑为尹。天宝元年正月二十日，改为北京。上元二年九月二十一日，停北京之号，寻却复为北京。[1]

可以看到，武德元年（618），并州由总管府治理，长史为大；武德七年（624），总管府改为大都督府，行政之长为大都督；贞观二年（628），大都督府改为都督府，都督掌管并州；龙朔二年（662），复为大都督府；长寿元年（692），设立太原府，都督为长史；神龙元年（705），再次改为大都督府；开元十一年（723），北都被再一次设置，太原尹出现并成为太原府最高行政长官。之后，天宝元年（742）和上元二年（761）北都两次更名为北京。《资治通鉴》亦录此事为："春，正月，己巳，车驾自东都北巡；庚辰，至潞州，给复五年；上尝为潞州别驾故也。复，方目翻。辛卯，至并州，置北都，以并州为太原府，刺史为尹；二月，戊申，还至晋州。"[2] 玄宗开元十一年北巡后确立了太原尹地方最高行政长官的地位，直到唐末李克用割据，这一制度始终实行，并引领着地方行政制度的运转。

1　王溥：《唐会要》卷六八《诸府尹》，第1190页。

2　司马光：《资治通鉴》卷二一二，开元十一年二月戊申条，第6755页。

太原尹在制度设置上，既与唐代地方府尹的基本原则相符合，又体现出北都的特殊性与重要性。僚佐体系上，前文提到《唐六典》中记载太原尹与京兆尹、河南尹管理着相同职务和数量的官员。[1]礼制上，它与京兆尹、河南尹并列，譬如《新唐书·百官志》关于"戟"的规定称："凡戟，庙、社、宫、殿之门二十有四，东宫之门一十八，一品之门十六，二品及京兆河南太原尹、大都督、大都护之门十四，三品及上都督、中都督、上都护、上州之门十二，下都督、下都护、中州、下州之门各十。"[2]"戟"为仪仗之名，不同地位、等级的职官和机构的门配备戟节的数量不同，二品官员以及京兆尹、河南尹、太原尹、大都督和大都护对应的戟节都是十四。这是在礼仪上对三府之尹特殊地位的强调。

再看关于军器监的记载，也体现着太原尹的特殊性。《通典》记载："大唐武德初，置军器监。贞观元年，罢军器大监，置少监，后省之，以其地隶少府监，为甲弩坊。开元初，复以其地置军器使。至三年，以使为监，更置少监一员，丞二员，主簿一员，录事一员，及弩坊等署。十一年，悉罢之，复隶少府，为甲弩坊。十六年，移其名于北都，置军器监。亦尝以太原尹兼领。天宝六载，复于旧所置军器监，监一人，领甲坊、弩坊两署。"[3]军器监是唐代的官署，掌缮治甲弩，按时缴纳武库。《通典》记叙了其自唐朝建立以后置废的历程以及组织构成。开元十六年（728），军器监移其名至北都，以太原尹兼任其掌管。此番设置体现出北都对于军事方面的侧重，这是北都与两京不同的地方，也是太原尹与京兆尹、河南尹的差异之处。

关于太原尹的品级，有两种说法。一是以太原尹为从二品，如《册府元龟》记"凡唐之制，京兆、河南、太原尹从二品，余尹从三品，其

1　李林甫等：《唐六典》卷三〇《京兆、河南、太原三府官吏》，第740~742页。

2　《新唐书》卷四八《百官志三》，第1249页。

3　杜佑：《通典》卷二七《职官九·诸卿下·军器监·监》，第769页。

属僚有少尹而下"；[1] 二是以之为从三品，如《唐六典》记"尹一人，从三品"。[2] 另有，前引《新唐书·百官志》将其与二品官员并列。推测此处之异，并非文字谬误，《唐六典》中尚存太原牧之名，"京兆、河南、太原府：牧各一人，从二品"，[3] 但到开元之后已非实际职务，史料无载。太原尹在很大程度上代替太原牧，成为太原府的最高长官。同时，由于中央的重视，太原地位提高，太原尹得享高于其品级的待遇。

太原尹是具体事务的主持者，承担着《唐六典》中太原牧的职责，概括而言，包括考核、举荐、民政、治安与司法五个方面。这是太原尹、京兆尹、河南尹共同的职掌，也是他们的一般职掌。在此基础上，面对具体事务时，府尹会有特殊的使命，即特殊职掌。

太原尹制度影响深远。李克用割据河东后保持太原尹之名，五代时期后唐、后晋、后汉、北汉仍然设置太原尹。譬如，河东军城都虞候孟知祥被委任为太原尹，[4] 租庸使、刑部侍郎、太清宫副使张宪被任命为太原尹，[5] 宣徽南院使、行右卫上将军冯赟被任命为太原尹。[6] 此外，符彦超[7]、安彦威[8]和刘承钧[9]等人也担任过太原尹。北汉时期尤为特

1　王钦若等编《册府元龟》卷六七一《牧守部一·总序》，凤凰出版社，2006，第7726页。
2　李林甫等：《唐六典》卷三〇《京兆、河南、太原三府官吏》，第740页。
3　李林甫等：《唐六典》卷三〇《京兆、河南、太原三府官吏》，第740页。
4　《旧五代史》卷二九《庄宗纪三》，中华书局，1976，第404页。"以河东军城都虞候孟知祥为太原尹，充西京副留守。"
5　《旧五代史》卷三〇《庄宗纪四》，第421页。"壬申，以租庸使、刑部侍郎、太清宫副使张宪为检校吏部尚书、充北京副留守、知留守事、太原尹。"
6　《旧五代史》卷四一《明宗纪七》，第566页。"秋七月甲子，以宣徽南院使、行右卫上将军、判三司冯赟为北京留守、太原尹。"
7　《旧五代史》卷五六《符审附子彦超传》，第760页。"明宗喜，召彦超谓之曰：'吾得尔兄弟力，余更何忧，尔为我往河东抚育者旧。'即授北京留守、太原尹。"
8　《旧五代史》卷七六《高祖纪二》，第1007页。"八月辛巳，以许州节度使苌从简为徐州节度使，以陕州节度使、侍卫马步军都虞候刘知远为许州节度使，以权北京留守、徐州节度使安彦威为太原尹、北京留守、河东节度使。"
9　《新五代史》卷七〇《东汉世家第十》，中华书局，1974，第863~869页。"高祖即帝位，以为太原尹、北京留守、同中书门下平章事……乃以周广顺元年正月戊寅即皇帝位于太原，以子承钧为太原尹，判官郑珙、赵华为宰相，都押衙陈光裕为宣徽使，遣通事舍人李锤间行使于契丹……承钧立，以继恩为太原尹。"

殊，君王三代以太原尹之职相传。众多五代太原尹的案例，第一，反映出五代对唐代制度的传承；第二，体现出太原地方制度体系的继续运转；第三，太原尹制度在新的阶段有了新的变化。关于五代太原尹制度的承袭与演变，以及太原尹的选任及职权，后面的章节将进行详细讨论。

（二）太原府设立前唐代太原最高行政长官的来源

　　唐初至开元十一年（723），总管（大总管）、都督（大都督）和长史都曾是太原地区之"长"。天宝之后，太原尹掌握实权，不再设立名义上的长官。前文提到太原府承袭了并州都督府的一些特征，那么太原尹与此前的行政长官有何相同、相异之处？若以唯在得人的观点分析太原府设立前太原最高行政长官的人选，可以探讨中央对这一区域的重视程度、太原乃至河东的局势以及该区域阶段性的特征。李裕民先生在《唐代太原的总管与都督——北都研究之二》[1]中梳理了唐代太原的历任总管和都督，相关信息如表 1-2 所示。

表 1-2　唐代太原的历任总管、都督

任期	官职	姓名	出身
618~619 年	并州总管	李元吉	唐高祖第四子
620 年	并州总管	李仲文	反隋功臣
620~621 年	检校并州总管	刘世让	普通官员
621~622 年	并州总管、上总管、大总管	李神符	唐高祖从父弟
623~626 年	检校并州大总管、大总管府长史	窦静	普通官员
622~626 年	并州大总管、大都督	李元吉	唐高祖第四子
627~641 年	并州都督、大都督府长史	李勣	反隋功臣

1　李裕民：《唐代太原的总管与都督——北都研究之二》，《城市研究》1989 年第 4 期。

任期	官职	姓名	出身
633~643 年	并州大都督	李治	唐太宗第九子
652~656 年	并州大都督	李孝	唐高宗第二子
656~676 年	并州大都督	李显	唐高宗第七子
676~702 年	并州都督、并州牧	李旦	唐高宗第八子
702 年	并州道行军大总管、检校并州长史	魏元忠	普通官员
705 年	并州大都督	李重茂	唐中宗第四子
714 年	并州大都督	李范	唐睿宗第四子

资料来源：李裕民《唐代太原的总管与都督——北都研究之二》，《城市研究》1989 年第 4 期。

　　表 1-2 中共有十四位总管或都督，其中九位出自李唐宗室（八位为皇子），另外五位为镇边重臣，史料多记载其在任时守护边防之事。譬如，李仲文担任并州总管时负责慰劳经过太原的讨逆军队；[1]李勣任并州都督时在兵部尚书李靖的指挥下出兵讨伐叛军；[2]魏元忠作为并州道行军大总管兼知并州事时守卫太原，指挥军队抵抗突厥和吐蕃的侵扰。[3]

　　在并州总管府和都督府中，有亲王、重臣遥领最高行政长官和官员实际出任两种状况。李裕民先生敏锐地发现了这些官员在出身上的独

1　《旧唐书》卷一九四上《突厥传上》，第 5154 页。"时太宗在藩，受诏讨刘武周，师次太原，处罗遣其弟步利设率二千骑与官军会。六月，处罗至并州，总管李仲文出迎劳之。留三日，城中美妇人多为所掠，仲文不能制。"

2　《旧唐书》卷一九四上《突厥传上》，第 5159 页。"上以其请和，后复援梁师都，诏兵部尚书李靖、代州都督张公谨出定襄道，并州都督李勣、右武卫将军丘行恭出通汉道，左武卫大将军柴绍出金河道，卫孝节出恒安道，薛万彻出畅武道，并受靖节度以讨之。"

3　《旧唐书》卷九二《魏元忠传》，第 2952 页。"时突厥与吐蕃数犯塞，元忠皆为大总管拒之。元忠在军，唯持重自守，竟无所克获，然亦未尝败失。"

特之处，并加以举例说明，指明了分析职官来源这条思路。需要补充的是，从仕宦经历上看，部分官员虽然不是出身于皇室，但是出将入相，是中央倚重的重臣，譬如窦静、李勣和魏元忠。这些案例反映出两方面的信息：一则，太原府的最高长官政治地位突出，来源特殊，体现出中央对太原的重视；二则，唐初政局较为稳定，但北方边患的压力始终存在，隋末遗留的局部混乱仍在继续。中央的重视一定程度上是因为太原为唐龙兴之处，太宗称之为"王业所基，国之根本"。[1]朝廷对并州大总管、大都督的安排是对太原荣誉地位的认定。实际上，宗室的遥领并不能有效领导太原，从窦静、李勣、魏元忠的兼任上可以发现，运转地方行政体系的实权掌握在长史的手中，[2]他们是太原具体事务的执掌者。

　　长史一职是理解三都府尹的一条线索，《唐六典》记载："开元初，改长史为尹，从三品。然亲王为牧，皆不知事，职务总归于尹。"[3]而且"尹、少尹、别驾、长史、司马掌贰府、州之事，以纪纲众务，通判列曹；岁终则更入奏计"。[4]长史可谓前太原府时期的"太原尹"，而太原尹承袭了长史的部分特征，所以在政令中两者受到同一条规定的制约。都督府时期，并州长史有怎样的属性和表现？根据《唐六典》："上州，刺史一人，从三品；别驾一人，从四品下；长史一人，从五品上；司马一人，从五品下。"[5]这一阶段，并州长史的职位始终设置，并且由得力的官员担任，除了前面提到的窦静、李勣，还有崔神庆[6]、王方庆[7]、娄师

1　《旧唐书》卷二《太宗纪上》，第 25 页。

2　参看李裕民《唐代太原的长史》，《城市研究》1989 年第 5 期。

3　李林甫等：《唐六典》卷三〇《京兆、河南、太原三府官吏》，第 741 页。

4　李林甫等：《唐六典》卷三〇《上州、中州、下州官吏》，第 747 页。

5　李林甫等：《唐六典》卷三〇《京兆、河南、太原三府官吏》，第 745 页。

6　《旧唐书》卷七七《崔神庆传》，第 2689 页。"则天以神庆历职皆有美政，又其父尝有翊赞之勋，甚赏慰，擢拜并州长史。"

7　《旧唐书》卷八九《王方庆传》，第 2898 页。"万岁登封元年，转并州长史，封琅邪县男。"

德[1]、周仁轨[2]、张嘉贞[3]、崔日用[4]、张仁亶[5]、裴怀古[6]、薛讷[7]、王晙[8]、宋璟[9]、李冲玄[10]、张说[11]等，其中张嘉贞、宋璟、王晙多位官员曾担任宰相。再看《新唐书·崔神庆传》中武则天以崔神庆为并州长史时所说："并州，朕乡里，宿兵多，前长史皆尚书为之，今授卿，宜知所以委重者。"[12]可见，并州长史具有两个特征。其一，朝廷重视并州长史人选的委任，前往赴任者多为重臣；其二，官员在并州长史之位上可以积累功勋，利于其任满后入相。值得思考的是，武则天对并州的情结是否影响到她对太原地区的重视程度。

为何会出现长史大权在握的现象？这并非地方行政组织的常态。分析其原因，可从两方面来看。一方面，开元前北都的战略地位尚未完全凸显，以核心城市引领全州事务的形势并未形成。其他地区的局势类似，唐代初期一些重要的都督府常由亲王遥领，长史掌握当地实权，凉州和扬州都出现过这种情况，譬如前文提到的李琮曾遥领凉州都督。太

---

1 《旧唐书》卷九三《娄师德传》，第2976页。"圣历二年，突厥入寇，复令检校并州长史，仍充天兵军大总管。"

2 《旧唐书》卷一八六下《王旭传》，第4853页。"唐隆元年，玄宗诛韦庶人等，并州长史周仁轨，韦氏之党。"

3 《旧唐书》卷九九《张嘉贞传》，第3090页。"累迁中书舍人，历秦州都督、并州长史，为政严肃，甚为人吏所畏。"

4 《新唐书》卷一二一《崔日用传》，第4330页。"徙并州长史，卒年五十。"

5 《旧唐书》卷一九〇中《富嘉谟传》，第5013页。"并州长史张仁亶待以殊礼，坐必同榻。"

6 《旧唐书》卷一八五下《裴怀古传》，第4808页。"神龙中，迁左羽林大将军，行未达都，复授并州长史。"

7 《新唐书》卷五《睿宗纪》，第120页。"甲午，幽州都督宋璟为左军大总管，并州长史薛讷为中军大总管，兵部尚书郭元振为右军大总管。"

8 《新唐书》卷五《玄宗纪》，第124页。"右卫大将军郭虔瓘为朔州镇军大总管，并州长史王晙副之。"

9 《新唐书》卷一二四《宋璟传》，第4388页。"会还京师，诏璟权检校并州长史，未行，又检校贝州刺史。"

10 《旧唐书》卷八九《狄仁杰传》，第2887页。"并州长史李冲玄以道出妒女祠，俗云盛服过者必致风雷之灾，乃发数万人别开御道。"

11 《新唐书》卷一二五《张说传》，第4407页。"帝大喜，授检校并州长史，兼天兵军大使，修国史，敕赍稿即军中论撰。"

12 《新唐书》卷一〇九《崔神庆传》，第4097页。

原地位发生巨大变化的标志是武则天设置北都，而北都地位的持续上升为太原尹制度的确立做好了铺垫。另一方面，从 652 年至 714 年，政权争夺的中心和舞台都在中央，武周登场、韦氏乱政，再到开元来临，地方职官的变动有时仅是中央政治斗争的延伸。太原地区的实权所有者能力所限，并不能干预时局，政治影响力相对较弱。较为典型的案例是周仁轨。《旧唐书·王旭传》载：

> 唐隆元年，玄宗诛韦庶人等，并州长史周仁轨，韦氏之党，有诏诛之，旭不复敕，又斩其首，驰赴西京。[1]

《新唐书·韦温传》也有较为详细的记载：

> 周仁轨者，京兆万年人，后母族也。方为并州长史，残酷嗜杀戮。异日，见堂下有断臂，恶之，送于野，数昔往视，故在。是月，韦后败，使者诛仁轨，刑人举刀，仁轨承以臂，躄地乃悟。[2]

周仁轨的发迹是在神龙政变后，当时朝廷大权逐渐为韦氏及其党羽掌握，他们在中央和地方安插人手。周仁轨以韦氏党羽的身份上任并州，担任长史，为害一方。中央的韦氏集团在唐隆政变时被剿灭，周仁轨也就失去了中央的支持，他迅速被诛杀。解读这些史料，可以看出并州长史的权力直接来自中央。从历史演进来看，北都的重要性与日俱增，这种都督（大都督）遥领而"长史为大"的模式在并州难以为继，制度上的调整随之而来，太原府建立，太原尹出现。

由此，回顾太原地方行政体系的形成过程，在太原尹体系确立之前，最高长官多次变动，呈现出不稳定性，权柄随着太原政治、军事地

---

1 《旧唐书》卷一八六下《王旭传》，第 4853 页。
2 《新唐书》卷二〇六《韦温传》，第 5845 页。

位的变化不断传递。长史负责这一时期具体事务的处理，与遥领的都督（大都督）构成统率太原地区的领导班子。两者的来源各有特点，都督（大都督）多出身李唐宗室，长史在迁入前往往是中央倚赖的重要官员。这体现出朝廷对太原地区的重视，此处兼具王兴之地的荣誉和襟带山川的战略位置。若军情紧急，并州都督（大都督）会兼任长史，提高整个区域的运作效率。都督—长史模式在太原府设立之初表现为太原牧遥领而太原尹处理实际事务。并州长史可谓太原尹的前身，太原尹是否承袭其职掌、来源特征？太原尹自身的特点有哪些？这两个问题的解决将是理解太原府设立前后地方最高行政长官变化的钥匙。

太原尹制度建立在太原重要性凸显的基础之上。可以说在设立之初，太原尹就被赋予了与京兆尹、河南尹不同的特殊军事属性，中央设置北都是武则天和玄宗将太原提升到新的地位，使之与东、西两京在级别上高于诸府的举措。北都的特殊性决定了太原尹的特殊性。从开元十一年至唐朝灭亡，太原尹拥有怎样的权力、地位，我们需要在之后的章节详细梳理历任太原尹的籍贯、政绩、任官履历，以每一任官员为个案归纳太原尹群体的基本特征。

第二章　互嵌交往：北都周边诸族形势

前文已经论及北都行政设置的种种变化：职务由虚到实，军事指挥职能不断加强，成为两京之外的特殊存在。太原名为北都，实则唐之"北门"。德宗委河东于李自良，谓之，"然北门之寄，无易于卿"；[1] 文宗命裴度兼任太原尹、北都留守、河东节度使，诏曰，"为朕卧镇北门可也"；[2] 僖宗以"北门兴王故地"[3] 托付郑从谠。"北门"之外是北方游牧民族为主的各民族群体，"北门"之内是黄河流域的中原诸州。太原在三都掎角之势中位置最北，地处农耕地区和游牧地区的重合地带，可以说是农耕文明和游牧文明交流的枢纽。历史上匈奴、突厥、沙陀都想从这里突破，进

1　《旧唐书》卷一四六《李自良传》，第 3957 页。
2　《旧唐书》卷一七〇《裴度传》，第 4432 页。
3　《旧唐书》卷一五八《郑从谠传》，第 4170 页。

入中原。部分民族部落进入河东，或归附中央，或与当地汉族交融；依靠武力南下失败的民族有的向西方迁徙，给欧洲带去冲击和影响。总体而言，处在农牧混合地带的北都既是"门户"也是"枢纽"，为魏晋南北朝以后的边疆民族南下提供了内附之路。

如果从各民族"三交"的角度重新审视太原的作用，会发现一个问题。在唐廷和士大夫的眼中，北都可以对边疆诸族进行政治宣慰，展现深厚的文化与完备的礼仪，实现归心凝聚、向风慕义的效果。刘禹锡为赴任太原的令狐楚作诗时就写道："夷落遥知真汉相，争来屈膝看仪刑。"[1] 在北方各族的观念里，三都（长安、洛阳、太原）皆是可以杂居融入、能够获得朝廷认可的中心城市。以回纥为例，其曾向皇帝请求"于河南府、太原府置摩尼寺"，[2] 将洛阳、太原并列，希望在这两个重点区域进行宗教上的互动交往。为什么北都能在中原士大夫和边疆诸族的认知中获得如此特殊的位置？这要从唐代民族交流共处的格局与动态变化的民族关系论起。

一　北临强胡，夷夏杂居：北都周边诸族的情形

唐王朝时周边诸族不断迁徙，民族政策、对外政策亦不断变化，民族相关问题颇为复杂。长久以来，中原是政治、经济、文化的中心，农耕区是王朝的核心，之外是次级外缘，移动变化的"中间地带"或"缓冲区"绵延在农耕政权和草原政权之间，也是唐代北部各民族杂居的地区。非汉族南下后，分散在西北、北方、东北的不同区域。他们对于河东的影响类型不同、程度各异，有常见于史料的超级强敌，如回纥（回鹘）、吐蕃、沙陀，还有势力较弱的退浑、契苾等。太原尹代表着中原文化与这些游牧型政治体发生互动交流。

1　彭定求等编《全唐诗》卷三六〇《令狐相公自天平移镇太原以诗申贺》，第 6 册，第 4077 页。

2　王溥：《唐会要》卷四九《摩尼寺》，第 864 页。

北都面对的最主要力量是回纥、吐蕃和沙陀，三者实力不断变化并互相抗衡。当其中一方发展到足够强大时，往往会向北都发起战争，冲击唐代的北部防御线。实力较弱的则往往归附唐王朝，协助太原尹平定叛乱。在势力均衡时期，没有直接的战斗冲突，太原尹训练军队、修葺防御工事。

从762年到843年，辛云京、鲍防、符澈、刘沔做太原尹时，回纥（回鹘）是最主要的威胁。沙陀在此阶段低调发展，与北都和睦相处。朱邪执宜为首领时期，因感激太原尹柳公绰的恩德，竭尽全力保卫太原。874~884年，李尽忠攻陷遮虏军，沙陀军队不断袭击太原，太原尹疲于应战和防御。其间，吐蕃不时向东扩张，曾于786年马燧任太原尹时期，举兵攻陷炎、灵二州，屯兵于鸣沙，直逼北都。

此外还有退浑、契苾、"九姓"、"六州"和"五部"。从太原尹的相关记载中可以看到，他们实力较弱，表面上归顺唐朝，实际上常常做盗为患，也依附于其他势力壮大的民族。当太原尹管理有方，北都大治时，诸族听命于太原尹，护卫太原，并协助唐王朝平定叛乱。

退浑即吐谷浑，唐中期迁徙至河东地区。契苾是铁勒诸部之一，归附唐朝后，在甘州、凉州间生活。这两个民族的族属、迁徙史料中记载较多，其与河东的关系也较为明确，不再赘述。"九姓""六州""五部"在文献中多次出现，并不是固有名词，有的含义多样，需要结合前后文进行分析，有的表述模糊，需要结合其他材料展开推究。

（一）"九姓"

830年柳公绰为太原尹，"陉北有沙陀部，勇武喜斗，为九姓、六州所畏"。[1] 857年毕诚任太原尹时，"太原近胡，九姓为乱。诚明赏罚，谨斥候，期年诸部革心"。[2] 这里的九姓是不是史料中的"九姓胡"？若是，九姓即昭武九姓：康、安、曹、史、石、何、米、火寻、戊地。他

1　《新唐书》卷一六三《柳公绰传》，第5022页。

2　《旧唐书》卷一七七《毕诚传》，第4609页。

们是来自中亚的粟特人，于贞观四年（630）随东突厥降附而南来，移入"河曲"西部的灵州、盐州、夏州之间。[1]

然而文献中的"九姓"畏惧陉北沙陀，两者的势力范围或许相邻或者相近。陉北，陉岭之北也，在太原以北的雁门关之外。从北而来对太原及整个河东地区造成影响的民族群体，也很有可能是铁勒九姓。"铁勒，本匈奴别种。自突厥强盛，铁勒诸部分散，众渐寡弱。至武德初，有薛延陀、契苾、回纥、都播、骨利干、多览葛、仆骨、拔野古、同罗、浑部、思结、斛薛、奚结、阿跌、白霫等，散在碛北。"[2] 贞观二十年（646），铁勒归附，迁入灵州。从永徽四年（653）起的三十年间，诸部虽有短暂的动乱，但基本保持稳定。垂拱元年（685）同罗、仆固等部叛乱，虽被击溃，但碛北形势不稳定。此后，铁勒诸部羁縻府州南迁，分布在陇右、关内和河东三道的北部。根据艾冲先生的研究，拔野固部、回纥别部、同罗部、霫部、仆固部迁入河东道。[3]《旧唐书·李说传》和《新唐书·李说传》中都提到铁勒九姓在河东道的情形。开元七年（719），张说检校并州大都督府长史，兼天兵军大使、摄御史大夫。当时太原尹之职尚未设立，长史握有太原府地方管理权。《旧唐书·张说传》记载：

> 八年秋，朔方大使王晙诛河曲降虏阿布思等千余人。时并州大同、横野等军有九姓同罗、拔曳固等部落，皆怀震惧。说率轻骑二十人，持旌节直诣其部落，宿于帐下，召酋帅以慰抚之。副使李宪以为夷虏难信，不宜轻涉不测，驰状以谏，说报书曰："吾肉非黄羊，必不畏吃；血非野马，必不畏刺。士见危致命，是吾效死之秋也。"于是九姓感义，其心乃安。[4]

1　参见艾冲《论唐代前期"河曲"地域各民族人口的数量与分布》，《民族研究》2003 年第 2 期。
2　《旧唐书》卷一九九下《铁勒传》，第 5343 页。
3　艾冲：《唐代漠北铁勒诸部羁縻府州的建置与移徙》，《陕西师范大学学报》（哲学社会科学版）2008 年第 6 期。
4　《旧唐书》卷九七《张说传》，第 3052 页。

　　文中的铁勒九姓包括同罗部和拔野固部（拔曳固）。对比两唐书的记载，《新唐书·张说传》多记一条，是关于宇文融与崔隐甫、李林甫对张说的弹劾："所亲吏张观、范尧臣依据说势，市权招赂，擅给太原九姓羊钱千万。"[1]这里出现的"太原九姓"很可能就是受到张说安抚并感恩归心的铁勒九姓。这一推论是否成立？从《旧唐书·张嘉贞传》中可以看到与之相异的线索。开元初，张嘉贞担任并州长史，"时突厥九姓新来内附，散居太原以北，嘉贞奏请置军以镇之，于是始于并州置天兵军，以嘉贞为使"。[2]从此条史料看，太原及其周边区域是北方族群南下后杂居交融的实际空间和常见选择。何为"突厥九姓"？结合《旧唐书·地理志》之灵州大都督府[3]和《新唐书·地理志》之关内道敕勒府州[4]，可整理出表 2-1。

表 2-1　史料中的"突厥九姓"

羁縻州	所处民族（原文名称）	部落名称	所寄之地
燕然州	突厥九姓	多滥葛	回乐县（今宁夏灵武市西南）
鸡鹿州	突厥九姓	奚结	回乐县
鸡田州	突厥九姓	阿跌	回乐县
东皋兰州	九姓	浑	鸣沙（今宁夏青铜峡市西南丰安故城）
燕山州	九姓		温池县（今宁夏盐池县西南）
烛龙州	九姓	掘罗勿	温池县

　　资料来源：白寿彝总主编，史念海主编《中国通史 9·第六卷·中古时代·隋唐时期》上册，上海人民出版社、江西教育出版社，2015，第 239 页。

　　对应来看，这里的突厥九姓包括多滥葛、奚结、阿跌、浑和掘罗勿部。其中多滥葛即多览葛，奚结、阿跌、浑都在前文提到，都属于铁勒九姓。掘罗勿同喔罗勿。回纥骨力裴罗于天宝三载（744）击败突厥，

1　《新唐书》卷一二五《张说传》，第 4409 页。

2　《旧唐书》卷九九《张嘉贞传》，第 3090 页。

3　《旧唐书》卷三八《地理志一》，第 1415 页。

4　《新唐书》卷四三下《地理志七下》，第 1121 页。

统一漠北。"九姓者，曰药罗葛，曰胡咄葛，曰啒罗勿，曰貊歌息讫，曰阿勿嘀，曰葛萨，曰斛嗢素，曰药勿葛，曰奚牙勿。药罗葛，回纥姓也，与仆骨、浑、拔野古、同罗、思结、契苾六种相等夷，不列于数，后破有拔悉蜜、葛逻禄，总十一姓，并置都督，号十一部落。"[1] 掘罗勿是回纥内九姓氏族之一。《唐会要·回纥》载："其九姓一曰回纥，二曰仆固，三曰浑，四曰拔曳固，即拔野古，五曰同罗，六曰思结，七曰契苾。以上七姓部，自国初以来，著在史传。八曰阿布思，九曰骨仑屋骨思。此二姓天宝后始与七姓齐列。"[2] 这被认为是突厥余部、铁勒余部与回纥本部融合后形成的回纥外九姓。

至此，我们稍做整理。

铁勒九姓：薛延陀、契苾、回纥、都播、骨利干、多览葛、仆骨、拔野古、同罗、浑部、思结、斛薛、奚结、阿跌、白霤等。

突厥九姓：多滥葛（多览葛）、奚结、阿跌、浑部和掘罗勿等。

回纥内九姓：药罗葛、胡咄葛，啒罗勿（掘罗勿）、貊歌息讫、阿勿嘀、葛萨、斛嗢素、药勿葛、奚牙勿。

回纥外九姓：本部、仆固（仆骨）、浑部、拔曳固（拔野古）、同罗、思结、契苾、阿布思、骨仑屋骨思。

首先要注意的是"铁勒九姓"并非只有九个部落，"突厥九姓"除上面列举的五个部落之外可能还有其他部落。关于"铁勒九姓"和"突厥九姓"的关系，前人已有研究。日本学者小野川秀美先生提出九姓铁勒归附于后突厥，铁勒九姓被称为突厥九姓是体现政治隶属关系。[3] 片山章雄先生认为"九姓突厥""九姓铁勒""九姓"几个称呼含义相同的可能性并非没有。[4] 王义康先生指出"突厥九姓"除燕山州居住的部落

1　《新唐书》卷二一七上《回鹘传上》，第 6114 页。

2　王溥：《唐会要》卷九八《回纥》，第 1744 页。

3　小野川秀美：《铁勒考》，王恩庆译，《民族史译文集》第 6 辑，中国社会科学院民族史研究所，1978，第 29~62 页。

4　片山章雄：《关于 Toquz Oruz 与 "九姓" 的几个问题》，章莹译，吴大山校，《西北史地》1986 年第 3 期。

不可考外都包括在"铁勒九姓"的部落中，从政治统属关系而言，"九姓铁勒"长期役属于突厥，"九姓铁勒"可泛称突厥，但"九姓铁勒"和突厥族属有别，为了使"九姓铁勒"在族源上区别于突厥，称"九姓突厥"，或简称为"九姓"。[1]蔡鸿生先生主要研究唐代的"九姓胡"，谈到突厥对九姓胡诸国的监摄，其中的"九姓"是指昭武九姓（康、安、曹、石、米、何、史等）。[2]白玉冬先生在探讨8~11世纪九姓达靼时，参考九姓铁勒的命名和构成分析达靼的状况，如九姓铁勒由回鹘、拔野古、同罗、浑等九个部族构成，而九姓达靼是七个具有不同称谓的族组成的部落，他还分析了九姓达靼与突厥语族的关系。[3]李丹婕先生引墓志材料为据，指出"九姓"通常是突厥汗国麾下的铁勒诸部，并列举麟德元年（664）、开元四年（716）以及天宝年间都被用于指代漠北铁勒诸部，如回纥、仆固、同罗等，她也论及"九姓突厥"在一定语境下可以指九姓契苾部。[4]

至于"回纥九姓"，需要用动态的视角去观察和理解。早期的"回纥九姓"被包含在"铁勒九姓"之中。在回纥不断扩张的过程中，回纥本部成为核心，一些原与其同列的铁勒诸部逐渐靠拢、归附，至天宝后共同组成"外九姓"（见图2-1）。在唐德宗[5]、宪宗[6]、穆宗[7]、敬宗[8]、文宗[9]时期出现的"九姓回纥"是指"九姓"中的回纥本部。

1　王义康：《唐代边疆民族与对外交流》，黑龙江教育出版社，2013，第23~36页。

2　蔡鸿生：《唐代九姓胡与突厥文化》，中华书局，1998，第1~7页。

3　白玉冬：《九姓达靼游牧王国史研究（8~11世纪）》，中国社会科学出版社，2017，第18、32~33、35~36、53页。

4　李丹婕：《杜诗中的"杂虏"与"杂种"新诠——兼释"九姓胡"的内涵》，《中华文史论丛》2022年第3期，第186~187页。

5　《旧唐书》卷一三《德宗纪下》，第370、381页。

6　《旧唐书》卷一四《宪宗纪上》，第425页。

7　《旧唐书》卷一六《穆宗纪》，第486、489页。

8　《旧唐书》卷一七上《敬宗纪》，第515页。

9　《旧唐书》卷一七下《文宗纪下》，第549页。

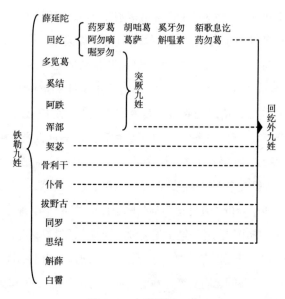

图 2-1　九姓族属示意

资料来源：根据《旧唐书》《新唐书》《唐会要》及前人的研究绘制。

回到前文与太原尹相关的"九姓"，太原北部有"九姓同罗、拔曳固等部落"以及"突厥九姓"。首先，这两条材料的时间都是开元初，单用"九姓"一词很有可能是泛指南附的铁勒诸部。"突厥九姓"也很可能只是延续政治属性的词语，内容没有超出铁勒诸部，不仅仅局限于《地理志》中列举的几个部族。由于当时族属铁勒的部落很多，分别迁入河东、陇右、关内道，处于移动、组合的过程中，构成复杂，若只用"九姓"代指则针对性较弱，所以出现了"九姓 + 部落名"的情况。进一步推测，河东道北的铁勒部族中同罗、拔曳固应该实力较强，其他没被提及的"等部落"则实力较弱，很可能是混杂的，随同罗、拔曳固两部移动。到安史之乱后，太原尹所应对的"九姓"是否已经发生了变化？从族属来看，他们仍然是铁勒。具体到部族，同罗、拔曳固、霫部、仆固部最具可能性。回纥还活跃在北都周边，但是它已经独立于"九姓"之外，成为铁勒尚存的强大势力。太原尹相关史料中的"九姓"是指除回纥外的铁勒族属的部落。那么"河东九姓"[1]、"太原九姓"是不是等同于上文解释的"九姓"？这两个称呼并没有在文献中多次出现，可参照、对比的例子较少，很可能是指迁居至河东或太原附近的铁勒部族。

"九姓"是否还有另一层含义，是指昭武九姓？"九姓"能不能和"九姓胡"画等号？可以从下面的案例中找寻答案。

大历十三年，回纥入寇太原。之后"德宗立，使中人告丧，且修好。时九姓胡劝可汗入寇，可汗欲悉师向塞，见使者不为礼。宰相顿莫贺达干曰：'唐，大国，无负于我。前日入太原，取羊马数万，比及国，亡耗略尽。今举国远斗，有如不捷，将安归？'可汗不听，顿莫贺怒，因击杀之，并屠其支党及九姓胡几二千人"。[2]又"始回纥至中国，常参以九姓胡，往往留京师，至千人，居资殖产甚厚"。[3]后"已而闻顿莫贺新立，多杀九姓胡人，惧不敢归，往往亡去"。[4]

此处的"九姓胡"虽有"素属于回纥者"，[5]但是从内容上看，往来于京师进行货物贩运活动，他们确为昭武九姓粟特人。族属上，他们与铁勒九姓、回纥本部九姓并无关联；依附关系上，他们并非回纥外九姓。所以"九姓胡"与"九姓"概念不同。那是否可以由此推论昭武九姓并未直接影响到北都局势？还需探究"六州"和"五部"的情况。

（二）"六州"

柳公绰任太原尹时，畏惧沙陀的还有"六州"。[6]这里六州的含义也

1　《旧唐书》卷八《玄宗纪上》，第182页。"夏四月庚寅，兰池州叛胡显首伪称叶护康待宾、安慕容，为多览杀大将军何黑奴，伪将军石神奴、康铁头等，据长泉县，攻陷六胡州。兵部尚书王晙发陇右诸军及河东九姓掩讨之。"

2　《新唐书》卷一二七上《回鹘传上》，第6121页。

3　《新唐书》卷一二七上《回鹘传上》，第6121页。

4　《新唐书》卷一二七上《回鹘传上》，第6121页。

5　《旧唐书》卷一九五《回纥传》，第5208页。

6　《旧唐书》卷一六五《柳公绰传》，4304页。

有不同的可能性。其一是指六胡州，《旧唐书·关内道》载："调露元年，又置鲁、丽、塞、含、依、契等六州，总为六胡州。"[1]《新唐书·关内道》中亦有记载："于灵、夏南境以降突厥置鲁州、丽州、含州、塞州、依州、契州，以唐人为刺史，谓之六胡州。"[2]唐朝建立这些羁縻州，目的在于管理当地的归附民，他们是前文提到的贞观四年（630）唐朝军队平定东突厥后迁入河曲地区的粟特人。张广达先生在《唐代六胡州等地的昭武九姓》中指出，六胡州隶属灵州都督府，几经变更、废弃、重置，被认为是昭武九姓移民的聚落。[3]其二是指"六州胡"，即河曲六州之胡人。"初，突厥内属者分处丰、胜、灵、夏、朔、代间，谓之河曲六州降人。"[4]"六州胡"在地域界定范围上比"六胡州"大。另《唐大诏令集》载，"河曲之北，先有六州，群胡编列，积有年序"，[5]可见民族群体在河曲六州居住的时间较早。周伟洲先生在前人研究成果的基础上，提出一般而言文献中记的"河曲六州""六州"是指丰、胜、灵、夏、朔、代州，对应的是突厥归附之部落；"六胡州"则指鲁、丽、含、塞、依、契州，对应的是粟特人。他还指出，"六胡州"有时会简称为"六州"，所以要结合上下文意来判断。[6]

回到《新唐书·柳公绰传》，"陉北有沙陀部，勇武喜斗，为九姓、六州所畏"。[7]柳公绰领河东是在大和四年（830）。在此之前，开元九年（721），六胡州爆发了反唐事件，以原突厥降将康待宾为首。他被称为"河曲叛胡"，[8]"九年四月，兰池州叛胡显首伪称叶护康待宾、安慕容，为多览杀大将军何黑奴，伪将军石神奴、康铁头等，据长泉县，攻陷

1　《旧唐书》卷三八《关内道》，第 1415 页。

2　《新唐书》卷三七《关内道》，第 974~975 页。

3　张广达：《唐代六胡州等地的昭武九姓》，《北京大学学报》（哲学社会科学版）1986 年第 2 期。

4　《新唐书》卷二一五上《突厥传上》，第 6042 页。

5　宋敏求：《唐大诏令集》卷一二八《蕃夷·绥抚·遣牛仙客往关内诸州安辑六州胡敕》，第 762 页。

6　周伟洲：《唐代六胡州与"康待宾之乱"》，《民族研究》1988 年第 3 期。

7　《新唐书》卷一六三《柳公绰传》，第 5022 页。

8　《旧唐书》卷九二《韦抗传》，第 2963 页。

六胡州"，[1]叛军势力大振。唐王朝以朔方、陇右、河东之军力平叛。其中，"兵部尚书王晙发陇右诸军及河东九姓掩讨之"。[2]时任朔方大总管、兵部尚书的王晙调动上文讨论过的居于河东的铁勒部族一同剿灭叛军。周伟洲先生认为"康待宾之乱"是突厥降户的反抗活动，[3]荣新江先生则指出这是粟特民众起义。[4]其实，前者是使用"六州"的大概念，后者认可"六胡粟特"的观点。在北都周边，并且与沙陀关联的"六州"，以上两种可能性都是存在的。不过，笔者倾向于"六胡州"即粟特人之说。因为"九姓""六州"并列出现，很可能是表示不同的群体。如果"九姓"代表铁勒南附诸部，则可以涵盖从河曲迁入河东北部的"六州胡"。如果太原周边的"六州"是六胡州粟特人，那么可以推论原处于灵州的部分粟特人向东迁徙，成为太原尹需要应对的诸族之一。

二 互嵌交融：北都周边民族关系

"九姓""六州"之外，"五部"也被记录于太原尹处理的民族事务中。"故五部之人，欣然听命"，[5]此句在言卢简求的治理之功，"太原军素管退浑、契芯、沙陀三部落，或抚纳不至，多为边患。前政或要之诅盟，质之子弟，然为盗不息。简求开怀抚待，接以恩信，所质子弟，一切遣之"。为什么三部变为五部？何为五部之人？"五部"有不同的含义：高丽五部，[6]沙陀五部，[7]奚五部，[8]以及"其回纥、同罗、霫、勃曳固、

---

1 王钦若等编《册府元龟》卷九八六《外臣部三十一·征讨第五》，第 5321 页。

2 《旧唐书》卷八《玄宗纪上》，第 182 页。

3 周伟洲：《唐代六胡州与"康待宾之乱"》，《民族研究》1988 年第 3 期。

4 荣新江：《中古中国与粟特文明》，生活·读书·新知三联书店，2014，第 75 页。

5 《旧唐书》卷一六三《卢简求传》，第 4272 页。

6 《旧唐书》卷一九九上《高丽传》，第 5327 页。

7 《旧唐书》卷一五八《郑从谠传》，第 4172 页。

8 《旧唐书》卷一九九下《奚传》，第 5354 页。

仆固五部落来附"。[1] 同罗、勃曳固和仆固都是九姓铁勒的部族，曾经游牧于内蒙古北部地区，到卢简求为太原尹的 860 年，他们多已融入回纥之中。霫，隋唐时期始见于中国史籍，在族源和分布地上学界有不同的看法，地处潢水以北，或是嫩江流域以西。听命于太原尹的五部，有五种可能性：其一是沙陀五部，是对前文沙陀的进一步强调；其二是铁勒诸部迁入河东的回纥、同罗、霫、勃曳固、仆固部，是对前面三个部落的补充；其三是指吐谷浑、契苾、沙陀以及回纥中的两个部族；其四是与太原关联最多的吐谷浑、契苾、沙陀、回纥和吐蕃；其五是泛指诸部。由于没有其他材料的对比和佐证，很难形成定论。

北都近胡，民族众多，回纥、沙陀、吐蕃实力强大，吐谷浑、契苾、铁勒九姓、六胡粟特时乱时附。以往的研究主要针对史料丰富、影响巨大的回纥、沙陀和吐蕃，他们与河东、中央都建立了直接联系；其他民族群体被关注得比较少，具体来说是这些民族在河东的情况比较模糊。突厥降人南附后，众多部落被安置于灵、夏州。铁勒诸部、粟特诸部迁入、迁徙、生活更多的是在"河曲"、陇右及关内道。这些阶段性进入河东的群体，诸如同罗、拔曳固部落，看似实力较弱，影响力有限。那我们弄清诸族的意义到底何在，这对于研究太原尹有怎样的作用？

首先，有利于我们了解更全面的北都环境。西北有回纥，西南有吐蕃，北境沙陀兵力强大，缝隙间还有复杂多样的民族部落，他们有的在北都庇护之下，有的尝试向北都靠近。河东可农耕和畜牧的自然环境对于曾居漠北的游牧民族有很大的吸引力。在唐王朝的强盛时期，北都周边的局势基本保持稳定。到唐代中后期，随着实力变化，各族间摩擦不断，局部冲突，向南掠取，都是在蓄积能量。动荡之势由外向内而来，逼近太原。从"九姓""六州""五部"在太原及其周边地区活动的史料，可以得出以下结论或猜测。其一，这是多民族共同生活、互动的

1　《旧唐书》卷八《玄宗纪上》，第 176 页。

证明。以"羊钱"事件为例，虽然被作为弹劾张说的因素，但也足见太原尹主导（或引导）下各民族之间实际发生过经济往来并且达到一定规模。其二，各族群身份、称呼混杂，到后期难以辨别，史料不载其去向，很可能是这部分族群不断交融，最终融入中华民族的整体，"和同为一家"。

其次，在这样的基础上，我们可以重新梳理和认识太原尹的作为和政策，理解其背后的原因。镇守北边，不仅需要练兵以破敌，戍守以防寇，还需要太原尹游刃于诸族诸部之间，抑强扶弱。诸部"革心""听命"，难道只是听从太原尹的教化，并且不再南下扰乱、盗窃？或许还有不联合反唐势力、不参与其他民族与唐朝的混战。从族属上看，回纥原是铁勒九姓之一，与散落在河东的同罗、拔曳固等部落有族源上的联系，又有外九姓之说，可将仆固、契苾拉入同阵营。回纥作为北都的最大威胁之一，如果将这些部落联合起来攻唐，军事冲突在不同方位爆发，太原尹必将难以兼顾。反之，如果熟悉各族的族属、渊源，太原尹可以将这些部落作为"隔离带"，拱卫太原，或者在危急时获得他们的兵力支援。以契苾为例，其长期协助太原尹，郑从谠任太原尹时"然杂虏不戢，肆掠近旬。从谠遣大将王蟾、薛威出师追击之。翌日，契苾部救兵至，沙陀大败而还"。[1] 还需要特别注意的是"太原九姓"，他们聚居于太原城近郊，其叛、附、合作对于北都安全意义重大。历任太原尹究竟如何处理周边民族事务，采用怎样的策略，之后的章节进一步分析探讨。

1　《旧唐书》卷一五八《郑从谠传》，第 4171 页。

第三章　镇北之人：太原尹—北都留守—河东节度使

　　"烟尘绕北京，千里动人情。"[1]张祜诗中的"北京"即北都太原。天心系北都，唐廷对太原尹的选拔、任命、考核、调遣是国家经略河东、镇守边地、抚纳诸族政策落实的关键。梳理相关史料会有三个维度的启发：第一，太原尹是中央政令的直接执行者，其任期表现之总和是唐朝区域治理观念的浓缩体现；第二，太原尹能否真正在地方发挥作用，除了个人能力差异，更深层面的决定因素是时局——包括中央对地方的控制力、太原与周边诸族的力量对比以及辖区内部是否稳定；第三，直至唐朝中后期，北都及河东地区都对中央保持着忠诚，并成为镇压割据势力反叛

1　陈尚君辑校《全唐诗补逸》卷一〇《投太原李司空》，彭定求等编《全唐诗》第13册，第10486页。

的重要力量，唐廷为何能保持这一局面？太原尹从个体和职官设置两个方面如何应对平叛诉求？太原尹、北都留守、河东节度使三者之间有什么关系，为什么在文献里出现三职合于一人的情况？

一　委寄非轻：唐代历任太原尹

在学术史回顾部分，笔者已对李裕民先生的《唐代的太原尹》和郁贤皓先生的《唐刺史考全编》做了概述和分析。他们在论著中都按照时间顺序梳理过唐代太原尹，其中，郁贤皓先生整理了统领太原府的长官，包括太原尹和河东节度使；李裕民先生将一些河东节度使推论为当时的太原尹，主要在于列举，没有给出史料依据和考证过程。本书以两位先生的研究为基础，结合传统文献和新出石刻资料，对比、分析两位先生所列太原尹中出现分歧的地方，[1]拟定新的太原尹年表。

（一）太原尹考辨

郁贤皓先生在《唐刺史考全编》中列出了数位待考察之人，他们很可能曾经在太原府。根据现有材料，笔者对其中的元某和崔酆进行考证。

待考的元某，出自李白《忆旧游寄谯郡元参军》："君家严君勇貔虎，作尹并州遏戎虏。"[2]诗中的"作尹并州"，是否指在并州任太原尹？李白所指为何人？按照今人对李白诗作的分析，此诗作于开元二十三年（735），当时李白与好友元演同游太原。元演的职位是题目中的参军，这里李白称赞的当是元演之父。"作尹"可以泛指治理地方的官员，并不能直接证明元演的父亲担任太原尹。另外，开元二十三年任太原尹的是崔隐甫。元某曾任太原尹的可能性基本可以排除。

1　主要是郁贤皓先生提出而李裕民先生没有列举的情况。

2　彭定求等编《全唐诗》卷一七二《忆旧游寄谯郡元参军》，第 3 册，第 1775 页。

《唐语林》中记载："博陵崔倕，缌麻亲三世同爨。贞元已来，言家法者，以倕为首。倕生六子，一为宰相，五为要官。太常卿邠，太原尹酆。"[1] 这里提到崔酆曾担任太原尹。宋人笔记小说的材料可以补充正史之不载，但在使用时需要谨慎。崔酆是否担任过太原尹？他在何时担任？刘禹锡为崔倕撰写的《唐故朝散大夫检校尚书吏部郎中兼御史中丞赐紫金鱼袋清河县开国男赠太师崔公神道碑》载："生才子六人，长曰邠，及公时已为左拾遗，后至太常；次曰酆，至太府卿；次曰郾，至外台尚书。"[2] 志文中，崔酆担任的是太府卿，与太原尹并无关联。从崔酆的兄长崔邠的传记来看，《旧唐书》中未记崔酆，《新唐书·宰相世系二下》言其兄弟六人："弟酆、郾、郁、鄯、鄲。"另有记其为"酆，司农卿"。[3] 综合上述史料，崔酆很可能并没有担任过太原尹，而担任过"太府卿"和"司农卿"。

梳理历任太原尹，是为了更好地研究太原尹这一群体，讨论他们的各项特征，所以笔者在史料的核对和辨析时，较为谨慎，前述开元十一年前的"太原尹"、李唐宗室遥领太原尹和重新考证过的元某、崔酆都不被归入本书的考述范围。除此之外，本书还对太原尹的顺序进行了核查和调整，对部分史料较单一的官员做出取舍。

李裕民先生和郁贤皓先生的研究都包括太原尹的顺序，这是首先要考察的内容，因为历任太原尹的年表是探讨官员任期、迁转履历、阶段性特征的前提。两位先生勾勒出了唐代太原尹的整体脉络，本书则是针对每一任太原尹的细节进行推究，工作琐碎，此处暂举一例。韦济曾任太原尹，《旧唐书·韦嗣立传》载："二十四年，为尚书户部侍郎。累岁转太原尹……天宝七载，又为河南尹。"[4] 他任职的时间应该是开元二十四年（736）后，到天宝七载（748）前，其间有十余年，如何确

1　王谠：《唐语林》卷一《德行》，《全宋笔记》第 18 册，大象出版社，2019，第 15 页。

2　《刘禹锡集》，上海人民出版社，1975，第 30 页。

3　《新唐书》卷七二下《宰相世系二下》，第 2762 页。

4　《旧唐书》卷八八《韦嗣立传》，第 2874 页。

定他镇守太原的具体时间？《韦济墓志》（天宝十三载闰十一月十一日）：
"〔天宝〕六载，迁太原尹，仍充北京留守。"[1] 天宝元年（742）称太原为
北京，北京留守就是北都留守。韦济的墓志提到他是天宝六载（747）
被授命为太原尹。另有，《为宰相贺太原府圣容样至有庆云见表》："臣等
伏见太原尹常济奉今月四日紫极宫玉石圣容样至北京。"[2] "常济"是"韦
济"的误写，北京即北都。如上所言，韦济有可能两次担任太原尹，第
一次是在开元二十五年（737），但郁贤皓先生认为王昱此时任太原尹，
他依据的是《全唐文》卷三〇九所载："正议大夫、守太原尹、北都留
守、持节河东道诸军节度营田副大使知节度事兼采访处置使摄御史中丞
上护军赐紫金鱼袋王昱。"那么可能的情况是，韦济于开元二十五年任
太原尹，王昱在其后。韦济第二次担任太原尹是从天宝六载到七载。

　　任职官员的审查，基本原则是要不同史籍互证、多条史料对应，辅
之以碑刻材料和唐诗、笔记小说（主要是宋代前期的笔记小说）。这就
涉及个别人物的取舍，譬如韦虚心和刘瞻。《东都留守韦虚心神道碑》
记载："命公作歙、曹二州刺史，荆、潞、扬三州长史，以至于太原
尹。"[3] 郁贤皓先生在梳理太原尹时使用了这条材料并把韦虚心的任期定
为约开元二十四年（736）。笔者对此有所怀疑，因为《旧唐书·韦虚
心传》[4] 和《新唐书·韦虚心传》[5] 并未提及其担任太原尹之事。而且《新
唐书》对于韦虚心的仕宦经历叙述得较为清晰，包括其出任三州都督长
史、东都留守之事，为何会单独漏记太原尹这一重要职位？韦虚心任太
原尹之事在其他史料中再无记载。韦虚心的神道碑中是否存在虚笔？在
此将韦虚心作为存疑或储备中的太原尹，以待今后出现其他佐证。刘
瞻的例子与之恰好相反，《旧唐书·刘瞻传》载："出为太原尹、河东节

1　吴钢主编《隋唐五代墓志汇编·陕西卷》第 4 册，天津古籍出版社，1991，第 22 页。

2　董诰等编《全唐文》卷三一一《为宰相贺太原府圣容样至有庆云见表》，第 3157 页。

3　周绍良主编《全唐文新编》卷三一三《东都留守韦虚心神道碑》，吉林文史出版社，2000，第
　　2 部第 2 册，第 3571 页。

4　《旧唐书》卷一〇一《韦凑附子虚心传》，第 3147 页。

5　《新唐书》卷一一八《韦凑附子虚心传》，第 4271 页。

度使。"[1] 言简意赅，刘瞻任过太原尹之意十分明确。《新唐书》也记载其为河东节度使。看似证据充足，但是这一记录在学术界是受到质疑的。[2]第一，宋代吴缜《新唐书纠谬》中指出《懿宗纪》未记刘瞻担任河东节度使；第二，钱大昕在注中认为这里出现史料的失载；第三，大中十三年至咸通十四年的历任太原尹、河东节度使都很清楚，并无刘瞻；第四，《资治通鉴》卷二五一的《考异》中《闻见录》记录刘瞻为太原亚尹，即太原少尹，另《重修承旨学士壁记》也记其为太原少尹，他很可能担任的是太原少尹和河东副使。如此，刘瞻也暂列为存疑的太原尹。

在此基础上，本书重新整理出唐代历任太原尹年表（见附录一）。由于篇幅较长影响后文论述的连贯性，不在正文中展现，置于附录中。与李裕民先生、郁贤皓先生相比，笔者共考证出太原尹六十八任，其中有同一官员多次出任的情况，譬如裴度、郑从说。笔者在此基础上对前人的研究提出讨论和商榷：首先，排除官员担任河东节度使不兼任太原尹的情况；其次，区分李琮、李琰、李纮遥领太原尹，类似唐初太原牧，地方有其他官员实际出任的情况；再次，排列出符合文献、碑志双重记载的太原尹顺序；最后，根据今人研究去除不合理的推测，如元某。新的历任太原尹顺序表可以为学者进行相关研究提供便利。年表的作用在分析一人多次担任太原尹和同一年多位官员出任太原尹时尤为突出。以此年表为轴，可见历任太原尹的更替、任期，再结合史料的记载归纳历任可考太原尹迁入、兼任、迁出以及在任经历，制作唐代历任太原尹详表（见附录二）。接下来围绕这些问题展开进一步的研讨。

（二）太原尹的职掌

前文曾论及太原尹的一般职掌，《唐六典》载："京兆、河南、太原牧及都督、刺史掌清肃邦畿，考核官吏，宣布德化，抚和齐人，劝课农

1　《旧唐书》卷一七七《刘瞻传》，第4605页。

2　参见胡可先先生《新旧〈唐书〉稽疑》的"刘瞻事迹辨正"部分，向燕南、李峰编《新旧唐书与新旧五代史研究》，中国大百科全书出版社，2009，第114页。

桑，敦谕五教。每岁一巡属县，观风俗，问百姓，录囚徒，恤鳏寡，阅丁口，务知百姓之疾苦。部内有笃学异能闻于乡闾者，举而进之；有不孝悌，悖礼乱常，不率法令者，纠而绳之。其吏在官公廉正己、清直守节者，必察之；其贪秽谄谀、求名徇私者，亦谨而察之，皆附于考课，以为褒贬。若善恶殊尤者，随即奏闻。若狱讼之枉疑，兵甲之征遣，兴造之便宜，符瑞之尤异，亦以上闻。其常则申于尚书省而已。若孝子顺孙，义夫节妇，志行闻于乡闾者，亦随实申奏，表其门闾；若精诚感通，则加优赏。其孝悌力田者，考使集日，具以名闻。其所部有须改更，得以便宜从事。"[1] 大致可概括为考核、举荐、民政、治安和司法，这也是京兆、河南、太原三府尹共同的职掌。

但具体到每位太原尹的政绩，笔者发现他们的具体职掌多表现为两类：第一类是三都府尹共同的民政、司法、治安职掌衍生出的太原尹一般职掌，如训练军队、管理军备、修缮防御设施；第二类是北都战略位置的重要性赋予太原尹的特殊职掌，如处理邻近民族关系、维护互市和平定叛乱（安史之乱和藩镇叛乱）。

1. 一般职掌

首先，整顿军队。上元三年（762），邓景山任太原尹，及至太原，"以镇抚纪纲为己任，检复军吏隐没者"。[2] 他以整饬军队为自己任上的第一要务，希望迅速树立自己在军队中的威信。后来纳马赎罪之事引发兵将之乱，[3] 邓景山被军众所杀，但这说明太原尹一职对军事组织管理和司法严明处理具有要求。大历三年（768），王缙镇太原。将领王无纵、张奉璋等恃功倨傲，以王缙为儒生不服，多次违反规定。王缙通过斩杀此二人在军队中立威，加强了军队内部凝聚力，达到了整治军心的目

1　李林甫等：《唐六典》卷三〇《上州、中州、下州官吏》，第 747 页。

2　《旧唐书》卷一一〇《邓景山传》，第 3314 页。

3　《旧唐书》卷一一〇《邓景山传》，第 3314 页。"及至太原，以镇抚纪纲为己任，检复军吏隐没者，众惧。有一偏将抵罪当死，诸将各请赎其罪，景山不许；其弟请以身代其兄，又不许；弟请纳马一匹以赎兄罪，景山许其减死。众咸怒，谓景山曰：'我等人命轻如一马乎？'军众愤怒，遂杀景山。"

的。[1]大历十四年（779），马燧在沉重的北防压力、紧张的形势下被任命为太原尹，他的各项举措旨在训练精兵强将，提高战略战术。《旧唐书·马燧传》记载：

> 太原承前政鲍防百井败军之后，兵甲寡弱，燧乃悉召将吏牧马厮役，得数千人，悉补骑卒，教之数月，为精骑。造甲者必令长短三等，称其所衣，以便进趋。又造战车，蒙以狻猊象，列载于后，行则载兵甲，止则为营阵，或塞险以遏奔冲，器械无不犀利。居一年，陈兵三万，开广场以习战阵，教其进退坐作之势。[2]

马燧补充骑兵并使他们训练有素；制造不同尺寸的铠甲，使战士穿戴合身，方便行进；打造战车伴随行军，攻可承载兵甲追敌，守可组成防御阵营。他的整顿举措彻底改变了鲍防留下的兵寡甲弱的残局，使得太原兵力大增，作战实力加强。类似的案例还有很多，比如李光颜到太原后凭借自己的声望及才干，使得军中自律，不犯禁令，军务秩序井然。[3]当然也有反面的例子，李说任太原尹时疾病缠身，无力统率军队，军政之事荒废，[4]这也是其后一段时间内太原实力减弱、北方民族部落不断侵扰的重要原因。

其次，管理军备。士兵战斗能力、将领指挥水平、军纪、军心都是军事实力中的软实力。接下来的正反两个例子围绕着北都的军事储备展

1　《旧唐书》卷一一八《王缙传》，第 3417 页。"太原旧将王无纵、张奉璋等恃功，且以缙儒者易之，每事多违约束。缙一朝悉召斩之，将校股栗。"

2　《旧唐书》卷一三四《马燧传》，第 3692 页。

3　董诰等编《全唐文》卷六三二《河东节度使太原尹赠太尉李光颜神道碑》，第 6386 页。"公发迹并部，人皆怀之，及公之来，如渴者得饮，寒者挟纩，吏不按而奸自息，军不刑而令无犯，无小无大，各附所安。则公之才之量，曷可涯也。"

4　《旧唐书》卷一四六《李说传》，第 3959 页。"说在镇六年，初勤心吏职，后遇疾，言语行步蹇涩，不能录军府之政，悉监军主之。又为孔目吏宋季等欺诳，军政事多聚紊，如此累年。"

开，这是太原军力中的物质实力。

乾元二年（759）王思礼上任太原尹，在镇期间储备军粮、整修军械，两年间"贮军粮百万，器械精锐"。[1]太原军备状况大幅改善，军器精良，军粮达到百万斛之多。然而其后的继任者管崇嗣失政，上元二年（761）到太原后，在监察官员和管理地方储备上出现疏漏，造成严重后果："数月之间，费散殆尽，唯存陈烂万余石。"[2]王思礼的苦心经营毁于一旦，太原形势紧张。

最后，修缮防御设施。太原尹建造、修复周边防御设施是保卫北都职责的体现。如何提升城市的防御功能？符澈、毕诚任职时都曾修复杷头烽，前者于会昌二年（841）"修杷头烽旧戍以备回鹘"，[3]后者于大中十二年（858）"复修杷头七十烽，谨候虏，寇不敢入"。[4]大和四年至六年（830~832），太原尹柳公绰治理了多处废弃的"栅"。[5]乾符元年（874）窦澣上任后，征发民夫在太原周边挖壕沟。[6]这些举措体现着太原尹的防守策略，有的是积极备战，以退为进，有的则是被动防御，以求太原城不失。他们防范的对象主要是周边的民族诸部。

2．特殊职掌

首先，处理邻近民族关系。太原周边民族众多，各民族之间、各部落之间各有历史渊源，族属复杂，关系多变。除上文所言防御南下，太原尹的工作还包括维护和睦的民族关系，处理不同民族间的纷争。

在处理与回纥、沙陀、退浑、契苾的关系方面，太原尹的举措是不同的。玄宗北巡设置北都后的第一任太原尹韦凑严谨地守卫北方，使

1　《旧唐书》卷一一〇《王思礼传》，第3313页。

2　《旧唐书》卷一一〇《邓景山传》，第3314页。

3　司马光：《资治通鉴》卷二四六，会昌二年二月丁丑条，第7958页。

4　《新唐书》卷一八三《毕诚传》，第5380页。

5　《新唐书》卷一六三《柳公绰传》，第5022页。

6　司马光：《资治通鉴》卷二五三，乾符五年五月丁巳条，第8207页。

边境大治，获得玄宗表彰，受赐时服；[1]大历十二年（777）镇守太原的鲍防派兵迎战回纥军队。[2]非战斗态势时，宝应元年（762）辛云京接手邓景山留下的残局后，整顿三军，正确处理与回纥的关系；[3]大中十一年（857）毕诚赏罚分明，使诸部得到教化；[4]咸通元年（860）卢简求整肃边防，协调北方诸部落，使众部族欣然听命，也使力量不断壮大并寻求扩张的沙陀不敢妄为。[5]

在处理民族关系的过程中，太原尹还会发挥一些颇为特殊的职能。譬如维护互市，柳公绰大和四年（830）接任太原尹后，恰逢"梅禄将军李畅以马万匹来市"。《旧唐书·柳公绰传》记载："所经州府，守帅假之礼分，严其兵备。留馆则戒卒于外，惧其袭夺。"[6]回鹘派遣李畅带着万匹马来互市，他们一行可谓处处吃"闭门羹"。沿途州府的守帅以礼仪分限为由，严兵以备，作防守之势，并在李畅等人停留的馆舍之外驻兵戒备，担心他们假借市马之名，趁机袭扰掠夺。柳公绰与他们不同，他不仅出兵迎接，还派人对李畅进行慰劳，表达修好的意愿。此举

1　董诰等编《全唐文》卷九九三《唐太原节度使韦凑神道碑》，第10288页。"操节钺之寄，慎守御之方，师徒无勤，边鄙不耸。虽李牧之驰名塞下，魏尚之善守云中，无以过也。"

2　《旧唐书》卷一一《代宗纪》，第313~314页。"回纥寇太原，鲍防与之战，我师不利。"

3　《旧唐书》卷一一○《辛云京传》，第3314页。"云京质性沉毅，部下有犯令者，不贷丝毫，其赏功效亦如之，故三军整肃。回纥恃旧勋，每入汉界，必肆狼贪。至太原，云京以戎狄之道待之，虏畏云京，不敢惕息。数年间，太原大理，无烽警之虞。"

4　《旧唐书》卷一七七《毕诚传》，第4609页。"太原近胡，九姓为乱。诚明赏罚，谨斥候，期年诸部革心。"

5　《旧唐书》卷一六三《卢简求传》，第4272页。"简求辞翰纵横，长于应变，所历四镇，皆控边陲。属杂虏寇边，因之移授，所至抚御，边鄙晏然。太原军素管退浑、契苾、沙陀三部落，或抚纳不ель，多为边患。前政或要之诅盟，质之子弟，然为盗不息。简求开怀抚待，接以恩信，所质子弟，一切遣之。故五部之人，欣然听命。"

6　《旧唐书》卷一六五《柳公绰传》，第4304页。"大和四年，复检校左仆射、太原尹、北都留守、河东节度观察等使。是岁，北虏遣梅禄将军李畅以马万匹来市，托云入贡。所经州府，守帅假之礼分，严其兵备。留馆则戒卒于外，惧其袭夺。太原故事，出兵迎之。畅与界上，公绰使牙将祖孝恭单骑劳问，待以修好之意。畅感义出涕，徐驱道中，不妄驰猎。及至，辟牙门，令译引谒，宴以常礼。及市马而还，不敢侵犯。陉北有沙陀部落，自九姓、六州皆畏避之。公绰至镇，召其酋朱耶执宜，直抵云、朔塞下，治废栅十一所，募兵三千付之，留屯塞上，以御匈奴。其妻母来太原者，请梁国夫人对酒食问遗之。沙陀感之，深得其效。"

效果极佳，"畅感义出涕，徐驱道中，不妄驰猎。及至，辟牙门，令译引谒，宴以常礼。及市马而还，不敢侵犯"。李畅感激柳公绰，他们在途中谨行守礼，不做妄为之事，市马完成后即返回，并没有四处侵扰。柳公绰的举措既维护了互市，又使周边民族感恩、归心。需要注意，这一职掌亦从侧面体现出北都在交通方面的重要性和特殊性。唐代中后期，南北通道多被北方民族袭扰、破坏，但太原一线仍然安全，是北方边境与中央输送信息、派遣使节、互市贸易的所由之路，而北都正是这条路上的关键地点之一，太原尹因此获得了掌控南北通道的权力。柳公绰维护互市的案例就是此项特殊权力的表现。

从整体上看，随着时间推移，到唐代后期，周边民族的兴起和南下给太原带来的威胁和压力不断增加，太原尹处理民族事务的责任也因之产生并加重。这是我们研究太原尹特殊性的重要线索。[1]

其次，平定叛乱。太原尹的军事职掌包括两个主要部分，一是上文所言的处理民族事务，二是协助中央平定叛乱。从历史事件上看，安史之乱中太原不仅抵抗住了史思明所率叛军的攻击，还在多次防守反击战中消灭敌人。从历史人物上看，李光弼[2]、马燧等都是在此担任太原尹，并在讨逆平叛的过程中展现自身非凡的军事领导力，从而获得功勋。

需要注意两点。第一，军情紧急时抵抗入侵和平定叛乱成为太原尹的主要职能，这是从实际案例中整理得出的，与太原尹原本的行政设置相差较大；第二，太原尹的这两项特殊职能体现出中央对太原府，乃至对河东道的控制力，这也是北都地位上升的重要原因。太原府重要的军

1　太原尹处理民族事务的相关问题将在本书第四章深入讨论。

2　《旧唐书》卷一一〇《李光弼传》，第3305页。"及贼攻城于外，光弼即令增垒于内，坏辄补之。贼城外诟詈戏侮者，光弼令穿地道，一夕而擒之，自此贼将行皆伏地，不敢逼城。强弩发石以击之，贼骁将劲卒死者十二三。城中长幼咸伏其勤劳，懦兵增气而皆欲出战。史思明揣知之，先归，留蔡希德等攻之。月余，我怒而寇息，光弼率敢死之士出击，大破之，斩首七万余级，军资器械一皆委弃。贼始及走遁，五十余日，光弼设小幕，宿于城东南隅，有急即应，行过府门，未尝回顾。贼退三日，决军事毕，始归府第。转检校司徒，收清夷、横野等军，擒贼将李弘义以归。"

事地位，赋予地方最高长官的首要任务，或者说核心任务，就是镇守边防和管理军务。首先，这是评估太原尹是否能胜任的第一标准；其次，军事任务的核心衍生出六项职掌：训练军队、管理军备、修缮防御设施、处理邻近地区的民族事务、维护互市和平定叛乱。举一个较为典型的案例。

马燧从大历十四年（779）开始镇守北都，据《旧唐书·马燧传》，他担任太原尹的八年中，政绩卓著，多次听从朝廷的安排出兵平叛。建中二年（781），田悦、成德李惟岳与淄青李纳联合反叛，马燧领兵讨之；建中四年（783），泾原兵变发生，德宗幸奉天，马燧回师稳住太原局势；兴元元年（784），德宗回到京师，马燧再次协助平定叛乱；贞元元年（785），李怀光割据自立的奸计被马燧识破，其党羽遭斩杀；贞元二年（786），吐蕃大将尚结赞攻占盐州、夏州，马燧出师抵抗，使尚结赞不敢妄动，促成唐朝与吐蕃的会盟；贞元三年（787），马燧回到北都，侍中浑瑊在平凉与吐蕃宰相尚结赞盟誓时被吐蕃军队所劫，被劫走的将领、官员多达六十余名。受此事牵连，中央认定是马燧的和谈之策导致出现如此后果，马燧的兵权被夺去。[1] 马燧任职期间的记载，多是围绕着"出师太原"与"回师太原"，可见他主要忙于处理军政要务，用在教化和民政上的时间和精力较少。他镇守北都的八年，反映出朝廷对割据藩镇和周边民族的态度是以积极出击为主。

太原尹的边防任务在唐代中后期尤其突出，即处理民族事务。第一章已经讨论过太原尹制度确立实际是北方边防压力与民族交往交流交融需求之下太原重要性提升的结果。安史之乱后，北方民族南下侵扰的问题更加深重。中央已经丧失对东北民族的抵御，只能以太原府为屏障维护西北边防。再加上太原及其周边民族杂居、数量较多，太原尹需要处理与民族诸部相关的各项事务，包括抵御侵扰、守卫太原

1　《旧唐书》卷一三四《马燧传》，第 3692 页。

和维护稳定、安抚各民族。在这些民族中，最常见于史料的是回纥与沙陀。他们在唐末政局变动中产生了很大影响，详细的论述将在之后的章节展开。

从上述研究可见太原尹的职掌围绕着军事和边防两个中心。这是太原尹与京兆尹、河南尹的重要区别之一。张荣芳先生在《唐代京兆尹研究》中指出，京兆尹的一般职掌是与《唐六典》记载基本一致的民政、治安与司法、人事与考课，特殊职掌是护陵、护丧、供食、访后、京城营修等。[1]太原尹教化、民政、司法等方面的其他职能相对弱化，但也有所体现，譬如开元十五年（727），李暠担任太原尹时，"太原旧俗，有僧徒以习禅为业，及死不殓，但以尸送近郊以饲鸟兽。如是积年，土人号其地为'黄坑'。侧有饿狗千数，食死人肉，因侵害幼弱，远近患之，前后官吏不能禁止。暠到官，申明礼宪，期不再犯，发兵捕杀群狗，其风遂革"。[2]他的举动为革除旧俗，也可理解为处理宗教事务，同时体现出太原尹教化的职掌。

要履行训练军队和处理民族事务等职责，太原尹需要具备军事指挥才能和处理民族事务的经验。分析历任太原尹的自身情况，首先涉及官员的地域来源，即籍贯。在唐朝行文、写传、作墓志中都首先言明籍贯，其背后有深刻的社会历史背景。

（三）太原尹的籍贯

所谓籍贯，"籍"是指"簿书"，即登记祖居地的文书，"贯"是指过去的居住地。籍贯虽然是现代词语，但它可以对应中国古代个人在文书中登记的祖居地。它与郡望的含义有相通和相异之处。郡望是同姓官僚大族的聚居之地。最初籍贯与郡望是重合的，但后来由于宗族群体的繁衍，家族分散、迁徙到各地，贯与望渐渐分离。中国重视籍贯的传统

---

1 张荣芳：《唐代京兆尹研究》，第 25~40 页。

2 《旧唐书》卷一一二《李暠传》，第 3335 页。

由来已久，地域分布是考证历史人物中不可或缺的一部分。尽管个别官员的籍贯不一定准确，尤其是北朝以后的籍贯，但它仍然在一定程度上反映着历任太原尹的出身和对应的社会历史环境。"问所何来"，既有助于理解中央选择太原尹的基本条件，又是探讨官员镇守北都期间举措和效果的一条线索。

1. 籍贯的分布

对历任太原尹的籍贯进行考证，发现 39 位有籍可查，[1] 此处依据开元十五道 [2] 将他们进行划分。具体情况如表 3-1 所示。

表 3-1　唐代历任太原尹籍贯一览

姓名	籍贯	属道
韦凑	京兆杜陵	京畿道①
杜暹	濮阳	河南道②
韦济	郑州阳武	河南道
裴伷先	闻喜	河东道③
裴宽	闻喜	河东道
李光弼	营州柳城	河北道④
王思礼	高句丽	其他
邓景山	曹州	河南道
辛云京	河西	关内道⑤

1　有籍可查，包括两种情况，一是有直接的史料记载其籍贯、郡望；另一种是没有直接材料，但可以从其祖辈的记载中推导出其籍贯。

2　《旧唐书》卷三八《地理志一》，第 1384~1385 页。"贞观元年，悉令并省。始于山河形便，分为十道：一曰关内道，二曰河南道，三曰河东道，四曰河北道，五曰山南道，六曰陇右道，七曰淮南道，八曰江南道，九曰剑南道，十曰岭南道。""开元二十一年，分天下为十五道，每道置采访使，检察非法，如汉刺史之职：京畿采访使理京师城内、都畿理东都城内、关内以京官遥领、河南理汴州、河东理蒲州、河北理魏州、陇右理鄯州、山南东道理襄州、山南西道理梁州、剑南理益州、淮南理扬州、江南东道理苏州、江南西道理洪州、黔中理黔州、岭南理广州。"

续表

姓名	籍贯	属道
王缙	河中	河东道
段秀实	陇州汧阳	关内道
鲍防	襄州	山南道⑥
马燧	汝州郏城	河南道
李自良	兖州泗水	河南道
严绶	蜀	剑南道⑦
李鄘	江夏	江南道⑧
范希朝	河中虞乡	河东道
王锷	自言太原	河东道
张弘靖	蒲州猗氏	河东道
裴度	闻喜	河东道
李光颜	河曲	其他
李程	陇西	陇右道⑨
柳公绰	京兆华原	京畿道
令狐楚	宜州华原	京畿道
狄兼谟	太原	河东道
刘沔	徐州彭城	河南道
李石	陇西	陇右道
崔元式	今聊城市	河北道
卢钧	范阳	河北道
刘瑑	彭城	河南道
毕诚	郓州须昌	河南道
裴休	闻喜	河东道

续表

姓名	籍贯	属道
卢简求	蒲州	河东道
刘潼	曹州南华	河南道
郑从谠	荥阳	河南道
康承训	灵州	关内道
崔彦昭	清河	河北道
李蔚	陇西	陇右道
李克用	应州	河东道

注:(1)按照太原尹任期先后排列,同一人多次出任的,以第一次出任时间为准,出处见附录二"唐代历任太原尹详表";(2)其他,指在开元十五道之外的其他地区。

①　谭其骧主编《中国历史地图集》第5册,中国地图出版社,1982,第40~41页。

②　谭其骧主编《中国历史地图集》第5册,第44~45页。

③　谭其骧主编《中国历史地图集》第5册,第46~47页。

④　谭其骧主编《中国历史地图集》第5册,第50~51页。

⑤　谭其骧主编《中国历史地图集》第5册,第40~41页。

⑥　谭其骧主编《中国历史地图集》第5册,第52~53页。

⑦　谭其骧主编《中国历史地图集》第5册,第67~68页。

⑧　谭其骧主编《中国历史地图集》第5册,第57~58页。

⑨　谭其骧主编《中国历史地图集》第5册,第61~62页。

据表3-1,按数量由多到少排序:唐代太原尹籍贯中河东道11位、河南道10位、河北道4位、关内道3位、陇右道3位、京畿道3位、山南道1位、江南道1位、剑南道1位,还有两人来自其他地区。各道所占比例如图3-1所示。

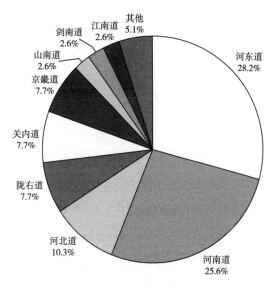

图 3-1　太原尹籍贯分布

从表 3-1、图 3-1 中可以看出太原尹籍贯分布的两个特征，第一，太原尹主要来自河东道、河南道与河北道；第二，太原尹地域来源较为广泛。太原尹籍贯相对集中，地域来源广泛。为什么多处于河东道、河南道、河北道？有三个主要原因，其一，河东、河南士族大家众多，官宦世家代代传承，在朝中有盘根错节的关系网络；其二，河东地多骁勇善战之人，一些军功贵族在此崛起，并在太原府中施展才能，能够胜任军事边防要职；其三，河东、河北道散居着众多民族，是抵抗北方强族南下的防御之地，当地人对周边民族关系、民族习俗较为了解，在处理民族事务时具备优势。唐代中后期，太原尹出于诸道，是在军情紧急之际以解决军政要务为导向来决定太原尹人选的结果，这与前文对太原尹职掌的分析一致，也符合唐代安史之乱后官员来源的整体变化趋势，即世家大族的垄断逐渐松动，当地人士处理地方事务的优势凸显。从史料中可以看到，出身河东的太原尹更容易得到当地军将士卒的拥护，培养为己所用的精兵良将。

北方出身的太原尹在指导军务、处理民族关系和统领地方事务上具备优势，受到朝廷的重用。但是任用当地官员担任太原尹会不会出现势力膨胀后割据自立的隐患呢？中央怎样应对这一问题？其态度如何？

2. 籍贯与地域回避

唐代实行地域回避制度，但从表 3-1 可以看到，出自河东的太原尹王锷和狄兼谟都自称太原人。这是否与地域回避制度相违背？在了解太原尹籍贯的基本情况和特征后，我们来探讨太原府内的回避情况。唐代的回避制度受到学界关注，成果颇丰，[1]基本共识是：回避制可上溯至两汉时期，到唐、宋基本成形，明清时逐渐完备。回避的种类包括亲属回避、地域回避（籍贯回避）、职务回避以及仇嫌回避。关于地域回避，《通典》载："汉县有丞、尉及诸曹掾。多以本郡人为之，三辅则兼用他郡。及隋氏革选，尽用他郡人。后县诸曹略如郡员。"[2]《册府元龟》载："丞、簿、尉从京兆尹魏少游所请，永泰元年七月诏：'不许百姓任本贯州县官及本贯邻县官。京兆、河南府不在此限。'"[3]

学者常常讨论的案例有《封氏闻见记》：

> 先是，侍郎唐皎铨引选人，问其稳便。对曰："家在蜀。"乃注吴。有言："亲老在江南。"即唱陇右。有一信都人，心希河朔恩，绐曰："愿得淮、泗。"即注漳、滏间一尉。由是大为选人作法，取之往往有情愿者。[4]

1　相关研究有：阎平、田金城、姚一凡《中国古代官史制度沿革》，中国城市出版社，1992，第 146~157 页；郭建《古代法官面面观》，上海古籍出版社，1993，第 69 页；楼劲、刘光华《中国古代文官制度》（修订本），中华书局，2009，第 229 页；焦健《当代中国廉政制度预设新论》，天津人民出版社，2006，第 115 页；刘兴云《唐代任职回避探析》，《经济研究导刊》2009 年第 24 期。

2　杜佑：《通典》卷三三《职官·州郡·总论县佐》，第 920 页。

3　王钦若等编《册府元龟》卷六三〇《铨选部·条制第二》，第 7281 页。

4　封演撰，赵贞信校注《封氏闻见记校注》，中华书局，2005，第 20 页。

《陔余丛考》对于此事的评价是："是朝廷特命者或不拘本籍，而选法原有回避本籍之例。"[1] 当然也有学者认为唐代的地域回避并不严明，比较松散。《陔余丛考》总结了唐代史料中违背地域回避原则的情况：

> 姜謩，上邽人，高祖命为秦州刺史，谓："故乡锦衣，用答元勋。"丘和为交趾太守，闻高祖登极，来朝。帝以和本稷州人，乃命为稷州刺史以自养。张士贵，洛州人，高祖命为洛州刺史，曰："令卿衣锦昼游。"薛登，常州义兴人，武后授为常州刺史。张九龄，韶州人，以亲老求归养，玄宗乃以其弟九皋、九章为岭南刺史。贺知章归老，诏以其子僧子为会稽郡司马，使侍养。[2]

根据上述史料，太原尹的例子并不能片面地理解为太原府的特殊性带来的特权，可以违反籍贯回避。尽管《册府元龟》记载京兆、河南府不受限制，雍州、洛州可以委任本州的官员，但是不能直接将这项规定的适用范围推理扩大。《通典》的规定主要是针对丞、尉等低级官吏，级别上，太原尹职位较高不适用于此条，与丘和、张士贵等的例子更接近。出身太原的王锷和狄兼谟任太原尹之事可能属于个别案例，并不具有普遍性。从唐代的实际情况来看，地域等回避制度多适用于六品以下官员，对高级官员一般比较宽松，因为他们阅历丰富，很难做到严格回避。

地域回避制度不适用于太原尹的情况，但是对籍贯回避问题的思考有助于分析中央选官的模式。可以推测，朝廷对太原地区的重视始于唐朝建立之初，之后逐步上升，并在武则天、玄宗时期发生重大变化，太原被提升到与两京并列的程度。太原尹自然也受到重视，承袭并州长史的来源特征。这些官员大多治理地方、边州有经验和功劳，受到中央的

1　赵翼：《陔余丛考》卷二七《仕宦避本籍》，第558页。
2　赵翼：《陔余丛考》卷二七《仕宦避本籍》，第557页。

倚重。其籍贯也有一定特征，总体来看，太原尹的人选应该符合北都军事和边防事务的需求，他们主要来自河东道、河北道、河南道，前两道的官员尤为谙习北部的防御环境和民族环境。

籍贯是自我认同的一部分，其背后隐藏着地域与家族。在考证太原尹籍贯的过程中，有一个现象引人关注，即这些官员的族属。唐朝立国以后基本继承北周、隋朝文武混合、各民族交融的统治集团，高祖、太宗所倡导的"和同为一家"理念成为官员选拔、任用的原则之一。太原尹的族属情况与之一致，李光弼为契丹人，李光颜为河曲稽胡，王思礼为高句丽人，李克用为沙陀人。北都行政体系、军将系统可谓各民族混杂且协力。从他们的案例可以看到，爱国与否是衡量诸族文武官员人品、政绩、军功得失的重要标准。具有爱国精神的官员不论出身何地、何族都会得到皇帝的嘉奖、同僚的认可、民众的拥护以及史书的撰录和流传。

（四）太原尹的任期

唐代历任太原尹年表反映出太原尹的更替顺序和在任时间长短，这是研究太原尹的基本要素之一。唐代的地方官"良则久任"，在任时间长是官员治理得法、深得民心的体现。然而，官员三年任满后，如若继续留任多年，则会有割据自立的隐患。太原尹的任期受到哪些因素的影响？有怎样的阶段性特征？

1. 变化趋势和阶段性

首先将太原尹按照任职先后标明序号，然后对他们任职的具体时间进行考察，基本单位为月。[1]在数据处理中涉及时间的准确度有两点需要说明，一是，由于文献记载有模糊之处，前后相继的官员虽很明确，但交接时间不甚明了，所以个别官员的任期包含了笔者结合文献的考证和推论；二是，文献中的月和年并不全部是整月和整年，导致笔者在制

1　选择以月为基本单位是因为笔者在考察过程中发现，太原尹任期不满一个月的情况极少，仅王璠一例，所以将其特殊处理，以日为单位。

表过程中有难以甄别的情况，只能暂且以概数处理，等待以后有更多的材料补正。另外，为了分析太原尹任期的阶段性特征，辟出一栏标注对应的皇帝，而严绶、裴度、王宰等任职多年，历经多代君主，情况特殊，这将在论证的过程中详细讨论。表3-2呈现的是有唐一代太原尹的任期情况。

表3-2 唐代太原尹任期一览

序号	姓名	上任时间	任期（约）	时期
1	韦凑	723年	7个月	唐玄宗
2	张孝嵩	724年	3年	
3	李暠	727年	3年	
4	李休光	729年	1年	
5	宋之悌	730年	1年	
6	杜暹	731年	2年	
7	崔隐甫	733年	4年	
8	韦济	737年	1年	
9	王昱	738年	1年	
10	王冰	739年	1年	
11	裴仙先	740年	1年半	
12	裴宽	741年	6个月	
13	韦济	747年	2年	
14	杨光翙	755年	8个月	
15	王承业	755年	3个月	
16	李光弼	756年	3年	唐肃宗
17	王思礼	759年	2年	
18	管崇嗣	761年	5个月	
19	邓景山	762年	4个月	唐代宗
20	辛云京	762年	6年6个月	
21	王缙	768年	1年9个月	
22	薛兼训	770年	6年5个月	
23	段秀实	776年	4个月	
24	鲍防	777年	1年2个月	

序号	姓名	上任时间	任期（约）	时期
25	马燧	779 年	8 年	唐德宗
26	李自良	787 年	8 年	
27	李说	795 年	5 年（近 6 年）	
28	郑儋	800 年	1 年	
29	严绶	801 年	8 年	唐德宗、顺宗、宪宗
30	李鄘	809 年	2 个月	
31	范希朝	809 年	1 年 6 个月	
32	王锷	810 年	5 年	
33	张弘靖	816 年	3 年 4 个月	
34	裴度	819 年	2 年 10 个月	唐宪宗、穆宗
35	李听	822 年	3 年 3 个月	唐穆宗、敬宗
36	李光颜	825 年	1 年 2 个月	
37	李程	826 年	3 年 7 个月	唐文宗
38	柳公绰	830 年	2 年	
39	令狐楚	832 年	1 年 4 个月	
40	李载义	833 年	4 年 10 个月	
41	王璠	835 年	6 日（未到任）	
42	裴度	837 年	1 年 7 个月	
43	狄兼谟	838 年	2 年	
44	符澈	841 年	2 年	唐武宗
45	刘沔	842 年	1 年 7 个月	
46	李石	843 年	4 个月	
47	崔元式	844 年	6 个月	
48	王宰	844 年	6 年	唐武宗、宣宗
49	李拭	850 年	8 个月	
50	李业	851 年	1 年 1 个月	
51	卢钧	852 年	3 年	
52	郑涓	855 年	1 年 1 个月	
53	刘瑑	856 年	1 年 2 个月	
54	毕诚	857 年	2 年	

序号	姓名	上任时间	任期（约）	时期
55	裴休	859 年	1 年	唐懿宗
56	卢简求	860 年	3 年	
57	刘潼	863 年	3 年	
58	郑从谠	866 年	3 年	
59	康承训	869 年	2 个月	
60	崔彦昭	870 年	4 年 2 个月	
61	窦澣	874 年	4 年 2 个月	唐僖宗
62	曹翔	878 年	3 个月	
63	崔季康	878 年	4 个月	
64	李侃	879 年	6 个月	
65	李蔚	879 年	3 个月	
66	康传圭	879 年	4 个月	
67	郑从谠	880 年	3 年 4 个月	
68	李克用	884 年	23 年 8 个月	唐僖宗、昭宗、哀帝

注：表中的任期是以官员受到中央委任为起始时间计算的。

资料来源：具体见附录二"唐代历任太原尹详表"。

按照唐代君主在位的时间分期，太原尹平均任期值分别为：唐玄宗时期 18 个月，唐肃宗时期 21.7 个月，唐代宗时期 33 个月，唐德宗时期 64.8 个月，唐顺宗时期 12 个月，唐宪宗时期 33.6 个月，唐穆宗时期 28.5 个月，唐敬宗时期 6 个月，唐文宗时期 26.3 个月，唐武宗时期 15.4 个月，唐宣宗时期 22.1 个月，唐懿宗时期 28.6 个月，唐僖宗时期 15.7 个月。[1]

1　历任君王在位时期太原尹任期的平均值计算中：（1）同一个太原尹任期中出现君主变化时，以新君登基的时间分开计算该太原尹不同时期担任的年数，如严绶、裴度、王宰等；（2）平均值以月为单位，约数保留到小数点后一位；（3）李克用任太原尹的情况特殊，不包括在此数值统计中。

　　图3-2，横轴为68任太原尹，竖轴为其在任的时间，以月为单位。由此可以看出两个问题。第一，任期起伏变化很大，有的长达8年，短的则3、4个月（尚未到任就被杀害的王璠属于特殊情况）。分析这两种极值出现的原因需要结合唐代地方官的实际情况。一般而言，中央可以通过派遣官员的方式对地方加强控制，但是太频繁的更换会带来地方行政机构的不稳定，而长达五年、六年、八年的任职无疑会造成地方权力集中，埋下割据一方的隐患。由于太原是北方军事重地，对太原尹处理军务、边防事务的要求很高，选官实属不易，很多无法胜任的官员很快被取代，而能留在任上做到三军归心更是需要时间。军情紧急之下临阵换帅必然导致人心涣散，结果是军功卓著的武官在此多年，肃清边关的同时个人势力增长，难以被替换。他们对于中央而言是兼具利弊的双刃剑。譬如邓景山和辛云京，二人前后相继担任太原尹。上元三年（762）邓景山镇北都，不久被军众杀死，原因在于赏罚不得当。中央对此事的处理是，"上以景山统驭失所，不复验其罪，遣使谕之。军中因请以都知兵马使、代州刺史辛云京为节度使"。[1]不但没有严惩作乱的兵将，而且将过失归于被杀的邓景山。最终，军队的请求得到回应，辛云京成为

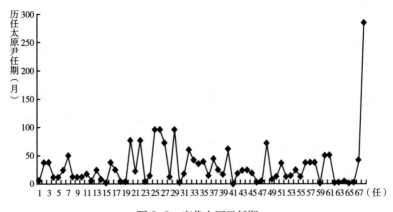

图3-2　唐代太原尹任期

---

[1]　《旧唐书》卷一一〇《邓景山传》，第3314页。

新的太原尹。

《旧唐书·辛云京传》载："云京为节度使，因授兼太原尹，以北门委之。云京质性沉毅，部下有犯令者，不贷丝毫，其赏功效亦如之，故三军整肃。回纥恃旧勋，每入汉界，必肆狼贪。至太原，云京以戎狄之道待之，虏畏云京，不敢惕息。数年间，太原大理，无烽警之虞。累加检校左仆射、同中书门下平章事。" [1]

辛云京的任期比前任太原尹长了许多，原因从上两段材料中大致可以推断出：邓景山由于镇守不力，被中央撤换；辛云京守北都得力，并且能够以其人之道还治其人之身的方法阻挡回纥的南侵，让太原城得以维持数年的平和安定，因此他的任期长，是他自身的杰出政绩与朝廷的北部防御策略相结合的结果。从辛云京的案例中，还可以看到太原尹的任期与北都防御形势密切相关。

第二，任期变化的阶段性特征。唐玄宗到肃宗时期，从韦凑到管崇嗣，太原尹更换频繁，任期都不长，为 1 年左右，但是任期比较平均；唐代宗到宪宗时期，起伏明显，出现极高与极低的反复落差，其中德宗时期最为突出，太原尹任期平均值达到最大，马燧、李自良、严绶三人都镇守八年之久；唐穆宗即位后，特别是李载义任太原尹之后，起伏呈现缩小的趋势，出现多次一小段时间的稳定，如唐文宗、武宗时期，到僖宗末年任期骤然缩短，河东最终被李克用割据直至唐朝灭亡。这与唐代的政治局势密切相关。盛唐时期，中央对地方控制力强，采用保持稳定的基础上较频繁更换太原尹的方式集权中央。历经安史之乱，中央控制力减弱，地方与中央开始角力，地方长官蓄积实力，出现长达 8 年任期的情况。唐末内忧外患，尤其是北方民族政权的压力不断加大，出现主要依靠个别官员如王宰、崔彦昭、窦瀚维持的情况，而他们一旦离职，又会接续一段时间的混乱，直至无人能解太原之困局。最终太原府脱离中央的实际控制。

---

1 《旧唐书》卷一一〇《辛云京传》，第 3314 页。

　　任期折线图还清晰地展现出安史之乱前后，太原尹任期的明显变化。天宝十四载（755）安史之乱爆发后，太原尹杨光翙被杀，在此之前太原尹任期基本是一年左右，变化小，没有出现一人长时间担任太原尹的情况，安史之乱后则呈大起大落态势。

　　2. 影响任期的因素

　　结合以上两个特征，可以发现更深层次的问题，任期的变化反映的是中央控制力的强弱。唐玄宗到肃宗时期，太原尹相对频繁而稳定地更换，这种模式与京兆尹的任期情况有相似之处。张荣芳先生在《唐代京兆尹研究》中分析了京兆尹任期的情况。[1] 156 任京兆尹中有 72% 任期在一年以下，在任三年以上者仅有 11 任。他指出京兆尹任期短暂有两个主要原因，一是京畿地区难以完全掌握，二是京兆尹要应付中央交办的各项工作，如此重任并非人人都能承担。所以，中央对他们进行任免、调派，挑选适合的官员。唐前期太原的情况也是如此，中央有能力控制这一地区，因而频繁而稳定地更换太原尹，以保证中央对地方的节制。《资治通鉴》载："自唐兴以来，边帅皆用忠厚名臣，不久任，不遥领，不兼统，功名著者往往入为宰相。"[2] 为什么太原尹在唐代中后期的任职时间忽长忽短，起伏不定？原因在于，当中央控制力减弱之后，太原尹虽然维护中央统治，但地方势力不断增长，而中央对此采取较为妥协的态度。典型的例子是从马燧到李说的军功集团，包括马燧、李自良、李说。《旧唐书》记载了三人之间的关系和权力传承，《旧唐书·李自良传》载：

　　　　马燧代防为帅，署奏自良代州刺史、兼御史大夫，仍为军候。自良勤恪有谋，燧深委信之。建中年，田悦叛，燧与抱真东讨；自良常为河东大将，摧锋陷阵，破田悦。及讨李怀光于河中，自

1　张荣芳：《唐代京兆尹研究》，第 84~94 页。
2　司马光：《资治通鉴》卷二一六，天宝六年十二月己巳条，第 6888 页。

良专河东军都将，前后战绩居多。燧之立功名，由自良协辅之力也。贞元三年，从燧入朝，罢燧兵权，德宗欲以自良代燧。[1]

《旧唐书·李说传》记载：

> 李说，淮安王神通之裔也。父遇，天宝中为御史中丞。说以门荫历仕，累佐使幕。马燧为河阳三城、太原节度，皆辟为从事。累转御史郎官，御史中丞，太原少尹，出为汾州刺史。节度使李自良复奏为太原少尹、检校庶子、兼中丞。[2]

从大历十四年（779）到贞元十六年（800），二十一年间，马燧、李自良、李说军功集团把持太原尹之职，控制了太原府。李自良为马燧大将，李说为李自良少尹。三人在镇时间分别为八年、八年、近六年，都政绩卓著，既协助中央平定藩镇叛乱，又维护太原府的稳定。马燧大历十四年上任太原尹前，曾于宝应年间镇守太原城以防御业已叛乱的仆固怀恩对太原城的侵扰，解除其对太原城的威胁。刚走马上任时，太原承前政鲍防百井败军之后，兵甲寡弱，马燧乃悉召吏牧马厮役，得数千人，悉补骑卒，教之数月，为精骑。德宗建中二年（781），田悦引发了著名的"四镇之乱"，"昭义军告急，乃诏燧将步骑二万与昭义节度使李抱真、神策行营兵马使李晟合军救临洺"。[3] 马燧身为太原尹、河东节度使开始参与对四镇叛乱武装的长久打击。直到建中四年（783），泾原兵变，马燧发挥了太原作为京师东北方向门户的防御作用，采取了有效的守城措施，《旧唐书·马燧传》："及帝幸梁州，权、汇领兵还镇。燧以晋阳王业所起，度都城东面平易受敌。时天下骚动，北边数有警急，乃引晋水架汾而注城之东，潴以为池，寇至计省守陴者万人；又决汾水环

1　《旧唐书》卷一四六《李自良传》，第 3957 页。

2　《旧唐书》卷一四六《李说传》，第 3958 页。

3　《旧唐书》卷一三四《马燧传》，第 3695~3696 页。

城，多为池沼，树柳以固堤。"[1]后因吐蕃之事马燧将被罢免，他带着李自良入朝，向中央表达了对李自良能力的认可，德宗遂任命李自良为新的太原尹。李自良上任后培养李说，让他在麾下学习治理军政事务的经验，积累战功和劳资，为他日后独当一面打下基础。中央维持这种军功集团，利用其积极作用，可以理解为妥协，也可以理解为中央与地方达成了一种默契。这有利于太原军政要务的迅速、有效处理，保持了地方稳定。

太原的特殊地位决定了太原尹任期的起伏变化和阶段性。从任期的变化可以看出唐代中央控制力的变化，以及中央与地方关系的变化。另外，任期还涉及太原尹在任上的表现，其与前文所论太原尹的职掌直接相关。接下来，从官员经历的角度，将太原尹放置于唐代整体官僚体系之中继续研究。历任太原尹在担任太原尹之前和之后的官职，体现着太原尹之职的级别和地位；任职期间他们兼任的官职，体现着他们权力的范围以及北都的重要性。

（五）太原尹的迁转与兼任

迁转和兼任是唐代官员任职经历的两个部分。受到中央的委任和调度，官员在职官体系中迁转，并兼任一个或多个职务。考察太原尹的迁入官、迁出官、兼任官职，首先可以分析太原尹的迁转经历，探究太原尹的来源范围，讨论唐代太原尹制度的实际运转情况和太原尹在地方官系统中的地位；其次，研究太原尹个体的任职经验，考察官员的个人能力，探讨镇守北都的战略需求；最后，寻找太原尹迁转、兼任的共性及阶段性，分析其模式、原因及作用。

1．迁转情况

太原尹身份动态变化的过程包括迁入、任职、迁出三个阶段。迁转涉及官职的等级和隶属机构，而且唐代素有重内官、轻外官的观念，我们可以在太原尹个案的梳理中对比其仕宦经历中内、外的迁转。与中央

1　《旧唐书》卷一三四《马燧传》，第3695~3696页。

官职不同，任职地方是"牧民"经验的直接来源，"牧民"的能力和表现受到朝廷重视，这是唐代考察官员的指标之一。太原尹作为太原府最高长官，是唐代的重要外官，担任其位前后官职的变化如表3-3所示。

表3-3 唐代历任太原尹迁转一览

上任时间	姓名	迁入	迁出
723 年	韦凑	河南尹	
724 年	张孝嵩	安西都护	
727 年	李暠	太常少卿	太原以北诸军节度使、太常卿、工部尚书
729 年	李休光	兵部郎中	京兆尹
730 年	宋之悌	总管	
731 年	杜暹	荆州都督长史	户部尚书
733 年	崔隐甫	刑部尚书	刑部尚书
737 年	韦济	户部侍郎	河南尹、尚书左丞
738 年	王昱	益州长史	剑南节度使
739 年	王冰	金城尉、长安县尉	
740 年	裴仙先	京兆尹	工部尚书
741 年	裴宽	河南尹	范阳节度使
747 年	韦济	户部侍郎	河南尹、尚书左丞
755 年	杨光翙	未载	卒
755 年	王承业	羽林大将军	
756 年	李光弼	魏郡太守、河北采访使兼范阳长史、河北节度使	
759 年	王思礼	关内节度使	卒

上任时间	姓名	迁入	迁出
761 年	管崇嗣	哥舒翰裨将、王都虞候、鸿胪卿	
762 年	邓景山	尚书左丞	卒
762 年	辛云京	北京都知兵马使、代州刺史	检校左仆射、同中书门下平章事
768 年	王缙	东都留守、河南副元帅	门下侍郎、中书门下平章事
770 年	薛兼训	浙东观察使、越州刺史、御史大夫	
776 年	段秀实	节度副使兼左厢兵马使	司农卿
777 年	鲍防	浙东观察使薛兼训从事，殿中侍御史、职方员外郎	福建、江西观察使
779 年	马燧	商州刺史、防御水陆运使	检校兵部尚书
787 年	李自良	代州刺史、御史大夫	
795 年	李说	行军司马、充节度留后、北都副留守	
800 年	郑儋	河东节度行军司马	卒
801 年	严绶	检校司封郎中、充河东行军司马	尚书右仆射
809 年	李鄘	检校礼部尚书、凤翔尹、凤翔陇右节度使	刑部尚书、御史大夫、诸道盐铁转运使
809 年	范希朝	检校司空、朔方灵盐节度使	左龙武将军、太子太保
810 年	王锷	尚书右仆射，兼扬州大都督府长史、淮南节度使	卒
816 年	张弘靖	检校礼部尚书、河中尹、晋绛慈等州节度使	
819 年	裴度	丞相	镇州四面行营招讨使

续表

上任时间	姓名	迁入	迁出
822 年	李听	羽林将军	滑州刺史、义成军节度使
825 年	李光颜	忠武军节度使、守司徒、兼侍中	卒
826 年	李程	宰相	左仆射、同平章事，兼河中尹、晋绛慈隰等州节度使
830 年	柳公绰	刑部尚书	兵部尚书
832 年	令狐楚	右仆射、郓州刺史、天平军节度、郓曹濮观察等使	右仆射，兼吏部尚书
833 年	李载义	山南西道节度使	卒
835 年	王璠	户部尚书、判度支	卒
837 年	裴度	东都留守	病甚，乞还东都
838 年	狄兼谟	兵部侍郎	
841 年	符澈	邠宁节度使	疾病
842 年	刘沔	尚书右仆射、单于大都护、兼御史大夫	司空，兼滑州刺史、御史大夫，充义成军节度、郑滑濮观察等使
843 年	李石	荆南节度使、检校右仆射、同平章事	东都留守
844 年	崔元式	河中晋绛慈隰等州节度观察等使、中散大夫、检校左散骑常侍、河中尹、御史大夫	刑部尚书、判度支
844 年	王宰	忠武军节度、陈许蔡等州观察处置等使、河阳行营诸军招讨使	
850 年	李拭	朝请大夫、检校礼部尚书、孟州刺史、河阳三城节度使	凤翔节度使
851 年	李业	鸿胪卿	

上任时间	姓名	迁入	迁出
852 年	卢钧	太子少师	尚书左仆射
855 年	郑涓	昭义节度使、检校礼部尚书、兼潞州大都督府长史、御史大夫	
856 年	刘瑑	工部尚书、汴州刺史、宣武军节度使	户部侍郎、判度支
857 年	毕诚	昭义军节度使、朝议大夫、检校工部尚书	尚书左仆射，汴州刺史，宣武军节度、宋亳汴观察等使
859 年	裴休	昭义军节度、潞邢磁洺观察等使、光禄大夫、检校吏部尚书、兼潞州大都督府长史	凤翔尹、凤翔陇右节度使
860 年	卢简求	凤翔陇右节度使、银青光禄大夫、检校刑部尚书	疾病求还，太子少师
863 年	刘潼	昭义节度使、检校礼部尚书	
866 年	郑从谠	吏部侍郎	兵部尚书、汴州刺史、宣武军节度观察等使
869 年	康承训	义成节度使	恩州司马
870 年	崔彦昭	河阳三城节度、孟怀泽观察使、中散大夫、检校礼部尚书、孟州刺史、御史大夫	尚书兵部侍郎、诸道盐铁转运等使
874 年	窦澣	京兆尹	
878 年	曹翔	昭义节度使	卒
878 年	崔季康	河东宣慰使、权知代北行营招讨	卒
879 年	李侃	邠宁节度使	
879 年	李蔚	特进、检校司空、东都留守	卒

续表

上任时间	姓名	迁入	迁出
879 年	康传圭	检校右散骑常侍、河东行军司马、雁门代北制置等使、石岭镇北兵马、代北军等使	卒
880 年	郑从谠	开府仪同三司、门下侍郎、兼兵部尚书、充太清宫使、弘文馆大学士、延资库使	司空、司徒，正拜侍中
884 年	李克用	雁门已北行营节度、忻代蔚朔等州观察处置等使、检校尚书左仆射、代州刺史	

资料来源：具体见附录二“唐代历任太原尹详表”。

在迁转表的基础上分别研究太原尹的迁入官和迁出官。首先考察已知迁入前职务的 64 任太原尹。

（1）迁入官

将太原尹迁入官的官职按照类型（中央官体系或地方官体系）以及所属部分进行分类（见表 3–4），把每一部分所占的比例用饼状图予以表示（见图 3–3）。

表 3–4　唐代历任太原尹迁入前官职情况

类型	机构	迁入前官职	人数	姓名
中央	中书门下	宰相	1	李程
	尚书省	尚书左右丞相	3	裴度、刘沔 、令狐楚
		尚书左右丞	1	邓景山
		六部尚书	4	崔隐甫、柳公绰、王璠、郑从谠
		六部侍郎	4	韦济、裴度、狄兼谟、郑从谠
		六部郎中	1	李休光
	九寺	卿	2	管崇嗣、李业
		少卿	1	李暠
	中央武官属	羽林军将领	2	李听、王承业
	东宫官属	太子少师	1	卢钧

续表

设置	机构	迁入前职官	人数	姓名
地方	节度官属	节度使	18	李光弼、王思礼、李郺、范希朝、王锷、张弘靖、李光颜、李载义、符澈、李石、李拭、郑涓、刘琢、毕诚、卢简求、刘潼、曹翔、李侃
		节度副使	1	段秀实
		观察使	2	鲍防、裴休
		制置使	1	康传圭
		宣慰使	1	崔季康
		行军司马	3	李说、郑儋、严绶
	地方官	京兆尹	2	裴仙先、窦澣
		河南尹	3	韦凑、裴宽、裴仙先
		州刺史	6	辛云京、薛兼训、马燧、李自良、崔彦昭、李克用
		都护	1	张孝嵩
		长史	2	杜暹、王昱
		县尉	1	王冰
		河南副元帅	1	王缙
		东都留守	2	李蔚、裴度

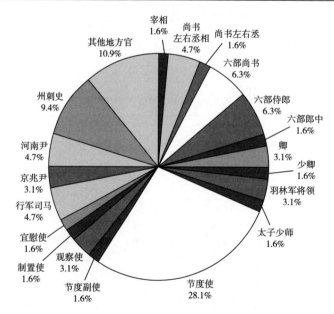

图 3-3　唐代历任太原尹迁入前官职占比

表3-4、图3-3显示，太原尹31.2％由中央官员迁入，68.8％由地方官员迁入。迁入官中节度使所占比例最高为28.1％，州刺史为9.4％。所以地方官员是太原尹的主要来源，既包括节度使，又包括州府长官。从时间上看，并没有明显的阶段性特征。数据背后是太原尹来源的范围和标准，前文分析过，太原尹具有重要作用和特殊职掌，而州县官员或者地方使职的经验可以保证他们能够驾轻就熟地处理地方事务。具体而言，节度使职体现着军事能力，有的还包括处理边防事务的能力，譬如陇右、河中、凤翔等节度使。从军事指挥力的角度来看，前文分析过的从马燧到李说军功集团，他们起于地方，来自地方使职。尽管得到中央任命，但他们权力的传承与蓄积主要来源于地方，即以北都为核心的河东力量。从守卫边疆、处理民族事务的角度来看，如郑从谠，他曾任广州刺史、岭南节度使，当时南诏作乱，"北兵寡弱，夷獠猘然，〔郑从谠〕乃择其土豪，授之右职，御侮扞城，皆得其效"。[1]这体现出郑从谠处理民族事务的理念，第一步是了解当地民族状况，然后将职务授予当地人，用他们的力量来进行防守。这对他在太原尹期间恰如其分地解决民族问题有借鉴意义。

另外，迁入官中京兆尹和河南尹也占有一定比例，从职能上看，三都府尹都具有"牧民"的能力，这是三者的共同之处。作为三都的府尹，京兆尹、河南尹、太原尹在制度规定上常并列出现。三者虽然侧重不同、治理风格各异，但是都受到中央的重视并与其他府尹区分开来。京兆尹职掌肃清京畿，又具有中央官和地方官的双重属性。河南尹在安史之乱前后治理风格大变，安史之乱前类似京兆尹与中央政治变化紧密联系，安史之乱后则趋向清静无为、颐养致仕，韦凑、裴宽、裴伷先三人都属于前者，掌管庞大而复杂的官员系统。所以政绩优良的官员从京兆尹、河南尹迁入太原尹，并不是官职的降低，它一方面体现的是中央对太原尹职位的重视，另一方面是中央加强太原府控制力度的表现。

---

1 《旧唐书》卷一五八《郑从谠传》，第4169页。

从品级的升降上来看，一些地位较低的官员会凭借处理军政事务的突出表现得到拔擢，同时，一些官职较高的如令狐楚、李程、刘沔等，调入前是中央高级官员，他们在严峻的区域形势下被任命为太原尹。他们的到来，一方面能稳定太原局势、北部边防，如会昌二年（842），回鹘南下进犯，刘沔受命镇守北都，他率军大破敌营，保河东安宁；另一方面，中央大员任职太原，既可昭示朝廷对北都的重视，又可加强中央集权，换而言之，他们的权力根源在两京腹心之地，据太原而形成地方割据势力的可能性较小。同时，从中央调至北都，很可能是考察官员担任外官能力的一种手段。能够妥善管理北都的官员在这里打开新局面，为自己进一步攀登权力高峰积累劳资。

迁入官分析图、表反映出太原尹主要由地方官员迁入，其中节度使所占比例最大。究其原因，在于太原军事和边防的双重特殊性。对比前文讨论过的并州长史来源问题。并州长史在迁入前常是中央倚重的官员，如此安排是出于朝廷对太原地区的重视，包括王兴之地的荣誉和襟带山川的战略位置。太原尹的情况与之类似，太原尹在地方行政系统中的地位重要，得到中央的特殊对待，它是唐代仕宦迁转中的优越职位。任太原尹对官员其后的仕途发展有怎样的意义？这需要继续分析太原尹的迁出官。

（2）迁出官

与迁入官的分类方法相同，笔者采用分类列表和饼状比例图结合的方式研究太原尹的迁出官（见表3-5、图3-4）。

表3-5　唐代历任太原尹迁出后官职情况

类型	机构	迁出后官职	人数	姓名
中央	中书省	中书侍郎	1	王缙
	尚书省	尚书左右丞相	5	严绶、令狐楚、卢钧、李程、毕诚
		六部尚书	8	李暠、杜暹、崔隐甫、裴伷先、李廙、柳公绰、崔元式、郑从谠
		六部侍郎	2	刘琢、崔彦昭

续表

类型	机构	迁出后官职	人数	姓名
中央	九寺	卿	1	段秀实
	东宫官属	太子少师	1	卢简求
		太子太保	1	范希朝
地方	节度官属	节度使	4	王昱、裴宽、李拭、裴休
		观察使	1	鲍防
		招讨使	1	裴度
	地方官属	京兆尹	1	李休光
		河南尹	1	韦济
		州刺史	4	李听、刘沔、毕诚、郑从谠
		东都留守	2	裴度、李石

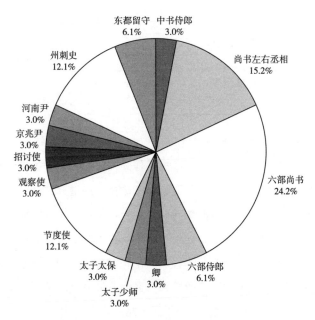

图 3-4　唐代历任太原尹迁出后官职占比

与迁入官不同，太原尹 57.6％迁出为中央官员，42.4％继续任地方官员。其中，迁出至六部尚书所占比例最高，为 24.2％，然后是尚书左右丞相，节度使、州刺史。综合而言，太原尹的迁出官符合唐代的迁转传统，顺利完成地方官任职后可以"归朝"，被授予中央官职。所属机构上，尚书省是太原尹迁出的主要机构，占 45.5％。在此，回顾唐代尚书省的机构设置（见表 3-6），列出太原尹迁出官所任的职位。

表 3-6　尚书省官员设置

官名	人数	品级
尚书令	1	正二品
尚书左丞相（左仆射）	1	从二品
尚书右丞相（右仆射）	1	从二品
左丞	1	正四品上
右丞	1	正四品下
各部尚书	1	正三品
各部尚书侍郎	1	正四品下

资料来源：根据《唐六典》卷一至卷七《尚书都省》《尚书吏部》《尚书户部》《尚书礼部》《尚书兵部》《尚书刑部》《尚书工部》（第 5~215 页）整理。

品级上，官员从太原尹迁出后似乎有升有降，但结合唐代重内官、轻外官的传统，能够回到中央担任尚书省的官员，这是对其在太原府表现的认可，代表着朝廷对官员的拔擢。通过五位尚书左右丞相和八位尚书的情况，可以归纳出两种主要类型：一类从中央高级职位迁入太原尹，再还于中央，他们被派出解决太原的边防危机，以维护当地政治稳定，如令狐楚、李程、卢钧和柳公绰；另一类是在太原尹之位上有突出表现而受到皇恩特嘉，最为典型的是严绶。根据《旧唐书·严绶传》，严绶于代宗大历年间（766~779）进士及第，之后"累

佐使府"，在各地节度使的麾下任职。到贞元年间（785~805），严绶
由侍御史升职为宣歙团练副使，他受到刘赞的赏识，常常与他商议政
事。刘赞死后，严绶接掌了宣歙道的留务，他倾尽库藏进贡，以此获
得中央恩宠，受任为尚书刑部员外郎。此后不久，河东节度使李说因
病不能履行职务，政事废弛，行军司马郑儋代理军政事务。李说死
后，郑儋奉命接替他，成为河东节度使，并以严绶为行军司马。不到
一年，郑儋就病死于任上，中央授严绶为"银青光禄大夫、检校工部
尚书，兼太原尹、御中大夫、北都留守，充河东节度支度营田观察处
置等使"。[1] 严绶镇守北都时期，曾出师讨伐割据自立的夏绥节度使杨
惠琳、西川节度使刘辟，立下累累战功，并平定刘辟和杨惠琳之乱。
此外，其担任太原尹的八年，为政宽惠，因此百姓拥戴而境内大治。
严绶带着此番优良的政绩调至中央，担任尚书右仆射。严绶的案例说
明担任太原尹是官员成为中央高官的一条途径。

　　当然，也有太原尹政绩卓越、四境称颂但没有奉命归京的情况，这
是诸多因素共同导致的，不能一概而论。因史料所限，不能一一考证，
但从裴度的案例中可窥见其中的两个原因：第一，政治斗争，裴度第一
次由太原尹迁出是因为受到朝臣排挤，《旧唐书·裴度传》载："长庆元
年，奉命讨伐成德藩镇王廷凑'屠城斩将，屡以捷闻'。二年，元稹为
相，排挤裴度，解除其兵权，改任东都留守。"[2] 第二，个人需求，裴度
第二次迁出时年已七十三，难以再忍受守边之苦，他只愿留在东都绿野
堂休养，文宗宣旨："为朕卧镇北门可也。"裴度再次提出请求："病甚，
乞还东都。"[3]

　　从裴度病甚乞还之事可发现太原尹迁出官的另一个特点，亦是数
据无法反映而史料间接记载的。不仅裴度称病，卢简求、李侃因病回
朝，而且可考的迁出官数量远少于迁入官，因为很多卒于任上，部分

1　《旧唐书》卷一四六《严绶传》，第 3960 页。

2　《旧唐书》卷一七下《文宗纪下》，第 537~538 页；卷一七〇《裴度传》，第 4424 页。

3　《旧唐书》卷一七〇《裴度传》，第 4432 页。

因病如郑儋、王思礼、曹翔、李蔚，部分被杀死如杨光翙、邓景山、崔季康。"卒于任上"的现象主要发生在安史之乱时期和唐末。太原尹高疾病率与高死亡率[1]在一定程度上说明太原尹之职不易，军务政事操劳，还要承受北方民族诸部侵犯北境的担忧与地方反叛势力暗涌的压力，这也是太原尹与之前并列讨论的京兆尹、河南尹的一个不同之处。

2. 兼任情况

迁转经历的归纳以从史料中汲取的数据为依据，分析太原尹的兼任自然也离不开数据的整理。与之前不同的是，迁转是从细碎的史料中总结普遍存在的特点，而兼任需要深入下去探讨太原尹与兼任官职的关系以及身兼多职太原尹的权力范围。首先将可考的 52 任太原尹的兼任官梳理如下（见表 3-7）。

表 3-7　唐代历任太原尹兼任一览

上任时间	姓名	太原尹任上兼职
723 年	韦凑	北都军器监、太原以北节度大使
727 年	李暠	黄门侍郎、太原以北诸军节度使
729 年	李休光	北都留守
731 年	杜暹	魏州刺史
738 年	王昱	河东采访处置使
756 年	李光弼	户部尚书、北京留守
759 年	王思礼	北京留守、河东节度使、兼御史大夫

1　需要说明的是，太原尹的高疾病率和高死亡率与其年龄也有关系，前面提到的裴度就是如此。关于太原尹的年龄问题笔者以后将再做整理作为补充。

续表

上任时间	姓名	太原尹任上兼职
761 年	管崇嗣	御史大夫、北京留守、河东节度副使、开府仪同三司
762 年	辛云京	北京留守、河东节度使
768 年	王缙	幽州卢龙节度使、北都留守、河东节度营田观察等使
770 年	薛兼训	北都留守、河东节度使
776 年	段秀实	泾州刺史、御史大夫、四镇北庭泾原颍节度使
777 年	鲍防	北都留守、河东节度使
787 年	李自良	北都留守、河东节度度支营田观察使
800 年	郑儋	河东节度度支营田观察等使、北都留守
801 年	严绶	银青光禄大夫、北都留守、充河东节度度支营田观察等使
810 年	王锷	太子太傅、北都留守、河东节度使
816 年	张弘靖	吏部尚书、尚书右仆射、同平章事、汴州刺史、宣武军节度使
819 年	裴度	北都留守、河东节度使
822 年	李听	北京留守、河东节度使
825 年	李光颜	河东节度使、守司徒、兼侍中
826 年	李程	北都留守、河东节度使
830 年	柳公绰	检校左仆射、北都留守、河东节度使
832 年	令狐楚	北都留守、河东节度等使
833 年	李载义	北都留守、河东节度使，守太保、同平章事
835 年	王璠	北都留守、河东节度使

续表

上任时间	姓名	太原尹任上兼职
837 年	裴度	门下侍郎、平章事、北都留守，充河东节度观察处置等使
838 年	狄兼谟	工部尚书、河东节度使
841 年	符澈	北都留守、河东节度使
842 年	刘沔	北京留守，充河东节度、管内观察处置等使
843 年	李石	平章事、北都留守，充河东节度、管内观察等使
844 年	崔元式	北都留守，充河东节度观察等使
844 年	王宰	御史大夫、检校司空、北都留守，充河东节度、管内观察处置等使
850 年	李拭	北都留守、河东节度等使
851 年	李业	北都留守，充河东节度使
852 年	卢钧	北都留守，充河东节度使
855 年	郑涓	北都留守、御史大夫，充河东节度、管内观察处置等使
856 年	刘瑑	北都留守、河东节度观察等使
857 年	毕诚	北都留守、河东节度使
859 年	裴休	北都留守、河东节度使
860 年	卢简求	北都留守、河东节度使
863 年	刘潼	北都留守、御史大夫，充河东节度观察处置等使
866 年	郑从谠	检校礼部尚书、北都留守、御史大夫、河东节度管内观察处置等使

上任时间	姓名	太原尹任上兼职
869 年	康承训	义成军节度使、光禄大夫、检校尚书左仆射、同平章事、滑州刺史、北都留守，充河东军节度使
870 年	崔彦昭	北都留守、河东节度观察等使、检校尚书右仆射
874 年	窦瀚	北都留守、御史大夫，充河东节度管内观察处置等使
878 年	曹翔	尚书右仆射、北都留守、河东节度使
878 年	崔季康	北都留守，充河东节度、代北行营招讨使
879 年	李蔚	北都留守、河东节度观察，兼代北行营招讨供军等使
879 年	康传圭	北都留守、河东节度使
880 年	郑从谠	检校司空、同平章事，北都留守，充河东节度、管内观察处置兼行营招讨供军等使
884 年	李克用	北京留守，充河东节度管内观察处置等使

资料来源：具体见附录二"唐代历任太原尹详表"。

表 3-7 中，44 任的兼任官是北都留守（北京留守），占兼任官总数的 84.6%。49 任是节度官属，占兼任官总数的 94.2%，包括河东节度使、河东节度副使、河东节度营田观察等使、河东采访处置使、河东节度观察处置等使、代北行营招讨供军等使。除去时段性的特征[1]，北都留守和河东节度使是最主要的兼任，很长一段时间内官员上任太原都同时担任太原尹、北都留守和河东节度使。后两者的具体执掌、三者的职能分工

---

[1] 还需要注意的是两个时段性的特征，从李自良到严绶（贞元三年至元和三年，787~808），太原尹兼任河东节度度支营田观察使；从刘沔到王宰（会昌二年至大中四年，842~850），太原尹兼任管内观察处置等使。

都关系到太原尹制度体系的运转，是深入研究太原地方行政体系、行政地位的重要线索。

二　镇北三独任：三职合一的最高长官

在镇守北都时，官员同时担任的职务，最常见的是太原尹、北都留守和河东节度使。不同的官员、不同的时期兼任职务的组合也不同。经过梳理可以发现，安史之乱前，太原尹和河东节度使由不同的官员担任；安史之乱后，同一个官员担任太原尹、北都留守、河东节度使的案例不断出现。如何理解这三个职务之间的关系？

（一）太原尹与北都留守

关于北都留守，前人较少研究。作为唐代留守制度的一部分，北都留守符合留守设置的一般规律。首先来看"留守"在史书中的相关记载。《通典》所记较为完善：

> 留守，周之君陈，似其任也。此后无闻。后汉和帝南巡，祠园庙。张禹以太尉兼卫留守。晋张方劫惠帝幸长安，仆射荀藩等与其遗官在洛阳为留台，承制行事，号为东西台。至安帝时，刘裕置留台，具百官。又后魏孝文南伐，以太尉元丕、广陵王羽留守京师，并加使持节。大唐留守之制，盖因此也。[1]

留守的主要职责是在帝王离开都城时守卫都城。发展至唐代，留守在承袭前代传统的基础上发展出新的内涵。从性质上看，留守分为皇陵留守和都城留守两种，都城留守是最基本的职能。唐代有三都留守——西京留守、东都留守和北都留守，其设置不再局限于天子出巡时临时派

1　杜佑：《通典》卷三三《职官十五·州郡下·京尹》，第904页。

遣，成为常规性和长久性的职任。

唐代的北都留守与隋代的太原留守颇有渊源。李渊就是以太原留守的身份起兵太原。他于大业十三年（617）上任太原留守时便掌握了太原的政治和军务大权，以此为基础，他大肆募兵，时机成熟后借讨伐叛军之名向长安进发。唐代北都留守常设，但具体内容与隋代太原留守不同，担任北都留守的官员对于太原府军政事务的影响方式发生了变化。

再来看北都留守的设立。北都制下有北都牧和左右司马，即《新唐书·百官志》载"西都、东都、北都牧各一人，从二品"，[1] 且"武后大足元年，东都、北都、雍、荆、扬、益州，置左右司马"，[2] 以及前文讨论过的北都军器监。[3] 在此基础上，北都留守出现，"西都、东都、北都、凤翔、成都、河中、江陵、兴元、兴德府尹各一人，从三品"。[4] 其级别和待遇据《旧唐书·职官志》："京都留守曰麟符，左二十，其右一十有九。"[5] 且《唐律疏议·贼盗》："下诸方传符，两京及北都留守为麟符，东方青龙，西方白虎，南方朱雀，北方玄武。两京留守二十，左十九，右一；余皆四，左三，右一。左者进内，右者付外州、府、监应执符人。其两京及北都留守符，并进内，须遣使向四方，皆给所诣处左符，书于骨帖上，内着符，里用泥封，以门下省印印之。所至之处，以右符勘合，然后承用。"[6]

北都留守与东、西两京留守都具有重要的象征意义，但没有具体的制度规定他们的职掌和僚属机构。单独分析北都留守，很难理解其在唐代如何行使职能、发挥作用，可以结合太原尹来考察其全貌。参看《新

1　《新唐书》卷四九下《百官志四下》，第1311页。

2　《新唐书》卷四九下《百官志四下》，第1309页。

3　《旧唐书》卷四四《职官志三》，第1894页。"北都军器监一人，正四品上。"

4　《新唐书》卷四九下《百官志四下》，第1311页。

5　《旧唐书》卷四三《职官志二》，第1847页。

6　长孙无忌等：《唐律疏议》卷一九《贼盗》，刘俊文点校，中华书局，1983，第299页。

唐书·百官志》的记载：

> 初，太宗伐高丽，置京城留守，其后车驾不在京都，则置留守，以右金吾大将军为副留守。开元元年，改京兆、河南府长史复为尹，通判府务，牧缺则行其事。十一年，太原府亦置尹及少尹，以尹为留守、少尹为副留守：谓之三都留守。[1]

在制度设计之初，北都留守就与太原尹密不可分。太原尹是太原府官员之首，太原尹兼任北都留守，体现出中央对北都地位的重视和强调，即太原尹要肩负守卫北都的责任。这可以帮助我们解释北都留守在史料中出现的时段性特征：安史之乱前，太原尹兼任北都留守只出现过一例；安史之乱爆发后，绝大多数太原尹被任命时会兼任北都留守。这种变化的根源在于，唐王朝的稳定局面被打破，北都军事边防地位逐渐凸显。可以认为，太原尹是官员的主要职务，北都留守象征着守卫都城的身份，是唐朝政局变动带来的特殊兼任官。另外，从制度的承袭方面考虑，留守制度由来已久，当太原被提升为三都之一，都城属性出现，在唐代的中后期，北都留守传承了前代留守保卫城市的含义，并把它与太原尹结合。

（二）太原尹与河东节度使

较北都留守而言，太原尹与河东节度使的关系更为复杂。首先回顾河东节度使制度的确立。唐朝前期，军事上把全国边远之地划分为十道，以总管进行统辖，后来改称都督，总领军事之务。至唐高宗永徽年间（650~655），节度使出现，他们持有皇帝赐予的旌、节，奉命处理地方军务。睿宗景云年间（710~712），朝廷正式以节度使命官。到玄宗时期，节度使制度基本形成，节度使成为道的军政长官，而河东节度使就

---

1 《新唐书》卷四九下《百官志四下》，第 1311 页。

是诸道节度使之一。

河东节度使治太原府，管理军队与军务，设置以后多次变更。就担任河东节度使和太原尹的官员而言，一人兼任两职的案例较多，但也有一些官员仅担任河东节度使或者太原尹，没有同时兼任的史料依据，如韦济、王忠嗣、杨光翙和王冰等。与北都留守不同（北都留守在一定程度上是虚职或虚阶），河东节度使和太原尹都是实际的官职，既有职掌内容又有具体的官僚体系。与其他节度使在安史之乱后包揽经济、政治、军事大权，形成地方势力相比，河东节度使显得较为特殊，其始终遵从中央的领导。节度使制度在唐代中后期逐渐成为地方行政系统的主流。假设河东节度使也统领太原府的政治、军事和经济的各项权力，太原尹的设立是否只具有象征性？今人研究中，吴廷燮先生认为"河东节度观察处置押北山诸蕃等使，兼太原尹、北都留守，领太原府，石、岚、汾、沁、辽、忻、代七州"。[1]

从官员的任命中可以看出一些端倪：第一，太原尹和北都留守的任命基本是同时的，而太原尹与河东节度使的任命则不同时；第二，官员仅被任命为北都留守的例子难以寻觅，单独任命太原尹却很常见；第三，官员单独以北都留守为头衔的很少，兼任太原尹和河东节度使以太原尹为头衔的却占很大比例。结合唐代时局，安史之乱后，史料记载"太原尹充河东节度使"越来越多，逐渐成为较为固定的搭配，这使太原府的地方权力逐渐结合。其作用在于有效地管理太原府，尤其是迅速地应对边防危机和处理军政要务。中央任命太原尹，再由太原尹充河东节度使，或者中央派遣河东节度使再兼任太原尹，看似多此一举，实际上保证了太原尹制度和河东节度使制度的共存与统一。这与藩（方）镇内部体制的实质——方镇—州郡—县三级管控，有相似之处，即实现了区域的集权化管理。太原尹制度维护着中央集权，所以直至唐末李克用占据河东之前，河东道并未形成藩镇割据势力，这与这一兼任机制不

1　吴廷燮：《唐方镇年表》卷四《河东》，第404页。

无关系。为何这一地区的节度使职没有取代府尹之职？这还是要归结于北都的重要性，太原是河东之根本，太原尹地位特殊。由此可见，太原尹和河东节度使都实际存在，在安史之乱后的动荡政局下，官员身兼二职，实现了军政合一、统一管理。

（三）三者的运转

分析了太原尹与北都留守、太原尹与河东节度使之间的关系后，接下来讨论三者的相互关系。兼任"太原尹、北都留守，充河东节度使"的官员是可供研究的案例。客观上，太原尹、北都留守、河东节度使分别属于三个体系：太原府体系、留守体系、使职体系。具体运转过程中，太原尹制度与河东节度使制度并行，北都留守发挥着象征性作用。这样的组合，保证了对太原府政治和军事权力的有效控制，突出了北都的特殊地位。前文对于太原尹职掌的总结，是否掺杂了河东节度使的职能？其军事方面的特殊权力是不是来源于兼任的河东节度使？这两个问题确实存在，但在具体问题中很难把两者拆分开来，而且在三职合一的模式下，强行将它们划分开来，对于全面分析北都形势并无益处。三者并行，太原尹和河东节度使逐渐融合，担任太原尹的官员确实履行了河东节度使的职能，并形成传统，所以即便是三者不并行时，太原尹亦忙于整饬军队、维护边防，这成为太原尹与两京府尹的不同之处。律令规定与实际运作之间常存在差异，研究的重要意义之一就是要还原历史。看似太原尹、北都留守、河东节度使是三个不同的概念，但其实在唐代很长一段时间里它们合而为一，以集合体的形式产生影响，这是北都赋予它们的独特之处。这一现象在唐诗中多次被提及，成为当时人对太原之"长"的共识，并州非复旧并州，北都局势一新，官员兼任三职。

需要补充的是，太原尹与河东节度使的"合"，并非直接替代。从太原尹和河东节度使的僚属来看，两套体系仍然独立存在。太原府制、河东道使制和留守制之下的众多官员由一人掌管，这意味着庞大而复杂的官僚体系。佐官的身份也开始复合，一人身兼太原府官、河东节度使官和北都留守官的情况出现。整个体系可谓交错重叠。太原尹、河东节度使之下，两套系统中的文武官员参与到军政事务的具体处理中，太原少尹、河东节度副使无法坐大，[1]而太原尹之下关系密切的牙将、都虞候、行军司马等握有实权。这是北都正常运行的状态。当太原尹无法胜任或者敌军势力极强时，担任太原尹的官员不断更替，"晋政多门"的局面才会出现，有能力的佐官会乘机包揽权力。

通过考述历任太原尹的相关问题，可以看到，太原尹制度并非一成不变，而是动态发展的。太原尹制度既反映着政治的变化，也受到时局变化的影响。太原尹在不同时期、不同事件中发挥着不同的作用，在唐代的政局变动中扮演着特殊角色，后文将深入探讨这一问题。值得注意的是，北都三职合一的模式并非普遍现象。乍看之下，这是将府、道、留守职合为一体，在唐代的藩镇中较为常见，然而藩镇中府尹的职务多在官员接受委任时被提及，主导的往往是节度使的身份。北都的情况则不然，太原尹始终被提到，而且在职衔上常常列于河东节度使之前。

从上述问题的考证中可以看到，太原北通大漠，南连中原，东向与河北呼应，控扼燕北辽东，西则可经关陇而通河西，政治、军事及经济地位都极为重要。隋唐两朝以关陇为根据，长安为西京，洛阳为东都，太原为北都，成三足鼎立之势，太原又可与两京分别形成掎角之势。隋唐时期，北方民族南下的浪潮有逐渐东移的趋势，尤其是到唐后期和五代，太原对于稳定北方和东北局势、防控牵制东北和西北藩镇、屏障两京作用也日益凸显。太原尹是太原府的最高行政长官，但因太原及控辖地区的重要性、复杂性，太原尹不仅是一府之行政长官，还与北都留守、河东节度使形成交错、重叠的关系，中央在选任太原尹时极为慎重，往往三职合一，这有别于京兆尹和河南尹。

1　太原少尹和河东副使坐大不是常态，主要发生于太原尹、河东节度使患病或猝死而无力控制局面时。

三　三都险要处：太原尹、河南尹、京兆尹之比较

　　在本章中，三都府尹被反复提及，他们既有共通之处，也有诸多的差别。在制度设计之初，三者因各自依托的城市而具备不同的战略意义和政治地位。从整体上看，两京府尹地位略高，而三都府尹级别上高于其他诸府尹。这一原则在讨论太原府和太原尹的确立时已有涉及。政令中，三者得到特殊对待，《册府元龟》记："凡唐之制，京兆、河南、太原尹从二品，余尹从三品，其属僚有少尹而下。"[1]《旧唐书》载："辛卯，改并州为太原府，官吏补授，一准京兆、河南两府。"[2]《新唐书》载："西都、东都、北都牧各一人，从二品。西都、东都、北都、凤翔、成都、河中、江陵、兴元、兴德府尹各一人，从三品。"[3]且"凡载，庙、社、宫、殿之门二十有四，东宫之门一十八，一品之门十六，二品及京兆河南太原尹、大都督、大都护之门十四，三品及上都督、中都督、上都护、上州之门十二，下都督、下都护、中州、下州之门各十。"[4]且仔细梳理可以发现，京兆、河南和太原牧及都督、刺史"掌清肃邦畿，考核官吏，宣布德化，抚和齐人，劝课农桑，敦敷五教"。[5]他们的行政级别、职掌、僚属选任、礼仪待遇都是一致的。以上的种种规定都体现着中央对三都的重视，这是京兆尹、河南尹与太原尹最根本的共同点。所以，官员都将三都府尹作为仕途迁转的优越职位，在此积累"牧民"经验以迁入中央。三都的共性很大程度上始于制度设计，是在原有两京核心的基础上加入了太原，三都府尹的情况与之一致。但是在历史进程中，三都府尹的地位、职能伴随中央对三都态度的调整而变化，尤其是在安

<hr>

1　王钦若等编《册府元龟》卷六七一《牧守部一·总序》，第7726页。

2　《旧唐书》卷八《玄宗纪上》，第185页。

3　《新唐书》卷四九下《百官志四下》，第1311页。

4　《新唐书》卷四八《百官志三》，第1249页。

5　《旧唐书》卷四四《职官志三》，第1919页。

史之乱后，京兆尹、河南尹与太原尹的重要性和首要任务都大为改变。三都府尹有了不同的发展方向。所以，我们讨论的三者差异也是动态变化的。

第一层面，由于长安、洛阳与太原的差异，府尹之间也有所差异，它们具备不同的特点。安史之乱前，京兆尹、河南尹先于太原尹设立，其与中央政治关系更为密切，受到中央的重视程度高于太原尹。第二层面，三都的发展变化使三都府尹获得了新的特征，三者的发展轨迹出现差异。安史之乱后，京兆尹的地位依然突出，但河南尹随着洛阳的衰落地位有所下降，太原尹因为军事、边防的重要性受到中央的格外重视，地位呈上升之势。第三层面，把三都府尹作为三个单独的研究对象，它们的差异还来源于各自的侧重点不同。京兆尹兼具京官和地方官的双重属性，其核心在于协助处理中央事务；河南尹安史之乱前与京兆尹非常类似，安史之乱后把重心放在恢复发展上，清静无为、颐养致仕；太原尹的要务始终是在军事和边防上，表现为维护中央统治，平定安史之乱，讨伐割据自立的藩镇，巩固唐代北部边防，守卫太原，抵御入侵，并处理民族事务。

概括而言，对比太原尹、京兆尹和河南尹的职掌，一致之处无外乎《唐六典》所言，有民政、治安、司法、考课与人事基本功能，差异之处则表现在三者的特殊职掌上。前文提到，京兆尹受命于皇帝，执行中央机构的相关任务，其特殊职掌包括：护陵、护丧、供食、访后和京城营修等京畿地位带来的礼仪、政治任务。对于太原尹而言，训练军队、修缮防御设施、管理军备、处理邻近民族关系、维护互市和平定叛乱是具体职责，其核心任务在军事和边防，而且权力之源在于北都的地理位置和战略意义。此处补充说明太原尹在交通方面的特殊性。云州—雁门关—忻州—北都—长安是唐代重要的南北大通道，北方边境与中央的信息在此传递，使节经此往来，互市贸易以此为路径。太原尹镇守北都，实际上把控着南北通道上的重要关口，处理信息传送、使节经行和互市往来的相关事务。又因为这条南北大通道的持续时间很长，在安史之乱后灵州、西城等地的道路不复畅通时太原一线依然安全，所以北都是整个北塞地区的军事基地，控扼诸戎是太原尹的要务。这在诏令中多次被强调，由此衍生出的各项任务是太原尹的新职能，包括管理民族质子、天德军等前线捉获的回鹘人口，这在之后的篇章具体讨论。

京兆尹、河南尹和太原尹三个群体是互相流动的，官员在三个职务间迁转。这可以理解为是三者的共通之处，反映着中央对三都府尹的选人标准具有一致性。分析官员的任职履历会发现，拥有长安或洛阳的"牧民"经验，对于他们处理太原府的地方行政事务、掌管庞大而复杂的官员系统，会产生很大助益。如政绩优良的官员从京兆尹、河南尹迁为太原尹，这并不是官职的降低，而是由于朝廷对太原尹职位的重视，中央试图以此加强对太原府的控制力度。

三都的相对位置是探究三都府尹关系及异同的一种思路。首先三都呈掎角之势，是以北都戍卫着东西两京，太原尹的镇守之职实际上也保护了两京的安稳。从太原至长安的交通线较为平坦，若北都被强族攻破，那么两京失去重要屏障，北族很可能迅速南下进逼长安和洛阳，因此太原尹的特殊性也可以理解为两都安危之所寄。同时，北都与长安、洛阳又有一定的距离，所以太原尹与围绕着两京发生的政治事件关系较为间接，这是其与京兆尹、河南尹在政治参与度上的差异。反之，中央对三者的管理方法也不同。从控制力度上看，两京府尹受到的制约更强，太原尹在处理具体事务时有一定的自由度。

太原尹、京兆尹、河南尹制度本身和制度之下的个体都是动态变化的。发展到唐末，中央控制力逐渐减弱，京兆尹和河南尹尚处于中央控制之下，太原尹则为割据势力所占，太原尹的身份和属性都发生了转变，进入新的阶段，三都府尹并列的局面终结。

第四章　恩信与共荣：北都周边民族事务处理及经验

从太原尹的任职经历中可以看到他们与周边民族诸部的往来情况。安史之乱前，太原尹多是虚衔，作为较少。安史之乱时，在这场以安禄山、史思明为首的叛乱中，太原尹组织城市保卫战并出兵平叛。安史之乱后，太原尹受中央政府之托直面边境民族问题。

前文已经反复强调太原的重要地位。从军事和政治两方面来看，太原无疑是中央关注的要地，北都的重要性不亚于东西两京。第二章已经阐明北都周边复杂的民族问题：民族成分多样、部落实力多变，一旦南下就会冲击边境地区的稳定局面。唐代中后期，身兼太原尹、北都留守、河东节度使的官员都面临着处理民族事务的难题，军事任务很大程度上成为他们的第一要务。于中央而言，北都在处理民族问题时应该扮演什么角色？整理朝廷的诏书、政令，可以看到一条基本原则：《旧唐书·刘沔传》载，"太原重地，控扼诸戎"，[1]即北都要发挥控制各民族并扼制其南下侵扰的作用。文献中，河东、河西、朔方的军队常在此会师，对寇边的诸族进行抵御或讨伐。与此同时，唐廷在考核太原尹时将能否妥善处理民族关系、化解争端和矛盾作为一个关键标准，并对引导诸族归心、慕义、和平共处的官员进行嘉奖和提拔。可见，统治者的"控扼"之说不等于敌对，是有选择和限度的控制与遏止。

一　烽戎高临：太原尹面临的民族事务

太原尹的民族政策与中央的态度是否一致？太原尹奉召屯兵、追击、援救，是否完全按照朝廷的指令？是否可以从太原尹的举措中总结出中央政府民族政策的具体内容？太原尹在处理周边民族的问题上有没有自主决策的权力？整体上看，太原尹的对策有两种主要类型：主动迎战和被动防御。当然，同一位太原尹可能会有不同的举措。出现这种复合型的情况时，笔者按照其中比较突出或者实施时间比较长的措施来划分。

（一）迎战案例

第一章中论及唐初皇室遥领太原尹之职，其根源在于此时唐朝的主要矛盾不在太原，北都以北相对稳定。时至中唐，诸族对太原及其周边各州的侵扰不断，部分太原尹领兵迎战，甚至派兵追敌。《旧唐书·回纥传》记载：

> 十三年正月，回纥寇太原，过榆次、太谷，河东节度留后、太原尹、兼御史大夫鲍防与回纥战于阳曲，我师败绩，死者千余人。[2]

1　《旧唐书》卷一六一《刘沔传》，第 4234 页。
2　《旧唐书》卷一九五《回纥传》，第 5207 页。

777 年，鲍防任太原尹，这场与回纥的战斗，在《旧唐书·李自良传》中有关于应敌战术的讨论："会回鹘入寇，防令大将焦伯瑜、杜荣国将兵击之。自良谓防曰：'回鹘远来求战，未可与争锋。但于归路筑二垒，以兵守之，坚壁不动，虏求战不得，师老自旋。俟其返旆，即乘之，纵不甚捷，虏必狼狈矣。二垒厄其归路，策之上也。'防不从，促伯瑜等逆战，遇虏于百井。伯瑜等大败而还。"[1] 鲍防"唯总戎非所宜，而谬执兵柄。以太原革车胡骑雄杂，而回鹘深入寇，防出拒战，为虏所败"。[2] 显然，他盲目出战，原因有二。第一是不了解敌我双方的战斗实力和作战特征，缺乏军事指挥能力；第二是他不熟悉太原为群胡环绕的局势。李自良的主张才是以退为进、克敌制胜的良策。从前文可知鲍防曾任浙东观察使薛兼训从事、殿中侍御史、职方员外郎等，于薛兼训病卒之时受命，[3] 后很快被马燧取代。

第二次大规模的战役起于会昌二年（842）回鹘乌介可汗南下越界。是时，"乃征发许、蔡、汴、滑等六镇之师，以太原节度使刘沔为回纥南面招讨使；以张仲武为幽州卢龙节度使、检校工部尚书，封兰陵郡王，充回纥东面招讨使；以李思忠为河西党项都将，回纥西南面招讨使"。[4] 据《新唐书·石雄传》，诸军会于太原，声势浩大。刘沔大胜，屡立奇功。[5] 这与他之前的任职经历有关。最初他是许州牙将，后成为李光颜（曾任太原尹、河东节度使）帐中亲将，以骁勇善战闻名，受任迁入太原之前，他是振武节度使，检校单于大都护，"率吐浑、契苾、沙

1　《旧唐书》卷一四六《李自良传》，第 3957 页。
2　《旧唐书》卷一四六《鲍防传》，第 3956 页。
3　《旧唐书》卷一四六《李自良传》，第 3957 页。
4　《旧唐书》卷一八上《武宗纪》，第 592 页。
5　《新唐书》卷一七一《石雄传》，第 5194 页。"回鹘寇天德，诏以兵据云伽关，虏引去。会昌二年，又掠太原、振武，天子使兵部郎中李拭调兵食，因视诸将能否，拭独称沔，乃拜河东节度兼招抚回鹘使，进屯雁门关。虏寇云州，沔击之，斩七神将，败其众。以还太和公主功，加检校司空。议者恨其薄，又进金紫光禄大夫，赐一子官。虏残众走，诏沔追北，仍录李靖平颉利事赐之。军还，次代州，归义军降虏三千，使隶食诸道，不受诏，据滹沱河叛，沔悉禽诛之。"

陀三部落等诸族万人、马三千骑，径至银、夏讨袭，大破之，俘获万计，告捷而还"。[1] 他展现了自己统率诸族的魄力和大败党项叛军的实力。《旧唐书·石雄传》里还详细记载了此次唐与回鹘的战斗中刘沔的军事谋略："黠虏离散，不足驱除。国家以公主之故，不欲急攻。今观其所为，气凌我辈。若禀朝旨，或恐依违。我辈捍边，但能除患，专之可也。公可选骁健，乘其不意，径趋虏帐，彼以疾雷之势，不暇枝梧，必弃公主亡窜。事苟不捷，吾自继进，亦无患也。"[2] 此番言语反映出刘沔对唐代北部边防的充分认识，以及丰富的作战经验，一语道破获胜要诀。而后，回鹘"虏人惮隶食诸道，据滹沱河叛，刘沔坑杀三千人"。[3]

此后，当北方民族入侵山西诸州时，太原尹常会有援兵之举，如乾符五年（878）"八月，沙陀陷岢岚军，曹翔自率军赴忻州。翔至军，中风而卒，诸军皆退。太原大惧，闭城门，昭义兵士为乱，劫坊市"。[4]

关于曹翔治理太原的情况，《资治通鉴》记之："秋，七月，曹翔至晋阳。己亥，捕土团杀邓虔者十三人，杀之。义武兵至晋阳，不解甲，欢噪求优赏，翔斩其十将一人，乃定。发义成、忠武、昭义、河阳兵会于晋阳，以御沙陀。八月，戊寅，曹翔引兵救忻州。沙陀攻岢岚军，陷其罗城，败官军于洪谷，晋阳闭门城守。"[5] 自曹翔上任到去世仅有三个月的时间。[6] 他来到北都后作风强硬，整肃军队，平定兵乱。多路大军集结于太原防御沙陀，他又带兵出击。由于太原尹突然死亡，唐军败退，太原也陷入混乱。崔季康匆忙上任，从河东宣慰使调任河东节度使、代北行营招讨。《旧唐书·僖宗纪》记录此事为：

　　沙陀攻石州，崔季康救之。十二月，季康与北面行营招讨

1　《旧唐书》卷一六一《刘沔传》，第 4234 页。

2　《旧唐书》卷一六一《石雄传》，第 4235 页。

3　《新唐书》卷二一七下《回鹘传下》，第 6133 页。

4　《旧唐书》卷一九下《僖宗纪》，第 702 页。

5　司马光：《资治通鉴》卷二五三，乾符五年七月条，第 8208 页。

6　司马光：《资治通鉴》卷二五三，乾符五年九月戊寅条，第 8208 页。

使李钧，与沙陀李克用战于岢岚军之洪谷，王师大败，钧中流矢而卒。[1]

崔季康与李钧的联合军被沙陀李克用击败。其后，河东军乱，崔季康被杀。他的出战并未能扭转局势，反而使河东军情告急，人心不稳。从军事指挥力上看，崔季康确实无法与长期领兵的李克用抗衡。但从军队的实力上看，唐军与沙陀军是否已存在差距了呢？广明元年（880），沙陀兴兵两万余人直逼晋阳，攻陷太谷。自窦瀚被替换后，曹翔、崔季康、李侃、李蔚、康传圭相继被任命为太原尹、河东节度使，却无法真正领河东而抗北寇。广明元年康传圭主动出击，想要追击强敌，结果一败涂地，引发兵变。[2]

《旧唐书》的记载与上文略有差异："康传圭遣大将伊钊、张彦球、苏弘轸分兵拒之于秦城驿，为沙陀所败。"[3] 分兵三路亦未能与沙陀兵抗衡。这一系列的军事活动无疑都是脱离河东具体情况的错误指挥。需要注意的是，唐军与沙陀军的交战地点已经由忻州转移到太谷。忻州尚在太原以北，太谷已在太原以南。[4] 沙陀的侵入程度、推进范围由此可见。

最后一次主动迎战是在中和元年（881）。《新唐书·郑从谠传》记载：

> 从谠登城，开勉感概，使立功报天子厚恩，克用辞穷，再拜去。然阴纵其下肆掠，以撼人心。从谠追安，使与将王蟾、高弁

1　《旧唐书》卷一九下《僖宗纪》，第 702 页。

2　司马光：《资治通鉴》卷二五三，广明元年二月庚戌条，第 8220 页。"河东节度使康传圭，专事威刑，多复仇怨，强取富人财。遣前遮虏军使苏弘轸击沙陀于太谷，至秦城，遇沙陀，战不利而还，传圭怒，斩弘轸。时沙陀已还代北。传圭遣都教练使张彦球将兵三千追之。壬戌，至百井，军变，还逼晋阳。传圭闭城拒之，乱兵自西明门入，杀传圭。监军周从寓自出慰谕，乃定，以彦球为府城都虞候。朝廷闻之，遣使宣慰曰：'所杀节度使，事出一时，各宜自安，勿复忧惧。'"

3　《旧唐书》卷一九下《僖宗纪》，第 705 页。

4　谭其骧主编《中国历史地图集》第 5 册，第 46~47 页。

等踵击，亦会振武契苾通至，与沙陀战，沙陀大败引还。[1]

郑从谠重回河东，扭转了乾符五年（878）以后的败局，还在与沙陀的对战中获胜。结合《旧唐书·郑从谠传》[2]和《新唐书·郑从谠传》[3]的记载，郑从谠成功控制河东乱局有四个方面的原因。其一，他曾经担任太原尹，熟悉河东情况，在北都有民心和根基。其二，他处理民族问题经验丰富。郑从谠任广州刺史、岭南节度使期间，南诏作乱，"北兵寡弱，夷獠梦然，乃择其土豪，授之右职，御侮扞城，皆得其效"。[4]他充分利用当地人的力量进行防御，起到很好的效果。其三，拥有高配置的僚佐，一方面有中央授权下郑从谠自行选择的部下，另一方面郑从谠收服了原兵乱将领张彦球，此举有助于指挥地方军队，并树立个人威信。其四，也是关键的一步棋，即契苾。契苾部援军加入唐军与沙陀军的会战中，为唐军的胜利增加了筹码。

（二）防守备战的案例

出战有胜有负，存在较大的失败风险，所以一些太原尹选择防守，真正如中央之令，镇守北都以遏止北方民族的南下。从举措上看，第一种举措是内部整肃。《新唐书·辛云京传》记载："回纥恃旧勋，每入朝，所在暴钞。至太原，云京以戎狄待之，房畏不敢惕息。数年，太原大治。"[5]辛云京从上元三年（762）起担任了六年的太原尹。当时势力极盛的回纥每每利用入朝的机会到处掠夺，唯独畏惧辛云京而不敢在太原放肆。这一时段太原大治是辛云京辛苦经营的结果，"云京质性沉毅，部下有犯令者，不贷丝毫，其赏功效亦如之，故三军整肃"。[6]他在处理

1　《新唐书》卷一六五《郑从谠传》，第5063页。
2　《旧唐书》卷一五八《郑从谠传》，第4169页。
3　《新唐书》卷一六五《郑从谠传》，第5062页。
4　《旧唐书》卷一五八《郑从谠传》，第4169页。
5　《新唐书》卷一四七《辛云京传》，第4754页。
6　《旧唐书》卷一一〇《辛云京传》，第3314页。

民族问题上有自己的优势，"辛云京者，河西之大族也。代掌戎旅，兄弟数人，并以将帅知名。云京有胆略，志气刚决，不畏强御，每在戎行，以擒生斩馘为务"。[1] 他不仅熟悉唐代北境各族，而且有带领民族军队作战的经验。何为"以戎狄待之"[2]（"以戎狄之道待之"[3]）？"直情而径行也，戎狄之道也。"即戎狄的方法是凭着自己的意愿径直地去做。在这里，可以有两种理解：一是辛云京按照对待各民族的方法来对待回纥，具体而言就是保持警惕、军事戒备；二是按照各民族处理事情的方法来处理回纥事务。

防御乱寇的第二种举措是修筑防御工事。如果说整肃部队是机动防御，修筑防御设施就是物质防御。《资治通鉴》记载：

> 河东节度使符澈修把头烽旧戍以备回鹘。把头烽北临大碛，东望云、朔，西望振武。[4]

会昌元年（841），符澈领北都。是时"符澈奏回鹘掠横水"，[5] 回鹘屯师北境。此事在《条疏太原以北边备事宜状》中也有提及："云州之北，并是散地，备御之要，系把头烽。今符澈虽修缮已毕，把头烽内并未添兵镇守，事同虚设，恐不应机。未废把头烽以前，把头烽内旧有军镇数处，自废把头烽后，并合抽却。望令巡边使速与符澈计会，却抽旧兵，依前制置。如旧兵已少，即于太原城下及闲处抽兵。其与山东接处及西北镇兵，不在抽限。如更要筑堡城，亦委逐便制置。"[6] 李德裕认为

1　《旧唐书》卷一一〇《辛云京传》，第 3314 页。

2　《新唐书》卷一四七《辛云京传》，第 4754 页。

3　《旧唐书》卷一一〇《辛云京传》，第 3314 页。

4　司马光：《资治通鉴》卷二四六，会昌二年二月丁丑条，第 7960 页。

5　司马光《资治通鉴考异》卷二一《唐纪十三》，"河东奏回鹘兵至横水"后注文："《实录》符澈奏回鹘掠横水，事在正月李拭巡边前。按《一品集》此状云'宜ича诏刘沔、忠顺'，则状必在李忠顺镇振武之后也。盖澈在太原时奏之，沔除河东后德裕方有此奏，故置于此。"

6　董诰等编《全唐文》卷七〇五《条疏太原以北边备事宜状》，第 7 册，第 7237 页。

杷头烽是北塞防御之要最，符澈的修缮行动局限于器物，如果没有人力增援，亦无法充分发挥其防御功能。这里的杷头烽，亦称把头烽（《太平御览》中作"杞头烽"），《资治通鉴》载，"宋白曰：杷头烽在朔川"，[1]岑仲勉先生考证其为今天的包头。[2]在李德裕的建议中，符澈的要务是与巡边使会合，谋划从各处抽出军队前往杷头烽戍卫，甚至可以从太原城下调兵。这反映出他的作战思想，即调动周边所有机动力量扼制回鹘南下到达太原。守住杷头烽的目的就是守住太原。

第三种举措是屯兵于军事要地。《旧唐书·僖宗纪》记：

> 沙陀首领李尽忠陷遮虏军。太原节度使窦澣遣都押衙康传圭率河东土团二千人屯代州。[3]

窦澣，乾符元年（874）上任太原。时至沙陀来袭的乾符五年（878），他已经在河东任职四年有余。从文献来看，他的应敌措施主要表现为防御，除了上面所说的屯兵代州[4]外，还"发民堑晋阳"，[5]征发民夫围着太原挖壕沟。其任期中还发生了兵乱事件。[6]从窦澣的表现，可以分析他治理太原乃至河东的理念。他希望安抚这些河东土团的军士，以赏赐的方法鼓励他们到代州驻防，并且充分利用太原本地的力量。

上面三种防御措施并非单一的、独立的。当北都军情告急时，整顿内部、储备物资、修筑城墙、屯兵要塞等多种措施会叠加使用，以实现防御效果最大化。"控扼"是太原尹按照中央诏令处理与边疆诸族摩擦、

1　司马光：《资治通鉴》卷二四六，会昌二年秋七月条，第7963页。

2　岑仲勉：《李德裕〈会昌伐叛集〉编证上》，《史学专刊》第1期，1937年，第107~251页。

3　《旧唐书》卷一九下《僖宗纪》，第701页。

4　《资治通鉴》记之为"都押牙康传圭为代州刺史，又发土团千人赴代州"。司马光：《资治通鉴》卷二五三，乾符五年五月己未条，第8207页。

5　司马光：《资治通鉴》卷二五三，乾符五年五月丁巳条，第8207页。

6　《旧唐书》卷一九下《僖宗纪》，第701页。"将发，求赏呼噪，杀马步军使邓虔。窦澣自入军中安慰，仍借率富户钱五万贯以赏之。朝廷以澣非御侮才，以前昭义节度使曹翔检校尚书右仆射，兼太原尹、北都留守、河东节度使，又以左散骑常侍支谟为河东节度副使。"

矛盾的基本方针，鲜有北都官员主动发起战事的情况，足见共处与交融是这一时期的主流。如何理解中国古代各族群之间发生的冲突、战斗，何兹全先生曾有"斗争融合"的理论，[1]各民族交融的趋势是持续且一致的，方式则是多种多样的。从广义的"交融"上看，斗争、对抗、交锋也是互相认识和了解的过程，古代民族间的战争不能简单地理解为征服与被征服、对立与分裂，"碰撞"意味着接触——理念与需求上的互相争取。即使是在普遍认为动荡、军事摩擦激烈、频繁的时期，"夷夏以安""渐慕华风""淳化归礼"亦始终是主流和发展方向。[2]

二　开怀抚待：太原尹的治理之道

迎战与防御都反映出紧张的军事氛围，这是北都与诸族的对抗，双方实力碰撞一触即发。关系的张弛之间，一些太原尹选择了安抚政策，以绥靖的态度寻求相对的和睦。在坚持唐朝大一统的前提下，"德化"和"恩信"在处理民族关系上发挥了良好作用。

（一）柳公绰与回鹘、沙陀

前文已经论及柳公绰与"市马"之事。时为大和四年（830），他刚担任太原尹、北都留守、河东节度观察等使，遇到回鹘南下市马，《旧唐书·柳公绰传》载："北虏遣梅禄将军李畅以马万匹来市，托云入贡。所经州府，守帅假之礼分，严其兵备。留馆则戒卒于外，惧其袭夺。太原故事，出兵迎之。畅及界上，公绰使牙将祖孝恭单马劳问，待以修好之意。畅感义出涕，徐驱道中，不妄驰猎。及至，辟牙门，令译引谒，宴以常礼。及市马而还，不敢侵犯。"[3]公绰的以礼相待既保证了马

1　参见何兹全《关于中国古代社会的几个问题》，《文史哲》1956年第8期，第3页。

2　参见廖靖靖《交融·认同·传承——论何兹全先生的中华民族历史观》，《史学史研究》2022年第1期。

3　《旧唐书》卷一六五《柳公绰传》，第4304页。

匹交易的顺利进行，又维护了太原的安全，没有发生掠夺之事。在这次事件中，官员的慰劳和修好态度起到了比严阵以待更好的作用。《新唐书·柳公绰传》记载："陉北有沙陀部，勇武喜斗，为九姓、六州所畏。公绰召其酋朱邪执宜，治废栅十一，募兵三千留屯塞上，其妻、母来太原者，令夫人饮食问遗之。沙陀感恩，故悉力保鄣。"[1]

　　面对日益强大的沙陀，柳公绰保持了绥靖策略。当时沙陀的首领是朱邪执宜，李克用的祖父，元和三年（808）率部众东迁，归附唐朝。柳公绰首先与朱邪执宜建立密切的联系，任命其为阴山都督、代北行营招抚使，使居于云州、朔州，并善待其亲属。朱邪执宜感激柳公绰，尽职尽责护卫太原，修理废弃的"栅"十一处。何为"栅"？唐代各军或城州之下有栅、关、戍等军事驻防单位。栅，即栅寨、营寨，其中可驻守一定数量的兵马。关于此事，《资治通鉴》所记略有不同："塞下旧有废府十一，执宜修之。"[2] 胡三省注曰："废府"当从《旧唐书》为"废栅"，因为灵朔塞下并没有十一府。学界也有不同的看法，王义康先生认为这里的"府"可能包括都督府。[3] 关于"募兵"之事，《资治通鉴》载"使其部落三千人分守之"，[4]《旧唐书》记"募兵三千付之"，[5]《新唐书》为"募兵三千留屯塞上"。细究起来，三者略有差异，却又互相补充。朱邪执宜受到柳公绰的任命后，在其率领的沙陀部落中募集士兵三千人屯守塞上。"分守之"的"分"，结合前文，可以理解为这三千人分别守在修复的栅寨中。结果是，"杂虏不敢犯塞"，[6] 北都得以安稳。

　　与柳公绰做法相仿的还有毕諴，他于大中十一年（857）从昭义军节度使迁入太原尹、河东节度使、北都留守。他在任时，"太原近胡，

1　《新唐书》卷一六三《柳公绰传》，第5022页。

2　司马光：《资治通鉴》卷二四四，太和四年三月乙亥条，第7870页。

3　参见王义康《唐代边疆民族与对外交流》，第74页。

4　司马光：《资治通鉴》卷二四四，太和四年三月乙亥条，第7870页。

5　《旧唐书》卷一六五《柳公绰传》，第4304页。

6　司马光：《资治通鉴》卷二四四，太和四年三月乙亥条，第7870页。

九姓为乱。诚明赏罚，谨斥候，期年诸部革心"。[1]在此之前他曾任邠宁节度使，在处理党项的问题上见解独到、方法有效。《旧唐书·毕诚传》有云：

> 自大中末，党项羌叛，屡扰河西。宣宗召学士对边事。诚即援引古今，论列破羌之状。上悦，曰："吾方择能帅，安集河西，不期颇、牧在吾禁署，卿为朕行乎？"诚忻然从命，即用诚为邠宁节度、河西供军安抚等使。诚至军，遣使告喻叛徒，诸羌率化。又以边境御戎，以兵多积谷为上策。乃召募军士，开置屯田，岁收谷三十万石，省度支钱数百万。[2]

从毕诚的仕宦经历来看，他有自己的怀柔主张。其突出举措有二：一是传扬自己的主张，使民族群体受到教化并归心朝廷；二是募兵屯田，储备粮食，这是抵御诸族入侵的物质基础。很可能他在北都时也使用了类似的方法，并且赏罚分明。此外，"河东尤近胡，复修杷头七十烽，谨候虏，寇不敢入"。[3]他同时也有防守备战的意识，修理前文提到过的边防要塞——杷头烽。

（二）卢简求与契苾、回纥、沙陀

卢简求在并州时（860~863年）安抚北方诸族，施以恩惠、信任，其中一个表现就是遣还各部质子。《旧唐书·卢简求传》有言："太原军素管退浑、契苾、沙陀三部落，或抚纳不至，多为边患。前政或要之诅盟，质之子弟，然为盗不息。简求开怀抚待，接以恩信，所质子弟，一切遣之。故五部之人，欣然听命。"[4]太原周边各部落时常叛服不定，不

服从太原尹指挥。"素管"二字说明很长的时间里退浑、契苾、沙陀是在太原军的管辖之下。卢简求之前的太原尹（《新唐书·卢简求传》中称之为"它帅"[1]）有的会邀约诸部首领进行"诅盟"，这是一种古老的盟誓仪式，并且以民族部落的子弟为人质，保证部落的归心和服从。"纳质"旨在增加信任、约束对方，是唐代用以调节各类政治关系的手段。通常，周边民族以子弟入质京师，收受的一方是唐王朝，行政级别上是中央。质子来源不同、身份各异，有的留在京城，有的受朝廷派遣承担职务，譬如宿卫、外交副使。为什么上文出现的质子却很明显是在太原尹的控制之下？卢简求能将质子放还，这些质子是否就在太原城中或太原军中？为什么太原尹会有这样的权力？这是不是一个特例？

陈金生先生在质子研究中解读过这部分史料，他认为唐代在边疆留有不少各族质子，退浑、契苾、沙陀三部落首领的子弟就没有被送往京城而是羁押在边镇，原因在于这些民族部落降唐后被编入民族部落，地位相对低一些。[2] 由于相关史料较少，学界的直接研究不多，[3] 笔者以唐代质子情况为基础，推论北都质子的情况。太原尹"质子弟"与传统的"纳质"在目的、性质上无异。其特殊之处有三：第一，太原尹、河东节度使、北都留守与民族部落直接进行"纳质"；第二，民族质子很可能被安置在太原城中或者太原军中；第三，太原尹有权力决定民族质子的羁留和放还。可以看到，三职合一的太原尹确实拥有更大的自主权。这既可以理解为河东要镇守边境获得的特权，也可以理解为北都都城属性的体现。也许太原尹在处理民族事务上仿效了中央的政策，纳质于北都，教化这些部落首领的子弟，并且安排他们戍卫太原。当然这只是猜测，并不说明河东有割据或者独立的趋势，太原尹的行为是为了控制周

1　《新唐书》卷一七七《卢简求传》，第 5284 页。

2　陈金生：《中国古代民族关系中的质子研究》，兰州大学出版社，2008。

3　参见陆宜玲《唐代质子研究》，硕士学位论文，陕西师范大学，2008；成琳《唐代民族关系中的质子研究》，硕士学位论文，陕西师范大学，2008；刘兴云《唐代藩镇质子制度》，《南都学坛》2009 年第 6 期；葛承雍《西安唐代奚族质子热瓖墓志解读》，《考古》2014 年第 10 期。

边诸族。将民族质子留在地方并非仅此一例，南诏将贵族子弟送往西川节度使韦皋处，"又请以大臣子弟质于皋。皋辞，固请，乃尽舍成都，咸遣就学"。[1]

关于北都的纳质功能，笔者有一定的思考和论证。纳质是质、受双方共同认可、约为保障的行为，存在一定的从属关系。唐代被学者称为"质子制度"的极盛时期，继承了魏晋以后的纳质规范、汉文化熏习目标，在开放包容的民族理念下，以"德化"促进边疆民族群体的主动内附。马驰先生、陈金生先生等都认为唐朝的质子现象超出了"索受人质"的表层含义，而是周边族群出于自身意愿，请求进入中原的举动。就实际效果而言，有利于促进民族交往，加强边疆诸族对于中原王朝的政治认同，巩固多民族国家统一。[2]在中华民族共同体发展的历程中，纳质制度是各民族交往交流交融的具体表现，它在唐朝出现的新特征源于周边民族从"自在"到"自觉"的演进需求，以及统一多民族国家不断增强的凝聚力。边疆诸族派遣质子进入中原，从空间的层次上都要穿过各民族杂处地带，进入汉文化久驻根深的区域。史料记载，他们一部分被送至大唐的"心脏"——长安、洛阳，另一部分则留在"地方"，比如北都太原，这里成为各民族文化互嵌的重要空间和汉文化"涵濡化育"的实际场所。

咸通十一年（870）任太原尹的崔彦昭有类似观点和作为。当时，北族寇边事件频发，沙陀诸部多犯法，太原北境不宁。《旧唐书·崔彦昭传》记载：

> 时徐、泗用兵之后，北戎多寇边，沙陀诸部动干纪律。彦昭柔以恩惠，来以兵威，三年之间，北门大治，军民歌之。考满受代，耆老数千诣阙乞留。诏报曰："彦昭早著令名，累更剧任。入

1　《新唐书》卷二二二上《南诏传上》，第6276页。

2　参见马驰《唐代蕃将》，三秦出版社，1990；陈金生《中国古代民族关系中的质子研究》。

司邦计，开张用经纬之文；出统藩维，抚驭得韬钤之术。自临并部，隐若长城。但先和众安人，不欲恃险与马。遂致三军百姓，沥恳同词，备述政能，唯恐罢去。顾兹重镇，方委长材。既获便安，未议移替，想当知悉。"[1]

崔彦昭的办法是恩威并施，具体而言是以安抚为主，兵力威慑为辅。三年期满后他受到当地民众的强烈挽留，朝廷下诏嘉许，使之留任。他继续领河东直至乾符元年（874）。《旧唐书·崔彦昭传》中诏曰"自临并部，隐若长城"，或者如《答河东军民乞留节度使崔彦昭诏》中所说"殷若长城"。[2]这里是将北都比作长城，还是将河东比作长城，抑或指崔彦昭本人？"隐"于此是通"稳"，表示稳定，还是近"殷"，表示富裕？这些字词上的问题不易确定，反复思量的原因在于"长城"这一概念的特殊性。亦是北门亦是长城，太原是一座城、一个点，但如果以这个城市为一个点拉开一条北防线，与东西诸州联手，与南北各军合力，那么它起到的就是如长城一般防卫、庇护中原的作用。而北防线的连接和稳固就要靠太原尹来完成。

三　和谈未成：马燧与吐蕃事件

上述三类情况是对太原尹处理民族问题的归纳和分析。很多时候我们可以看到太原尹是按照中央的诏令出兵击敌，也可以看到中央在太原尹处理民族事务后对其进行褒奖或是惩戒，但中央的态度究竟如何，或者说太原尹处理民族问题的自由度到底有多大，这像是一条暗线穿引在中央、太原尹和周边民族之间。这里面有两种情况：一是该民族未能与中央建立起直接联系，太原尹代表中央与之交涉；二是该民族与中央产

1　《旧唐书》卷一七八《崔彦昭传》，第 4628 页。

2　周绍良主编《全唐文新编》卷八四《答河东军民乞留节度使崔彦昭诏》，第 1 部第 2 册，第 1016 页。

生实力较量，太原尹如一个中间站，进行信息传递，这种传递是完全的传达还是选择性地传达，就要具体问题具体分析了。我们来看下面这个案例：

> 二年冬，吐蕃大将尚结赞陷盐、夏二州，各留兵守之，结赞大军屯于鸣沙，自冬及春，羊马多死，粮饷不继。德宗以燧为绥、银、麟、胜招讨使，令与华帅骆元光、邠帅韩游瓌及凤翔诸镇之师会于河西进讨。燧出师，次石州。结赞闻之惧，遣使请和，仍约盟会，上皆不许。又遣其大将论颊热厚礼卑辞申情于燧请和，燧频表论奏，上坚不许。三年正月，燧军还太原。四月，燧与论颊热俱入朝，燧盛言蕃情可保，请许其盟，上然之。燧既入朝，结赞遽自鸣沙还蕃。是岁闰五月十五日，侍中浑瑊与蕃相尚结赞盟于平凉，为蕃军所劫，狼狈仅免，陷将吏六十余员，由燧之谬谋也，坐是夺兵权。[1]

《资治通鉴》对此事也有详细的记载，[2]吐蕃"又闻李晟克摧沙，马燧、浑瑊等各举兵临之，大惧，屡遣使求和，上未之许。乃遣使卑辞厚礼求和于马燧，且请修清水之盟而归侵地，使者相继于路。燧信其言，留屯石州，不复济河，为之请于朝"。将领对此持反对态度，李晟认为"戎狄无信，不如击之"。韩游瓌言："吐蕃弱则求盟，强则入寇，今深入塞内而求盟，此必诈也！"马燧这一轮请求的结果是，"上由是不听燧计，趣使进兵"。马燧并未作罢，"请与吐蕃使论颊热俱入朝论之，会浑瑊、燧、延赏皆与晟有隙，欲反其谋，争言和亲便"，将反对李晟之策牵扯其中。"上亦恨回纥，欲与吐蕃和，共击之，得二人言，正会己意，计遂定。"联合吐蕃攻打回纥的计策使德宗拒绝和谈的想法发生改变。反对和谈的李晟也被夺取兵权，只是留在凤翔作为辅佐。此后唐蕃

1　《旧唐书》卷一三四《马燧传》，第3700页。

2　司马光：《资治通鉴》卷二三二，贞元三年三月丁酉条，第7482页。

双方多次就会盟地点、主盟人等问题进行交涉，最后的结果是："吐蕃伏精骑数万于坛西，游骑贯穿唐军，出入无禁。唐骑入虏军，悉为所擒，瑊等皆不知，入幕，易礼服。虏伐鼓三声，大噪而至，杀宋奉朝等于幕中。瑊自幕后出，偶得他马乘之，伏鬣入其衔，驰十余里，衔方及马口，故矢过其背而不伤。唐将卒皆东走，虏纵兵追击，或杀或擒之，死者数百人，擒者千余人，崔汉衡为虏骑所擒。"不知情的德宗上朝时还称，"和戎息兵，社稷之福"，斥责持反对意见的柳浑和李晟，当得报"虏劫盟者，兵邻近镇"，才大惊欲逃。此后以李自良取代马燧，领河东。

两段材料结合起来看，事件本身很复杂，不仅仅是吐蕃、太原尹、中央三者之间的较量，还有朝廷中臣子的暗斗和角力、唐代与不同民族间的渊源关系。我们可以结合之前对马燧和河东局势的研究解读出很多信息。首先，马燧在河东功勋卓著，他为朝廷多次成功平叛，长期镇边，军事权力和个人威望与日俱增。从大历十四年（779）至贞元三年（787），马燧在河东培养了自己的势力，前文提到，他麾下的多位将领在他之后成为领导北都的卓越人才。他在众多的太原尹之中是任期最长的官员之一。从普遍性上看，他是一位很特殊的太原尹，他当时的权势是太原尹之职所能达到的极值。进而，再来思考为什么德宗最后听从马燧的建议。德宗是中央诏令的最后决策者。当朝臣中出现严重分歧时，德宗的态度就是中央的态度。他从坚决反对和谈到同意和谈，并斥责反对和谈的官员，这个转变是有多重原因的。与吐蕃合力攻打回纥无疑是直击德宗内心的一个要点。但是还有一点值得注意，即马燧的态度。马燧始终保留着与吐蕃和谈的想法，他陈兵在前使吐蕃军将胆怯，为什么他不趁吐蕃粮草不济时攻打，再立大功一件？——这是完全符合中央要求的。难道真的是因为吐蕃将领的甜言蜜语，且收受了对方的贿赂？或者是为了利用此时打击与自己不睦的朝臣？综观前面多任太原尹处理民族事务的举措，可不可以提出这样的假设，马燧的实力使他对和谈充满信心，在他的预估中以太原为核心的河东稳定而强大，他自己则代表着河东及周边多州的权力，这足以威慑吐蕃。在这种情况下，唐与吐蕃和谈可以形成利于唐王朝的局面，并且可以实践利用吐蕃之力削弱回纥力量的计划。这恰恰符合一个规律，治理得当的太原尹往往会首先选择非战斗的方式处理北部民族问题。而太原尹的举措中还有哪些其他的模式或者说共性呢？我们可以进行小结。

　　将民族诸部南下袭扰地点、太原尹屯兵地点、双方交战地点以及太原尹修筑军事防御设施的地点绘制于地图（见图4-1），可以看到北都与周边诸族的交战、往来情况。

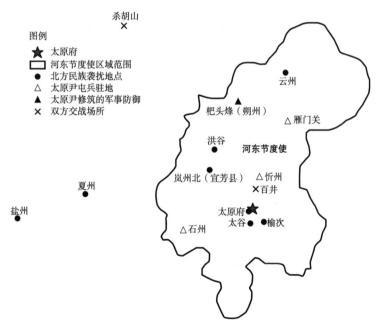

图4-1　北都与周边民族交战地点示意

　　资料来源：笔者以谭其骧《中国历史地图集》第5册河东道部分（第46~47页）为底本绘制。

　　以上是从三种类型和一个特例的角度展开，如果把所有案例聚在一起，一些特点便会凸显。第一，部分太原尹在出击民族部落的过程中获得了更多的权力，北都成为诸节度使领兵会集之地。第二，太原尹在绝大多数时候是中央对周边民族态度的代言人，但当其权力高度集中后，他可能会违背中央的意志，在民族问题上做出自己的判断和决策，他不再是中央的传令官。第三，采用怀柔策略的前提是太原局势稳定、兵力强大。第四，一个治理周边民族的有效办法是利用民族部落戍卫太原，或者利用较强民族部落威慑其他部落，但是当其势力增长到一定程度时，很可能会脱离太原尹的管控。第五，太原是河东的核心，它合东西各道之力为唐代的腹心之地构筑起防卫屏障，可谓以北都成东西二都。第六，多位太原尹快速更迭的时期，民族问题尖锐，太原尹的屡战屡败不仅仅是因为个人决策失误或能力不足，背后的原因是唐朝军队乃至唐朝整体实力的衰落。由此引出两个小问题：中央派遣至此没有战斗经验的文官无法处理民族关系，是谁在辅佐太原尹应对民族问题；在与民族军队的对峙与战斗中，太原尹拥有多少兵力，又可以动用哪些军事力量。

第五章 戍卫北门：以北都为中心的北防线

"北门"是史料中唐德宗、文宗、僖宗对北都太原的称呼，代表国家之门户，需要兼顾"开"以迎纳归心之人，"闭"以防卫烽火南扰。应当注意，"国门"的位置并非恒定不变，它是随着王朝在边疆的开拓与经营，以及域内外势力的强弱变化而移动的。"北门"是在唐中后期变化到了北都太原，在此之前其位置更北、偏西。北门与北都重合，这一观念不局限于朝中的君臣奏对，而是得到更广泛知识阶层如士大夫的认可。以唐诗为例，太原往往被书写为北方军情紧要之地，留下"鼙鼓夜闻惊朔雁，旌旗晓动拂参星"，[1]"行色旌旗动，

---

1 彭定求等编《全唐诗》卷三六〇《令狐相公自天平移镇太原以诗申贺》，第6册，第4077页。

军声鼓角雄"，[1]"旌节北门雄"[2]等描述。时人如此重视的北都防卫究竟如何，其控制的军事力量又是怎样影响时局的？

一 兵符赐上公：军政复合型体系

从第四章可以看到，太原尹有效处理民族问题有三种模式：成功出击，打败南下的民族军队；稳定防守，将敌军遏制在太原以北；诸族归心，北境大治，没有战事。再回顾这些太原尹的履历、举措，他们成功应对周边民族有两个原因：其一，有丰富的领兵作战经验；其二，熟悉河东周边诸族，包括他们的族属、相互关系、作战特点。朝廷委派的官员有的具备这些条件，配上强有力的僚佐，可谓如虎添翼；不具备这些条件的官员，如果虚心接纳正确的建议，则可能制定出合理的计策，反之则很可能惨败。前文中鲍防的案例[3]就是很好的证明，当时回纥进犯太原，太原尹鲍防派大将焦伯瑜等迎战，牙将李自良建议"坚壁不动"，"厄其归路"。鲍防不听，百井一战，丧师一千多人。李自良的进言中既分析了回纥远来求战的心态，又提出了出其不意的胜敌计策。他所担任的牙将，就是协助太原尹处理民族问题的官职之一。接下来，笔者将一一梳理是谁为太原尹应对周边诸族献计献策、将兵杀敌。需要说明的是，北都复杂的民族事务往往与军事行动密不可分，这些官员很多也是协助太原尹处理军务的僚佐。

从军事行动角度出发，可以参考前人对于唐代方镇或藩镇中军将的研究。严耕望先生在《唐代方镇使府僚佐考》中提到的军将有都知兵马使、左右厢后院等兵马使、虞候及都虞候、押衙及都押衙、教练使及都教练使。[4]

---

1 彭定求等编《全唐诗》卷三六二《奉送裴司徒令公自东都留守再命太原》，第 6 册，第 4095 页。

2 彭定求等编《全唐诗》卷三五八《酬太原令狐相公见寄》，第 6 册，第 4041 页。

3 《旧唐书》卷一四六《鲍防传》，第 3956 页。

4 严耕望：《唐史研究丛稿》，香港：新亚研究所，1969，第 188~200 页。

张国刚先生对严文未考或考证未详的情况进行补证，在《唐代藩镇军将职级考略》中列举八种职级：都头，兵马使，同兵马使、散兵马使、同散兵马使，十将，散将、同十将（同正将）、同副将、同散将，押衙（牙），虞候，教练使。[1]对应太原及河东道的情况，下面列举的军将很多是在河东节度使制下，由于太原尹、河东节度使、北都留守合一，他们协助太原尹保卫北都、河东，为解决民族问题出谋划策。

（一）都虞候

都虞候从唐初到中后期，在不同时期有不同的建制和职能。[2]本书中的都虞候是指各节度使下设的都虞候，是军事长官的主要幕僚之一，掌管统兵、保卫、整军刺奸之职。围绕太原，文献中有"河东都虞候"、"马步都虞候"和"府城都虞候"。在此各举一例。

前文多次提到的李自良曾任河东都虞候，他是河东节度使马燧的得力干将，在管理军队和护卫北都中都发挥着重要作用。"河东都虞候李自良从马燧入朝，上欲以为河东节度使，自良固辞曰：'臣事燧日久，不欲代之为帅。'乃以为右龙武大将军。明日，自良入谢，上谓之曰：'卿于马燧，存军中事分，诚为得礼。然北门之任，非卿不可。'卒以自良为河东节度使。"[3]节度使向中央举荐得力的都虞候替代自己，这一情况在唐后期多有发生，并非只在河东。节度使下的都虞候在一定程度上握有兵权。

乾符六年（879），河东军乱，太原尹崔季康被杀，中央下诏令李侃镇太原，结果军情不伏。《资治通鉴》记载：

> 河东都虞候每夜密捕贺公雅部卒，族灭之。丁巳，余党近百

1　张国刚：《唐代藩镇军将职级考略》，《学术月刊》1989年第5期。

2　参看严耕望《唐史研究丛稿》；张国刚《唐代藩镇军将职级考略》，《学术月刊》1989年第5期；荣新江《唐五代归义军武职军将考》，《中国唐史学会论文集》，三秦出版社，1993，第76~87页；金建锋《唐代都虞候的若干补充》，《兰台世界》2008年第14期。

3　司马光：《资治通鉴》卷二三二，贞元三年六月丙戌条，第7489页。

人称"报冤将"，大掠三城，焚马步都虞候张锴、府城都虞候郭眮家。节度使李侃下令，以军府不安，曲顺军情，收锴、眮，斩于牙门，并逐其家；以贺公雅为马步都虞候。锴、眮临刑，泣言于众曰："所杀皆捕盗司密申，今日冤死，独无烈士相救乎！"于是军士复大噪，篡取锴、眮归都虞候司。寻下令，复其旧职，并召还其家。收捕盗司元义宗等三十余家，诛灭之。己未，以马步都教练使朱玫等为三城斩斫使，将兵分捕报冤将，悉斩之，军城始定。[1]

这条材料中有河东都虞候、马步都虞候和府城都虞候，三者并列出现，由不同的官员担任。军士大噪后，马步都虞候和府城都虞候回到了都虞候司。此机构是都虞候的总部，既类似藩镇的军事法庭，又有城市巡逻、警卫、纠察处之用。

前文提到广明元年（880）康传圭在与沙陀的战斗中惨败，迁怒于军将，并派遣军队继续追击北还的沙陀。兵乱因此爆发，乱军将康传圭杀死。平定此事的方法是任命参加兵乱的张彦球为府城都虞候。中央对此的态度是姑息以求稳定。[2] 何为府城都虞候？可以将其理解为城厢中的都虞候，张彦球则是北都的都虞候。他受到士兵的拥护，可以暂时平息兵乱。在之后郑从谠任太原尹期间，张彦球仍然被委以兵权，为抵抗沙陀等问题献计献策。

（二）牙将

牙将、牙校是军中的中下级武官。因为"衙"通"牙"，有学者指出

1　司马光：《资治通鉴》卷二五三，乾符六年五月己未条，第8214~8215页。

2　司马光：《资治通鉴》卷二五三，广明元年二月庚戌条，第8220页。"二月，庚戌，沙陀二万余人逼晋阳，辛亥，陷太谷。……河东节度使康传圭，专事威刑，多复仇怨，强取富人财。遣前遮虏军使苏弘轸击沙陀于太谷，至秦城，遇沙陀，战不利而还，传圭怒，斩弘轸。时沙陀已还代北。传圭遣都教练使张彦球将兵三千追之。壬戌，至百井，军变，还趣晋阳。传圭闭城拒之，乱兵自西明门入，杀传圭。监军周从寓自出慰谕，乃定，以彦球为府城都虞候。朝廷闻之，遣使宣尉曰：'所杀节度使，事出一时，各宜自安，勿复忧惧。'"

"押衙""衙将""押牙""牙将"四个词语可以互称。[1]胡三省注中有言："押牙者，尽管节度使牙内之事。"[2]其与主帅关系亲密，有保护节度使的责任。也有说法认为牙将是节度使麾下将领的泛称，如同军使，而押衙或押牙则为具体武职。从河东的相关史料来看，牙校、牙将是主帅的亲从武官，有具体的职权。通过担任牙将可以累积战功、熟悉河东局势，在上任太原尹前曾担任牙将或牙门将的，除前文提到的受马遂提拔的李自良外，还有李光颜。

在应对民族问题时，牙将、牙校是太原尹最常派遣的军将。如柳公绰的牙将祖孝恭，"是岁，北虏遣梅禄将军李畅以马万匹来市，托云入贡。所经州府，守帅假之礼分，严其兵备。留馆则戒卒于外，惧其袭夺。太原故事，出兵迎之。畅及界上，公绰使牙将祖孝恭单马劳问，待以修好之意"。[3]再如郑从谠之牙将论安，"从谠承诏雪涕，团结戎伍，遣牙将论安、后院军使朱玫率步骑五千，从诸葛爽入关赴难。时中和元年五月也。论安军次离石"。[4]

（三）太原少尹

《册府元龟》中有言"凡唐之制，京兆、河南、太原尹从二品，余尹从三品，其属僚有少尹而下"，[5]且《唐六典》之《京兆、河南、太原三府官吏》中记载："少尹二人，从四品下。"[6]太原少尹是职官上仅次于太原尹的太原府长官。当时，方镇之副手多"自选于朝，以待有变"。[7]他们经常参与太原事务的处理。

1　刘安志：《唐五代押牙（衙）考略》，武汉大学历史系魏晋南北朝隋唐史研究室编《魏晋南北朝隋唐史资料》第16辑，武汉大学出版社，1998，第62~72页。

2　司马光：《资治通鉴》卷二一六，天宝六载十二月己巳条，第6887页。

3　《旧唐书》卷一六五《柳公绰传》，第4304页。

4　《旧唐书》卷一五八《郑从谠传》，第4171页。

5　王钦若等编《册府元龟》卷六七一《牧守部·总序》，第7726页。

6　李林甫等：《唐六典》卷三〇《京兆、河南、太原三府官员》，第740页。

7　《新唐书》卷一四〇《裴向传》，第4647页。

其任上，王缙因"禄山之乱，选为太原少尹，与李光弼同守太原，功效谋略，众所推先，加宪部侍郎，兼本官"。[1] 再如李景略"时河东李说有疾，诏以景略为太原少尹、节度行军司马。时方镇节度使少征入换代者，皆死亡乃命焉，行军司马尽简自上意。受命之日，人心以属。景略居疑帅之地，势已难处。回纥使梅录将军入朝，说置宴会，梅录争上下坐，说不能遏，景略叱之。梅录，前过丰州者也，识景略语音，疾趋前拜曰：'非丰州李端公耶？不拜麾下久矣，何其瘠也。'又拜，遂命之居次坐。将吏宾客顾景略，悉加严惮"。[2]

李景略的例子颇为典型，当太原尹无力控制局面，面对北方强族软弱无力时，太原少尹的表现至关重要。他们以威服之，保持太原稳定。如若不作为而任其骄纵，放任自流的结果很可能是民族南下侵扰。通过这个典型案例还可以思考一个问题：太原少尹是否拥有实权。中央指派的副手对于当地最高长官而言既是辅佐，又有监控和取而代之的压力。和牙将、都虞候不同，太原少尹的权力来源不同，其与太原尹的关系也不同，在行军作战或者城市防御中的权力或许不如前两者。太原尹、河东节度使、北都留守三合一的模式之下，权力高度集中，体现出一个核心引领全局，太原少尹很可能并没有实权。

还有一个问题需要注意，太原少尹和北都副留守能不能等同。在文献中，出现过一人兼任这两个职务的情况，如张延赏[3]、贾耽[4]，且"十一年，太原府亦置尹及少尹，以尹为留守，少尹为副留守：谓之三都留守"。[5] 和太原尹兼任北都留守相比，史料中太原少尹兼任副留守的例证

1　《旧唐书》卷一一八《王缙传》，第 3416 页。

2　《旧唐书》卷一五二《李景略传》，第 4073~4074 页；另参看《新唐书》卷一七〇《李景略传》，第 5176~5177 页，"会河东节度使李说病，以景略为太原少尹、行军司马。时方镇既重，故少召还者，惟不幸则司马代之。自说有疾，人心固属景略矣。会梅录复入朝，说大会，虏人争坐，说不敢遏，景略叱之，梅录识其声，惊拜曰：'非李丰州邪？'遂就坐。将吏相顾严惮"。

3　《旧唐书》卷一二九《张延赏传》，第 3607 页。

4　《旧唐书》卷一三八《贾耽传》，第 3783 页。

5　《新唐书》卷四九下《百官志四下》，第 1311 页。

较少，同时以太原少尹之外的身份兼任北都副留守的情况屡见不鲜。所以，两者不能等同，一人兼任的模式也难以证明。

（四）行军司马

《新唐书·李景略传》载："时方镇既重，故少召还者，惟不幸则司马代之。"[1]而且此事中的太原尹李说死后，行军司马郑儋接任，以严绶为行军司马。不及一年，郑儋就病死，严绶接任。在太原尹因病不能履职，政事废弛时，就由行军司马代理军政事务。《旧唐书·严绶传》记载："未几，河东节度使李说婴疾，事多旷弛，行军司马郑儋代综军政；既而说卒，因授儋河东节度使。是时姑息四方诸侯，未尝特命帅守，物故即用行军司马为帅，冀军情厌伏。儋既为帅，德宗选朝士可以代儋为行军司马者。因绶前日进献，上颇记之，故命检校司封郎中，充河东行军司马。不周岁，儋卒，迁绶银青光禄大夫、检校工部尚书，兼太原尹、御中大夫、北都留守，充河东节度支度营田观察处置等使。"[2]

行军司马，也称军司马或行军，在诸镇编制中为一人。职能为"申习法令"，[3]且"行军司马之职，弼戎政，掌武事，居常习蒐狩之礼，有役申战阵之法。凡军之攻，战之备，列于器械者，辨其贤良；凡军之材，食之用，颁于卒乘者，均其赐予"。[4]在设立之初，其职位较低，到天宝后地位开始凸显，至德宗后被认为是"储帅"。[5]河东亦是如此，行军司马责任重大，平时有领兵应敌、守卫北都之责，特殊时期可代理太原尹掌军政大权。

马燧的行军司马王权统率骑兵出兵讨逆，防止叛将与北方强族联合。"时朱滔招连北虏，边鄙日耸。公谓诸将曰：'凤驾整旅，以扈属

---

1 《新唐书》卷一七〇《李景略传》，第 5177 页。

2 《旧唐书》卷一四六《严绶传》，第 3960 页。

3 杜佑：《通典》卷三二《职官十四·州郡上·都督》，第 895 页。

4 董诰等编《全唐文》卷四三〇《淮南节度行军司马厅壁记》，第 4380~4381 页。

5 参看严耕望《唐史研究丛稿》；冯金忠《唐代储帅制度考论》，张金龙主编《黎虎教授古稀纪念中国古代史论丛》，世界知识出版社，2006，第 655~669 页。

车，人臣之分也。傥北都不守，即两河三川摇矣。岂行师捍患之义也耶？'乃还太原，遣行军司马王权统锐骑五千，与监军使者赴行在所。"[1]范希朝的行军司马辛祕代主帅镇守北都，"及太原节度范希朝领全师出讨王承宗，征祕为河东行军司马，委以留务"。[2]

（五）副使

前文提到太原府的职官体系中，太原少尹是太原尹的副手，那么河东节度使的副手河东节度副使又有怎样的权力呢？武宗"以〔李〕石尝为太原副使，谙练北门军政"。[3]依据此言，副使是镇守北门的得力干将。

《支谟墓志》记载：

> 于时沙陀恃带微功，常难姑息，逞其骄暴，肆毒北方。朱耶克用，屠防御使一门，率盐泊川万户。其父但谋家计，靡顾国章，啸聚犬羊，虔刘边鄙，太原屡陈警急，雁门不足堤防。公遂守本官，加检校左散骑常侍，充河东节度副使，仍便指挥，制置征途，逮半节□驰归，军府空虚，凡百无序。于是权其宜而设其备，声其武而晔其文。羽檄媿鲁连之书，犒师侔郑贾之计。人谋鬼佐，阴闭阳开。狂狄惊疑，稍相引退。缅惟并部，王业攸基，命师匪良，久孤人望，息肩之寄，咸谓系公。那期晋政多门，曹翔作伯，移公于大同宣谕。[4]

这方墓志较为完整地记录了支谟任河东节度副使的情况，包括时局、任期、政绩。特别需要注意的是支谟如何在任上与沙陀博弈。可以

1　周绍良主编《全唐文新编》卷五〇七《司徒兼侍中上柱国北平郡王赠太傅马公行状》，第3部第1册，第5951页。

2　《旧唐书》卷一五七《辛祕传》，第4151页。

3　《旧唐书》卷一七二《李石传》，第4486页。

4　董延寿、赵振华：《唐代支谟及其家族墓志研究》，《洛阳大学学报》2006年第1期。

看到，乾符初年沙陀兵马壮大，开始在北方扩张作乱。按照志文，当时雁门关难以防备而太原告急，北都府库空虚且秩序混乱。支谟因地制宜进行防御，同时加强文、武两方面的防备。其军事文书媲美"鲁连书"，即以文克敌，不战而胜；犒赏军队堪比郑贾之智。结果作乱诸族都忌惮他，不敢妄进，太原得保。简而言之，支谟是以副使之职指挥军政，功绩卓著，河东及北都的安危都系于支谟一身。在此，一方面要正视墓志铭的局限性，其内容往往极言墓主的个人功绩，不能尽信；另一方面，志文也为我们研究历史中的具体人物提供了材料，可以与正史对照，进行补充。反复对比史料，可以肯定支谟善于处理民族事务，在从河东副使迁入大同之后仍然领兵对抗沙陀，在"滑州、忠武、昭义诸道之师会于太原"[1]之际担任前锋，并且充分联合民族力量"激劝赫连铎弟兄，优其礼秩；厚抚吐谷浑部落，置彼腹心"。[2]

　　还有一个细节值得推究，志文称"晋政多门"，然后指挥得力的支谟被曹翔移职于大同。何为"晋政多门"？此言出自《左传》，[3]即政在多家，原意是晋国的政令出于不同的家族，此处指河东，更具体来说是北都。这就印证了笔者对于太原少尹的推测，河东副使的权力或者领导力一旦扩大就会对"三独任"的集权体系造成压力。换而言之，一般情况下，副使的实权是在一定范围内的，支谟的情况很可能只是特例。

（六）其他

　　为太原尹处理民族事务的，除了以上列举表现突出的五种官职外，还有都知兵马使、都教练使，他们都是河东军务的重要参与者。从官员设置上看，都知兵马使又称都头，是兵马使中职位最高的，掌管领兵的

1　《旧唐书》卷一九下《僖宗纪》，第702页。

2　董延寿、赵振华：《唐代支谟及其家族墓志研究》，《洛阳大学学报》2006年第1期。

3　李梦生：《春秋左传译注·上》，上海古籍出版社，2010，第603页。宣伯使告郤犨曰："鲁之有季、孟，犹晋之有栾、范也，政令于是乎成。今其谋曰：'晋政多门，不可从也。宁事齐、楚，有亡而已，蔑从晋矣。'若欲得志于鲁，请止行父而杀之，我毙蔑也而事晋，蔑有贰矣。鲁不贰，小国必睦。不然，归必叛矣。"

权力。它和节度副使、行军司马及太原少尹一样，是太原的储帅。关于刘沔麾下的都知兵马使王逢，《资治通鉴》记载："初，刘沔破回鹘，留兵三千戍横水栅。河东行营都知兵马使王逢奏乞益榆社兵，诏河东以兵二千赴之。"[1] 都教练使是会兵法、能弓马之人，"每年合教习时，常令教习"。[2] 前文多次提到的张彦球就是在都教练使的职位上被委以追击沙陀军队的任务。

太原府中是否有协助应对民族问题的官员呢？在第一章中，可以看到，太原尹和少尹之下，有司录参军事、功曹参军事、仓曹参军事、户曹参军事、兵曹参军事、法曹参军事、士曹参军事、经学博士、参军事、录事等职务。根据《唐六典》的规定，[3] 这些府僚也有可能参与到民族事务之中。

（七）小结

研究处理周边民族问题的官员，实际上是为进一步探讨太原尹、河东节度使、北都留守的僚佐提供切入点。《新唐书·郑从谠传》载：

> 朝廷以为忧，帝欲大臣临制，乃拜从谠检校司徒，以宰相秩复为河东节度，兼行营招讨使，诏自择参佐。从谠即表长安令王调自副，兵部员外郎刘崇龟、司勋员外郎赵崇为节度观察府判官，前进士刘崇鲁推官，左拾遗李渥掌书记，长安尉崔泽支使，皆一时选。京师士人比太原为小朝廷，言得才多也。[4]

当沙陀实力扩张，危及太原之时，中央授权郑从谠可以自行挑选官员作为辅佐。他挑选了副使、节度观察府判官、推官、书记、支使。这

1　司马光：《资治通鉴》卷二四七，会昌三年十二月戊辰条，第 7995 页。

2　周绍良主编《全唐文新编》卷八一《常令兵马教习敕》，第 1 部第 2 册，第 985 页。

3　李林甫等：《唐六典》卷三〇《京兆、河南、太原三府官吏》，第 740~742 页。

4　《新唐书》卷一六五《郑从谠传》，第 5062 页。

些官职都是节度使制下，是太原官僚体系的一部分。"镇北三独任"一词，代表着太原尹、河东节度使和北都留守三职合一，从更深层次去看，它代表着太原府制、河东道使制和留守制之下的众多官员由一人掌管，这意味着庞大而复杂的官僚体系。换而言之，当安史之乱后一人兼任三职的局面出现，我们很难再用律令中规定的府制、使制、留守制去将官员逐个划分开。佐官的身份也开始复合，一人身兼太原府官、河东节度使官和北都留守官的情况出现，整个体系交错重叠。主要原因有二：其一，人员更多，兼任搭配更多样，正如太原少尹与北都副留守不能等同，官员的兼职并非固定搭配；其二，个性化凸显，所谓个性化是指官员个体差异、能力大小不同，被委以的责任不同，任期长短差异大，职务变化频率高。

为什么要耗费篇章去梳理这些与民族事务相关的官员？关键在于回应四个问题。第一，太原尹三职合一的具体表现。在进入本章之前，本书对于"三独任"的分析多是概念化的，可以说是对于"太原尹"、"河东节度使"和"北都留守"三个概念的解读。他们掌控北都全局、河东局势，可谓"绝对领导力"。由上而下，次之的领导力是多种多样的官员，大体上看有文官和武官，其中参与军事，特别是民族事务的官员权力最大、作用最为明显。而且，他们中涌现出诸多"储帅"，以参佐的经验为资历成为太原尹的接班人。每一个官员都是一个案例，众多的案例使太原尹统领的官职体系具体化，甚至量化。何为量化？官职的权限范围、参与民族事务的程度都呈现于纸面，三职合一带来的影响从中清楚地体现出来，不再是模糊的。第二，补充太原尹的特殊性。太原尹与京兆尹、河南尹有相似，亦有相异，三者的比较是本书的核心问题之一。前文已经提到，京兆尹兼任西京留守，河南尹兼任东都留守。乍看之下，这是三者的共性。可是纵向比较，太原尹还兼任河东节度使，官职系统与京兆尹、河南尹不同。第三，安史之乱后北都的变化。安禄山曾兼任河东节度使，他在太原尹死后仍不能掌控太原，说明此时太原尹与河东节度使还是两套独立的职官体系。安史之乱后，太原尹与河东节度使之下的两套体系明显地发生复合。第四，"三独任"的集权性。集权旨在高效地管理北都和河东，有力地抵抗入侵，维护地方稳定。而集权的另一层含义是权力由中央授予一人，再由他进行分配。所以太原少尹、河东节度副使无法做大，而太原尹之下关系密切的牙将、都虞候、行军司马等握有实权。这是北都正常运行的状态。当太原尹无法胜任或者敌军势力极强时，担任太原尹的官员不断更替，"晋政多门"的局面才会出现，有能力的佐官会乘机包揽权力。

　　反过来看，庞大、复杂且集权的官僚体系对"三独任"有怎样的意义呢？它既能考验太原尹、河东节度使、北都留守的管理能力，又是河东权力集中的表现。唐中后期藩镇割据的重要原因之一就是节度使权力高度集中。朝廷对此如何看待，又如何应对呢？"德宗末，方镇之副，多自选于朝，以待有变。"[1] "有变"可以理解为方镇主帅的疾病、死亡、替换，也可以理解为反叛、作乱。中央是通过直接调派官员的方式来处理这个问题。方镇副使由朝廷直接委派这件事本身就是中央防止割据的手段。派去的副手可以帮助中央监管太原尹，从而控制河东。这是中央管理河东的一条暗线，串联着人事、军事、民族事务等诸多方面。

　　上述分析是关于太原尹、河东节度使、北都留守权力的延伸，这些官员出谋划策、带军出战、领兵驻守。那么他们所率领的军队，即太原尹能够调度以对抗作乱的民族军队的武装力量有哪些呢？

二　边塞共铁衣：诸族参与的太原兵力状况

　　面对复杂的民族关系、频发的边境冲突，太原尹拟定、实施诸项策略需要属下官吏的协助，屯兵、迎战、追敌需要武装力量的配合。如何讨论应对叛乱民族的武装力量？史料的选择上，有两部分：其一是与叛乱民族的静态抗衡，表现为陈兵、防御、募兵备战；其二是与叛乱民

1　《新唐书》卷一四〇《裴向传》，第 4647 页。

族军队的战斗，包括应敌、追击。和僚佐之事类似，研究这些武装力量时，民族问题与军事问题往往同时出现。在此需要说明三点。第一，此处的武装力量不一定属于太原尹、河东节度使或北都留守，有的只是可以为之所用。第二，随着时间的流逝，这些武装力量发生着变化，有的编制被取消、兼并，有的无法再为北都而战，甚至成为作乱势力。本书的探讨主要是针对现象，而非一以贯之的规律，任何问题都有其阶段性、时段性。第三，研究对象重在太原尹或河东节度使下辖正规军以外的力量，关于河东军、太原兵的问题已经有丰富的研究成果，如唐长孺先生《唐书兵志笺正》[1]、桂齐逊先生《唐代河东军研究》[2]、任艳艳先生《唐代河东道政区"调整"之研究》[3]等，不再赘述。

（一）天兵军

前文言道，开元初年，张嘉贞和李说担任并州长史时，都担任过天兵军主帅。何为天兵军？"时突厥九姓新来内附，散居太原以北，嘉贞奏请置军以镇之，于是始于并州置天兵军，以嘉贞为使。"[4] 天兵军在太原城内，[5] 由天兵军使（亦称天兵军大使[6]或天兵军节度使[7]）领导，于开元十一年（723）废除，[8]"更天兵军节度为太原府以北诸军州节度、河东道支度营田使兼北都留守，领太原及辽、石、岚、汾、代、忻、朔、蔚、云九州，治太原"。[9] 天兵军主要应对的民族是突厥余部："圣历二年，

1　唐长孺：《唐书兵志笺正》，科学出版社，1957。

2　桂齐逊：《唐代河东军研究》，硕士学位论文，中国文化大学，1997。

3　任艳艳：《唐代河东道政区"调整"之研究》，博士学位论文，武汉大学，2013。

4　《旧唐书》卷九九《张嘉贞传》，第3090页。

5　《旧唐书》卷三八《地理志一》，第1387页。"天兵军，理太原府城内，管兵三万人，马五千五百匹。"

6　《旧唐书》卷九七《张说传》，第3052页。"开元七年，检校并州大都督府长史，兼天兵军大使，摄御史大夫，兼修国史，仍贵史本随军修撰。"

7　《新唐书》卷六五《方镇表二》，第1796页。"更天兵军大使为天兵军节度使。"

8　《新唐书》卷三九《河东道》，第1003页。

9　《新唐书》卷六五《方镇表二》，第1797页。

突厥入寇，复令〔娄师德〕检校并州长史，仍充天兵军大总管。"[1] 由于突厥频繁扰边，戍卫太原的士兵枕戈以待，天兵军大总管及其副使屯兵备战。[2]

（二）河东土团

"土团"是唐代中后期地方团练兵的一种，即由政府组织的地方民兵，他们承担了部分兵力不足地区的兵役。[3] 时值沙陀崛起扩张，河东地区的土团被派往北部屯兵："太原节度使窦瀚遣都押衙康传圭率河东土团二千人屯代州，将发，求赏呼噪，杀马步军使邓虔。"[4] 这个事件在《资治通鉴》中记载得更为详细："丁巳，河东节度使窦瀚发民堑晋阳。己未，以都押牙康传圭为代州刺史，又发土团千人戍代州。土团至城北，妮队不发，求优赏。时府库空竭，瀚遣马步都虞候邓虔往慰谕之，土团凹虔，床舁其尸入府。"[5] 这里有一个细节，太原尹窦瀚"发民堑晋阳"，"堑"是指防御用的壕沟和护城河，"民"是被征调去修筑环晋阳城的防御工事，他们与"土团"不同。据此可以推测，土团是经过一定军事训练的武装力量，而且在军情紧急时普通百姓也承担起保卫城市的责任，而这些"民"很可能就是从太原本地或者周边地区就近征发的民众。还需要注意的是，河东土团的人数较多，文献中有"二千人"和"一千人"的记载。[6] 事件的结果是兵乱而马步军使被杀。新上任太原尹的处理方法是捕杀土团行凶之人。[7]

1　《旧唐书》卷九三《娄师德传》，第 2976 页。

2　《新唐书》卷二一五上《突厥传上》，第 6046~6047 页。"岁入边，戍兵不得休，乃高选魏元忠检校并州长史为天兵军大总管，娄师德副之，按屯以待。"

3　参考朱德军《唐五代"土团"问题考论》，《江汉论坛》2014 年第 9 期，第 123~129 页。

4　《旧唐书》卷一九下《僖宗纪》，第 701 页。

5　司马光：《资治通鉴》卷二五三，乾符五年五月丁巳条，第 8207 页。

6　司马光《资治通鉴考异》卷二五三记"发太原、晋阳两县点到土团子弟一千人往代州屯驻"，此处是"一千人"。

7　司马光：《资治通鉴》卷二五三，乾符五年七月己亥条，第 8208 页。"秋，七月，曹翔至晋阳。己亥，捕土团杀邓虔者十三人，杀之。义武兵至晋阳，不解甲，欢噪求优赏，翔斩其十将一人，乃定。"

由于地方团练具有临时性且与当地势力盘根错节，受中央委派而来的北都官员在训练、调遣这部分群体时容易遇到三个方面的问题：第一，战斗力、战斗技能有限，并且纪律性较差；第二，形成一定势力后，对太原尹、北都留守或河东节度使的管理和命令产生对抗和反叛；第三，需要借助当地人或熟悉区域内风俗、民情、家族力量且经验丰富的官员来加强对土团的控制力和凝聚力。总体而言，他们既难以驾驭，又是军情紧张时的常用补充兵源。

（三）募兵

募兵和"土团"有相似之处，它是征集兵员的常用方法，旨在应对频繁的内外战争。前文提到，"公绰召其酋朱邪执宜，治废栅十一，募兵三千留屯塞上"，[1]即朱邪执宜在其率领的沙陀部落中募集士兵三千人屯守塞上，而这三千人很可能被分别派遣到修复的栅寨中驻守。这一批招募的士兵很有特点，他们来自沙陀部落，属于民族军队，承担着保卫太原不受侵犯的责任。此时的朱邪执宜被太原尹柳公绰任命为"阴山都督、代北行营招抚使"，直接管理这部分募兵。是否可以理解为这些沙陀士兵是在太原尹、河东节度使、北都留守的管辖之下，甚至是"河东军"的一部分？这个问题后文将详细探究。

当回鹘大举南下时，李德裕曾上言："太原兵敌回鹘不得，即须于河朔侧近别征兵，满取万人，方可济事。"[2]说太原兵不能敌过回鹘兵，是指兵士的数量，还是质量？很可能是后者。所以他进一步指出可以从河朔地区征兵，数量为"万人"。如此即可提高太原兵士的战斗力。可以看到，和"土团"不同，此番征兵是调取他处之力。

1　《新唐书》卷一六三《柳公绰传》，第 5022 页。

2　李德裕：《驱逐回鹘事宜状》，傅璇琮、周建国校笺《李德裕文集校笺》，中华书局，2018，第 305 页。

（四）边疆诸族士兵及其他

前文讨论太原周边的诸族情况时分析过一条关于契苾的史料："然杂虏不戢，肆掠近甸。从谠遣大将王蟾、薛威出师追击之。翌日，契苾部救兵至，沙陀大败而还。"[1] 这与朱邪执宜率领的沙陀募兵不同，契苾部的"救兵"是援助河东军，看似有"太原军素管退浑、契苾、沙陀三部落"[2]之意，实际双方更接近于合作的关系。太原尹善用周边诸族军队在一定程度上可以缓解朝廷兵力紧张的压力。如何根据时局判断可以联合的力量，这无疑是考验太原尹的一道难题，需要根据周边诸族的族属关系和当时诸族的力量对比来下决策。举例而言，当回鹘叛将兵临城下时，"吐谷浑、沙陀、党项皆世与为仇，请自出兵驱逐"。[3] 由此可见，太原尹是否能合理且适度地调度诸族军队会对战斗的胜败造成一定的影响。

此处讨论的边疆诸族士兵包括但不限于契苾、退浑，而是更广泛的生活在太原及其周边的各族，如前文论及的"九姓""六州""五部"，以及回鹘、吐蕃。因为冲突、战事爆发的临时性，调度或争取各族群士兵的支持、援助合力维持稳定，是唐朝处理边疆事务的一种方法。我们聚焦于回鹘或吐蕃与唐廷产生冲突的时候，也要承认他们与中原士兵也曾形成联军共同平叛。关于这种动态的民族关系，一些学者将之概括为边疆诸族的"叛服不定"，如王贞平先生在《多极亚洲中的唐朝》中认为这是唐朝官员的恶行导致的"民族矛盾"。但实际上，联合或对峙并不能改变各民族同属于中华民族大家庭的性质，对抗与战斗并不是主流，所谓的"矛盾"也只是事件的一个侧面。史书中记载着从兵戎相见到遣使通好的转变，各族群间的对立是暂时的，会随着深入的交往逐渐消弭。

---

1 《旧唐书》卷一五八《郑从谠传》，第 4171 页。

2 《旧唐书》卷一六三《卢简求传》，第 4272 页。

3 司马光：《资治通鉴》卷二四六，会昌元年六月乙巳条，第 7952 页。

除了上述四种武装力量以外，史料中还提到了其他军事力量。横水军，"李石比以城内无兵，抽横水兵一千五百人赴榆社"。[1] 岢岚军与遮虏军，其情况较为特殊。岢岚军，"在岚州北百里，管兵一千人"，[2] 且"在宜芳县北界"，[3] 而遮虏军"在洪谷东北，亦曰遮虏平"。[4] 当民族军队进攻岢岚军或遮虏军时，可以看到太原尹、河东节度使、北都留守派军前往援助。例如，"八月，沙陀陷岢岚军，曹翔自率军赴忻州。十二月，季康与北面行营招讨使李钧，与沙陀李克用战于岢岚军之洪谷，王师大败，钧中流矢而卒"。[5] 又"沙陀首领李尽忠陷遮虏军。太原节度使窦潏遣都押衙康传圭率河东土团二千人屯代州"。[6] 为什么太原尹要派兵相助？原因在于岢岚军与遮虏军是太原与北方强敌之间的重要屏障，进一步说，他们在一定程度上是北都防御体系的前沿。地理上，他们驻扎于太原以北，一旦被攻破，敌军可南下直逼太原。太原尹派兵援助他们的意图非常明显：将突袭而来的敌军阻滞在山西北部地区，在与其周旋的过程中可以消耗敌军，并等待敌弱我强的最佳时机。需要注意的是，这些太原尹所利用的外力，有时会出现失控的情况。以横水军为例："时王师方讨泽潞，三年十二月，太原横水戍兵因移戍榆社，乃倒戈入太原城。"[7] 他们"请出军优给"，[8] 不得，就叛乱作恶。他们未能协助太原尹，反而带来乱局。

另外，朝廷会令周边各地的军队来此会师，共同对抗北方强敌，如"义成、忠武、昭义、河阳兵会于晋阳，以御沙陀"。[9] 其他见于史料的还有朔方军、泾原军。这种情况更类似中央的军事部署，太原尹掌握的

1　《旧唐书》卷一七四《李德裕传》，第 4527 页。

2　《旧唐书》卷三八《地理志一》，第 1387 页。

3　《旧唐书》卷三九《河东道》，第 1485 页。

4　司马光：《资治通鉴》卷二五三，乾符五年五月甲辰条，第 8206 页。

5　《旧唐书》卷一九下《僖宗纪》，第 702 页。

6　《旧唐书》卷一九下《僖宗纪》，第 701 页。

7　《旧唐书》卷一七四《李德裕传》，第 4526 页。

8　《旧唐书》卷一八《武宗纪》，第 599 页。

9　司马光：《资治通鉴》卷二五三，乾符五年七月己亥条，第 8208 页。

兵力只是其中一部分，其他地方的军队集于此地时，与太原尹的军队共同作战。这就回应了之前提到的北都防御体系，北都不仅可以引领整条防御线，还能汇聚力量，正面打击敌人。

（五）小结

在梳理太原尹可以调度的武装力量时，可以看到四类兵力。其一是太原尹、河东节度使、北都留守直接管辖的军队；其二是协助河东军的其他唐王朝军队；其三是临时性的军队，从地方招募用以防守或战斗；其四是可以联合的民族军队。太原本身的兵力到底如何，战斗力和数量上与回鹘、沙陀等强大的实力相比如何，以下将结合李德裕对太原以北边防事务的评论进行探讨。

> 今符澈虽修缮已毕，把头烽内并未添兵镇守，事同虚设，恐不应机。未废把头烽以前，把头烽内旧有军镇数处，自废把头烽后，并合抽却。望令巡边使速与符澈计会，却抽旧兵，依前制置。如旧兵已少，即于太原城下及闲处抽兵。其与山东接处及西北镇兵，不在抽限。[1]
>
> 又缘太原步兵钝弱，素为河朔所轻，兼本道奏事官孙寮、孙俦自称，太原兵敌回鹘不得，即须于河朔侧近别征兵，满取万人，方可济事。须令一两月内便见成功，如此即免费资财，得早安边境。[2]

两段文字表达了李德裕的忧虑，也阐释了他的边防主张。他认为在与北方民族战斗的过程中，太原兵力有三大问题：第一，配置不合理，重要的防御工事中无人，而城下有闲兵；第二，步兵实力弱，需要从来

1　李德裕：《条疏太原以北边备事宜状》，傅璇琮、周建国校笺《李德裕文集校笺》，第 297 页。
2　李德裕：《驱逐回鹘事宜状》，傅璇琮、周建国校笺《李德裕文集校笺》，第 305~306 页。

源上加以改变；第三，兵力数量不足。实际情况是否如他所说？《资治通鉴》记载："初，刘沔破回鹘，留兵三千戍横水栅。河东行营都知兵马使王逢奏乞益榆社兵，诏河东以兵二千赴之。时河东无兵，守仓库者及工匠皆出从军，李石召横水戍卒千五百人，使都将杨弁将之诣逢。壬午，戍卒至太原。"[1] 河东兵力不足，从仓守、工匠中抽人，这无疑会影响军队的战斗力。要解决这些难题，关键是"抽兵"。李德裕指出，抽兵若得法，来源上要到河朔地区，数量上要多达万人，如此才能在短时间内取得很好的成效。

除数量、质量之外，还有《支谟墓志》中透露的军队无序。分析与南下的民族诸部作战的武装力量是研究河东军事实力的一环，是从侧面来探讨这个问题。文献中军队的人数、配置是否真实，实际情况到底如何，力量的对峙与摩擦是兵力最真实的体现。太原尹确实多次利用所辖正规军以外的武装力量对抗强敌。时至晚唐，可以推测太原的兵力已经不及沙陀。在此情况下，中央虽派遣经验丰富、智计超群的官员担任太原尹，并配以良才为僚佐，但也只能维持一时，无法真正扭转河东的败局。

三　天下屯兵处：以北都为中心的北防线

唐代的北部边疆处于唐与草原民族诸部之间，它的存在基于二者的往来互动。这个区域实际是动态变化且模糊游移的。唐之"北门"是边界上的关口，双方经由这里展开互动和政、经、军的交往。需要注意的

---

[1] 司马光：《资治通鉴》卷二七四，会昌三年十二月戊辰条，第7995页。参看《旧唐书》卷一八上《武宗纪》，第599页："初刘沔破回鹘，留三千人戍横水。至是，李石以太原无兵，抽横水戍卒一千五百人以赴王逢。"《旧唐书》卷一七二《李石传》，第4486~4487页："初，沔以兵三千人戍横水，王师之讨泽潞也。王逢军于榆社，诉兵少，请益之，诏石以太原之卒赴榆社。石乃割横水戍卒一千五百人，令别将杨弁率之，以赴王逢。旧例发军，人给二缣。石以支计不足，量减一匹，军人聚怨。又将及岁除，促令上路，众愈不悦。杨弁乘其衅谋乱，出言激动军人。"

是，除北都之外，朔方也曾被认为是北门，《旧唐书·郭子仪传》有云：
"朔方，国之北门，西御犬戎，北虞猃狁，五城相去三千余里。"[1] 此语
出自郭子仪对代宗的上奏，时为大历九年（774）。时间较之略早，辛
云京于宝应元年（762）被任命为太原尹时，《旧唐书·辛云京传》亦记
载此事为"以北门委之"。[2] 此后，贞元三年（787）李自良[3]、开成二年
（837）裴度[4]、会昌三年（843）李石[5]、咸通十四年（873）崔彦昭[6]和中和
元年（881）郑从谠[7]镇北都时，北都皆被称为"北门"。在唐一朝，"北
门"的数量和位置相对稳定又不断变化，而北都是被广泛记载和认可的
一道"北门"。

　　根据严耕望先生的研究，唐朝防御北方民族南下侵扰的重镇有四，
自东向西分别是幽州、太原、灵州和凉州。[8] 安史之乱后，吐蕃扩张，
侵扰原州、夏州、盐州、西城，导致灵州、西城到长安的道路不畅，回
纥与唐朝之间的主要通行路径仅存太原一线，太原对于唐朝中后期的南
北交通意义更加凸显。经由北都之门户，使节频繁往来，商旅进行贸
易。同时，这里成为草原民族与农耕民族的攻守之场。于唐代北方的交

---

1 《旧唐书》卷一二〇《郭子仪传》，第 3464 页。

2 《旧唐书》卷一一〇《辛云京传》，第 3314 页。

3 《旧唐书》卷一四六《李自良传》，第 3957 页。"德宗以河东密迩胡戎，难于择帅，翌日，自
　良谢，上谓之曰：'卿于马燧军中事分，诚为得礼。然北门之寄，无易于卿。'"

4 《旧唐书》卷一七〇《裴度传》，第 4432 页。"文宗遣吏部郎中卢弘往东都宣旨曰：'卿虽多病，
　年未甚老，为朕卧镇北门可也。'"

5 《旧唐书》卷一七二《李石传》，第 4486 页。"时泽潞刘稹阻兵，以石尝为太原副使，谙练北
　门军政，故代刘沔镇之。"

6 《旧唐书》卷一七八《崔彦昭传》，第 4628 页。"彦昭柔以恩惠，来以兵威，三年之间，北门
　大治，军民歌之。"

7 《旧唐书》卷一五八《郑从谠传》，第 4170 页。"僖宗欲以宰臣临制之，诏曰：'开府仪同三司、
　门下侍郎、兼兵部尚书、充太清宫使、弘文馆大学士、延资库使、上柱国、荥阳郡开国公、
　食邑二千户郑从谠，自处钧衡，屡来麟凤，才高应变，动必研机。朕以北门兴王故地，以尔
　尝施惠化，尚有去思。方当用武之时，暂辍调元之职，仁歼凶丑，副我忧勤。可检校司空、
　同平章事、太原尹、北都留守、河东节度，兼行营招讨等使。'"

8 严耕望：《唐代交通图考》第 5 卷篇 37《太原北塞交通诸道》，上海古籍出版社，2007，第
　1335～1397 页。

通而言，安史之乱是一个转折点，并州非复旧并州，在原有道路畅通程度普遍下降之时，北都的重要性逐渐上升，这赋予镇守于此的太原尹新的使命：把控南北通道。

前文多次提到以北都为中心的北防线，它本质上是"北门"含义及作用的延伸，目的在于遏止南向拓展的北方民族；形态上与循太原北上出塞和南下进入中原腹地的交通线一致。太原尹为朝廷卧镇北门，他们是北防线的统筹者，在处理民族事务的过程中，领导复合型的僚佐，调动多样化的兵力，以北都为迎战北敌、增援北边诸道的基地，纵向上逐级防御，横向上联合关内道和河北道。如何理解北防线的形成过程、大致形态、作用范围、防御效果？我们从太原尹与周边民族的互动事例中寻找线索。

（一）北塞防御的基地

"东夏雄屏，实惟晋阳，控大卤之山川，司北斗之管钥，横制獯虏，远靖疆陲。"[1] 北都在唐代中后期是北边军事防御的重要基地。为何称之为基地？笔者认为主要有三重含义。第一，太原是天下屯兵之处、军事物资储备基地；第二，太原为援兵基地，当雁门以北有惊扰、河西出现忧患时，派兵近便前往；第三，太原系南北交通之要地，诸道军事行动多会师于此。

关于北都的军事储备情况，在唐代太原尹的职掌部分已有涉及。太原尹围绕着军事和边防要务有整顿军队、管理军备的职责，这在历任太原尹的政绩中多有体现，譬如：王思礼于乾元二年（759）"贮军粮百万，器械精锐"；[2] 马燧于大历十四年（779）"居一年，陈兵三万，开广场以习战阵，教其进退坐作之势"；[3] 李自良于贞元三年（787）"那以

1　宋敏求：《唐大诏令集》卷五三《裴度河东节度同平章事制》，第280页。

2　《旧唐书》卷一一〇《王思礼传》，第3313页。

3　《旧唐书》卷一三四《马燧传》，第3692页。

公方郭细侯，并州非复旧并州。九重帝宅司丹地，十万兵枢拥碧油"；[1]元和五年（810）"补完蓄费，未几，兵至五万，骑五千，财用丰余"。[2]保持兵多、马壮、军械锐利的同时，太原尹还要保证北都的安稳。首先，在汾河谷地的自然环境和气候条件之下，太原"年谷独熟，人庶多资"，[3]民众安居乐业，有助于军粮和兵力的储备；其次，太原尹整顿军纪、敦谕德化，促进北都形成内部军民和谐守纪的良好氛围，同时大力加强城市防御，将太原建造成河东之堡垒。

太原之稳固在北塞中尤为重要，除了提供物资外，还衍生出安置功能，包括安置投降、被捕的周边诸族和各民族部落的质子。《论天德军捉到回鹘生口等状》记载：

> 右，臣等见今日天德军奏事官王可度云："每有回鹘投降及近城来捉得十人、五人，缘不敢留在军城，问得事情后，便皆处置。"伏以回鹘穷困，情亦可怜，屡有杀伤，恐伤仁化。望付翰林赐田牟、仲武诏，前后更有此类，便递送至太原，令配在诸州安置，稍为允惬。[4]

李德裕的建议是将北都作为天德军的后方基地，为之处理投降和捉捕的回鹘人员。每次十人、五人，数量不多，但累积起来总量不可小觑。可以推测，这些人被送往太原，先作羁押，在太原尹逐个审查其南下原因后，做出判定，再按照各自情况送到诸州安置。此番安排是出于北边军城安全的考虑，避免回鹘潜入内部作乱。北都形势自壮，有实力妥善处理这些散布的周边诸族，使虏骑不敢窥伺。至于民族部落的质子，来源于邻近的退浑、契苾、沙陀等部落。部分太原尹采用质之子弟

---

1 彭定求等编《全唐诗》卷三四九《咏德上太原李尚书》，第6册，第3919页。

2 《新唐书》卷一〇七《王锷传》，第5170页。

3 《后汉书》卷二八《冯衍传》，第968页。

4 李德裕：《论天德军捉到回鹘生口等状》，傅璇琮、周建国校笺《李德裕文集校笺》，第287页。

的方法，使这些部落听从指挥，不在边境做盗为患。对比唐代的质子和民族关系中的质子，前文对北都的情况进行了讨论，[1]得出的基本推论是，这些质子很可能被安置在太原城中或者太原军中，其羁留、放还主要由太原尹决定。

内部稳定，外向增兵，北都是唐代北方的重要援军基地。从距离上看，北都的援助范围主要包括两部分：一是河东道内部，二是河东道以外的边防要地。从太原尹的政绩中可以看到，他们会亲自或派将领带兵援助被南下民族袭扰的地区。河东内部的代州、忻州、岚州、石州、云州都曾受到攻击，北都的援助方式有两类：一种是直接参与战斗，如沙陀进攻石州，崔季康领兵相救；[2]另一种是派兵屯驻，加强当地的防御能力，如窦澣为防备沙陀来袭，派康传圭率领河东土团两千人屯驻代州。[3]岢岚军、横野军、遮虏军驻扎处也是北敌争夺之要地，太原尹屡屡派兵增援。这些地方多有屏障功能，民族部落一旦将之攻破就会直逼北都。河东之外，根据北族南向拓展的规律，当河套地区有军事行动时，天德军、三受降城为迎战的前线，振武军北上援助，太原再增援振武军。这一防御模式，从太原向北逐层援军。为分散敌势，北都还曾出兵向西，威慑攻陷盐州、灵州的吐蕃。[4]

在唐中后期的军事活动中，北都还是信息传递的枢纽和军队的集合地。据《元和郡县图志》："又顷年每有回鹘消息，常须经太原取驿路至阙下，及奏报到，已失事宜。今自新宥州北至天德，置新馆十一所，从天德取夏州乘传奏事，四日余便至京师。"[5]太原为信息传输之要驿，尽管后来出现更为便捷的天德—夏州—长安一线，但是其使用时间值得推

1　见本书第四章第二节。

2　《旧唐书》卷一九下《僖宗纪》，第702页。"沙陀攻石州，崔季康救之。十二月，季康与北面行营招讨使李钧，与沙陀李克用战于岢岚军之洪谷，王师大败，钧中流矢而卒。"

3　《旧唐书》卷一九下《僖宗纪》，第701页。"沙陀首领李尽忠陷遮虏军。太原节度使窦澣遣都押衙康传圭率河东土团二千人屯代州。"

4　《旧唐书》卷一三四《马燧传》，第3700页。

5　李吉甫：《元和郡县图志》卷四《关内道四》，第107页。

究。安史之乱后吐蕃时常进犯灵州、夏州，新线路不再安全，不能保证军情的传达，[1]太原一线则始终畅达。陈涛先生在《唐大中年间沙州遣使中原路线新说——以敦煌本〈驿程记〉为中心》一文中利用日本杏雨书屋所藏敦煌本《驿程记》考证唐宣宗大中二年（848）沙州土豪张议潮遣使中原的具体路线。敦煌本记载如下：

（前缺）

1. ▢▢至谷南口宿　十七日

2. ▢▢至西受降城宿　十九日西城歇

3. 廿日发至四曲堡下宿　廿一日发至吴怀堡宿　廿三日发

4. 至天德军城南馆宿　廿四日天德打球设沙州专使至九

5. 月三日发天德发至麦泊食宿　四日发至曲河宿　五日发

6. 至中受降城宿　六日发至神山关宿　七日云迦关宿八日歇

7. 九日发至长平驿宿　十日发至宁人驿宿　十一日发子

8. 河驿宿　十二日发至振武宿　十三日发长庆驿宿

9. 十四日发至静边军宿　十五日纥药驿宿　十六日平番驿

10. 宿　十七日天宁驿宿　十八日雁门关北口驿宿　十九日

（后缺）[2]

　　从文书中可以看出，沙州使节遣使中原的路线是西受降城—天德军城—中受降城—振武军—雁门关，这一路线通往太原，继而通向长安。这与严耕望先生对安史之乱后南北通道问题的判断是一致的。北都不仅是使节往返的交通要地，而且是互市贸易地。譬如，大和四年（830）

1　这一观点参考严耕望先生在《太原北塞交通诸道》（《唐代交通图考》第5卷篇37）中的论述，"取灵州道、夏州道，虽较近捷，然原、庆、鄜、延以北，或属半沙漠地带，或为横山所阻隔；灵、夏以北，更属荒漠，人烟疏少，供给困难"，而且唐中叶以后，"吐蕃兵据原州，侵逼灵、盐；灵、夏两路略近荒废"。

2　陈涛：《唐大中年间沙州遣使中原路线新说——以敦煌本〈驿程记〉为中心》，《兰州学刊》2015年第8期。

太原尹柳公绰时，"北虏遣梅禄将军李畅以马万匹来市，托云入贡"，[1]行至太原受到柳公绰的礼遇。道路畅通使北都具有特殊的优势，中央的政令传至此处，太原尹遵循指令，展开战略部署。

合力对抗北族劲敌时，各地的军队往往会师于此。譬如，"义成、忠武、昭义、河阳兵会于晋阳，以御沙陀"。[2]这一方面是因为北都地势较周边平坦，利于军队集结，又位于南北大通道上，便于向北方各防御关口发兵；另一方面是因为北都军事实力强，实为河东之"砥柱"，太原尹、北都留守、河东节度使三职合一能够有效地指挥军队，并根据丰富的御敌经验审自筹度制定计策。

北都资源丰富，地势、位置极佳，本身易守难攻，如壁垒一般扼制南北通道的咽喉。它是唐代北方边防的军备、援军基地，又是关内、河东、河北三道的重要后方，前方捕获的周边诸族在此羁押、配置，中央与前线的军情经由这里传递，各州军事力量于此会聚再展开行动。北都既安，王师亦振，乘此声势，北向推进，则强胡不敢妄扰而诸族归心。

（二）逐级防御与横向联合

太原向北援兵，向南戍卫两京，攻守之间串联起北方防御线。这条线是模糊的，唐代各个时期面对的南下民族不同，双方交战地有变化，受中央控制的军事力量、地区的变化，不能一语概之，需要具体时段具体分析。同时，北防线又是相对稳定的，以北都为中心，它纵向上贯穿河东，保卫南北通道，横向上以关内、河北之力为双翼。北都将军镇、军队驻扎地和敌我交战地等一个个点连接起来。太原尹既承接朝廷之令，又根据河东局势、北边军情、各民族部落相互关系等因素采取对应措施，可以说北防线系于其身，能否合理运用它，直接影响唐代北方的战略形势。

各个时期各个区域的地位意义不同。北防线是伴随河东局势日益

1　《旧唐书》卷一六五《柳公绰传》，第4304页。

2　司马光：《资治通鉴》卷二五三，乾符五年七月己亥条，第8208页。

紧张而产生的。时至唐代中后期，河东多民族杂处，唐廷进入守势。北方局部战役不断，北都的战略地位不断凸显。从地理上看，太原位于山西中北部的汾河谷地，利于集中兵力，历史上多次出现许州、蔡州、汴州、滑州以及河朔的军队在太原会师共同抵抗草原民族入侵的案例。而且作为南北通道的咽喉，太原可以阻挡南下的敌军，所以北都是防御线上的一个要点，一个不容突破的"关口"。它在军事防御中的重要性带动了整个地区重要性的提升，中央的军力配置向其倾斜，利用其独特的战略优势寻找抵抗北方强族的方法。这条北防线并非直接出于政令，而是在多次防守反击战的实践中得出的，我们结合图 5-1 来推测北防线的形态。

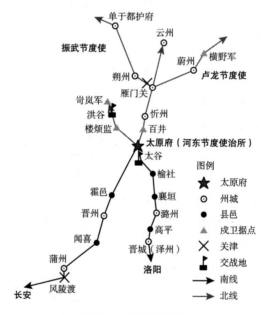

图 5-1　北防线示意

资料来源：笔者以谭其骧主编《中国历史地图集》第 5 册的河东部分（第 46~47 页）为底本绘制。

需要注意的是，图 5-1 中北向的四条路线并未在河东边界处停止，它们是向外延伸的，楼烦监一线向西北连通朔方，蔚州一线向东北延至妫州，朔州一线和忻州—云州一线与天德军、三受降城、振武军连接。这是以北都为顶点的两个"三角形"，北方的倒三角顶住回鹘、沙陀、吐蕃来袭的压力，南方的正三角是与长安、洛阳构成的掎角之势。整体上看，云州—雁门关—忻州—太原是南北重要通道，以此向东西分出支线应对来自不同方向的敌人。地形地势是这套防御系统的主导因素之一。试看南方二线，沿着汾渭河谷地延伸，受到太行山、吕梁山的自然切割，其南线西侧最为平坦，直奔唐之心脏——长安。从走向上看，有纵向、横向两条防御带。先看纵向，南北之间构成山西区域内的战略纵深，包括出太原府的楼烦监线、忻州—云州线，以及雁门关分出的东西向两条线，串联太谷、石州、忻州、代州、岚州、云州等地，退可据守太原，进可合兵向北追敌。这里面涉及的地点，有的是太原尹屯兵之处，譬如忻州；有的是太原尹的调兵之处，如朔州、云州；有的是太原尹派兵与进犯的民族军队作战的地点，譬如代州。太原尹在这条线路上调动着各种军事力量，包括横野军、岢岚军、遮虏军。可以说，这些线路将前文论及的太原尹与周边民族互动中的各民族、多场重要战役、各项军事策略、各种军队都联系了起来。而且，这些北向的防御线也可以理解为以太原为中心的行军路线，对照严耕望先生的《唐代交通图考》，[1] 它们与太原北塞的交通线有所重合。再看横向上的联合。图 5-1 中没有具体线路标示，这是因为与纵向不同，以北都为中心的联合是军事实力的会合，即中央政策的导向是将能量汇聚于太原。会昌二年（842）回鹘南下时，李德裕的战略部署中强调了"三道"是重要的屏障，他所指的是河东、振武和卢龙。从地理位置上看，河东居中而卢龙、振武在东西两侧。若以河东为砥柱，两翼全力协助，则整个北塞都能保持安稳。北都与振武的关系尤为密切和重要，密切之处在于两者互

1　严耕望：《唐代交通图考》第 5 卷篇 37《太原北塞交通诸道》，第 1369 页。

相支援，重要之处在于当民族军队进攻天德军以求突破时，两者可合力形成防御序列中的一环。

北防线并非一成不变，它具有延展性和收缩性，这与北都的能量范围相关，也与北方民族的迁移、扩张相关。从唐中后期至五代，北都始终以点带线，影响着整个河东地区。

四　烟尘绕北都：唐中后期的太原尹与政局变动

安史之乱前后，唐代政治局势发生剧变。安史之乱前，政治斗争时常发生，斗争的中心在中央，属于宫廷内的政变；安史之乱后，藩镇、宦官、党争三大问题凸显，政治事件围绕这三者频繁发生。太原尹受地域所限，与中央政治斗争的关联往往是间接的，但在中央与割据藩镇的问题中发挥着重要作用。北部边防的战略地位赋予太原特殊的军事实力，三职合一的太原尹既可协助中央镇压藩镇叛乱，维护政权稳定，也可独占一方，成为割据势力，威胁中央。由于党争问题主要在于两派官僚集团的互相倾轧，所以太原尹与之关系甚微。本节以安史之乱为界，分析不同时期太原尹在政治冲突中的表现、作用及地位，探究其与藩镇割据和宦官专政的关系。

（一）安史之乱下的太原尹

唐代初期政治斗争主要表现为宫廷政变，玄武门之变、神龙政变、唐隆政变，属于统治阶层内部的角力。地方官员的调派、迁转、生杀予夺受政局影响，譬如，第一章中提到的并州长史周仁轨，因韦后之裙带关系上任后又在唐隆政变中被诛。在这一阶段，地方上的政治动荡多属于中央斗争的延伸。这样的局势到安史之乱时被打破。

安史之乱爆发以后，叛军多次与太原尹发生直接冲突。典型案例即是范阳节度使安禄山率蕃、汉之兵十余万，自幽州南向诣阙，以诛杨国忠为名，先杀太原尹杨光翙于博陵郡。

在第三章的最后我们讨论过太原尹与河东节度使，两套制度之下，虽然常常由一名官员身兼两职，但是两者是独立存在的。安禄山、杨光翙的例子说明，同一时期河东节度使、太原尹之职会被授予不同的官员。《旧唐书·玄守纪》载："二月丁巳，安禄山兼云中太守、河东节度使。"[1] 安禄山被任命为河东节度使，此时的太原尹是杨光翙。二人产生纠葛，原因有二：一方面是因为太原尹杨光翙的存在阻碍了安禄山掌控河东的进程；另一方面缘于杨国忠对玄宗的建议，[2] 这成为安禄山决心起兵的导火线之一。

杨国忠打击异己的行动，先是铲除安禄山的亲近官员。安禄山遂上书陈述其大罪二十条。玄宗在其间安抚双方，但杨国忠并不息事，继续进谏，要让安禄山入朝，脱离其在地方的军事实力，以贾循、吕知诲、杨光翙分割其范阳、平卢、河东节度使之权。玄宗草诏又焚之，但安禄山已经尽悉杨国忠之心，箭在弦上，起兵在即。《旧唐书·李宝臣传》记载：

> 禄山兵将指阙，使忠志领骁骑八千人入太原，劫太原尹杨光翙。忠志挟光翙出太原，万兵追之不敢近。[3]

《新唐书·安禄山传》也记载此事：

1　《旧唐书》卷九《玄宗纪下》，第 225 页。

2　《新唐书》卷二〇六《杨国忠传》，第 5850~5851 页。"安禄山方有宠，总重兵于边，偃蹇不奉法，帝护之，下莫敢言。国忠知终不出己下，又恃内援，独暴发反状，帝疑以位相媚，不之信。禄山虽逆久，以帝遇之厚，故隐忍，伺帝一日晏驾则称兵。及见帝嬖国忠，甚畏不利己，故谋日急。俄而禄山授尚书右仆射，帝恐国忠不悦，故册拜司空。禄山还幽州，觉国忠图己，反谋遂决。国忠令客何盈、蹇昂刺求反状，讽京兆尹李岘围其第，捕禄山所善李超、安岱、李方来、王岷杀之，贬其党吉温于合浦。禄山上书自陈，而条上国忠大罪二十，帝归过于岘，贬零陵太守，以尉禄山意。国忠寡谋矜躁，谓禄山跋扈不足图，故激怒之使必反，以取信于帝，帝卒不悟。乃建言：'请以禄山为平章事，追入辅政，以贾循为使，节度范阳，吕知诲节度平卢，杨光翙节度河东。'已草诏，帝使谒者辅璆琳觇禄山，未还，帝致诏坐侧。而璆琳纳金，固言不反。帝谓国忠曰：'禄山无二心，前诏焚之矣。'禄山反，以诛国忠为名……禄山既发范阳，叹咤曰：'国忠头来何迟？'"

3　《旧唐书》卷一四二《李宝臣传》，第 3865 页。

贼遣高邈、臧均以射生骑二十驰入太原，劫取尹杨光翙杀之，以张献诚守定州。[1]

杨光翙被安禄山派兵劫走并杀害，这是安禄山对杨国忠的报复与警告。杨国忠欲上言以太原尹兼河东节度使之职，安禄山就杀太原尹，使太原府群官无首，唐朝北都陷入危机。这里可以看到，虽然军权为河东节度使所掌握，但太原府有自己的军事武装，所以"万兵追之"。

为何安禄山采取劫杀太原尹的方式，而非直接重兵进攻北都？原因有三：第一，安禄山此举意在报复杨国忠对自己的打击和分权，不是要占据太原；第二，安史叛军的主力在范阳，在他们的作战部署中扩张进程还未到达太原；第三，北都有优良的防御传统，可与朔方军呼应，又有中央支持，易守难攻，安禄山不敢轻举妄动，如果贸然攻打太原很可能错失进攻中原的先机。安禄山劫杀杨光翙在一定程度上是对北都的一次试探，他想让唐王朝的北方防御陷入混乱，方便其向长安进军。安禄山兼任河东节度使，但他在太原尹死后仍不能掌握太原，间接说明太原尹与河东节度使是两套独立的职官体系。

接下来的七年之间，太原尹与安史集团有多次交锋。安史之乱期间，担任太原尹的有王承业、李光弼、王思礼、管崇嗣、邓景山和辛云京。

1. 王承业

天宝十四载（755），王承业上任，他并没有直接讨伐叛军。根据《新唐书》的记载，天宝十四载十二月二十二日，常山太守颜杲卿诱杀安禄山麾下蒋钦凑，并派使者将其首级和表送至京师。使者途经太原，王承业扣留来使，自己上表邀功。玄宗不知其中原委，便提拔王承业为

---

1 《新唐书》卷二二五《安禄山传》，第6417页。

大将军，后来知道是颜杲卿的功劳又授之以兼御史中丞，履谦为常山太守，贾深为司马。史思明围攻常山，颜杲卿向王承业求救，王承业拥兵不动。八天后，常山城中粮草、箭镞皆尽，被叛军攻陷，颜杲卿一门被杀。[1]

这一阶段，安史集团占据优势长驱直入，唐军难以抵挡。王承业据守太原，采取坚守不出之策，虽然没有丢失城池，但对于消灭叛军、扭转局面没有做出部署和贡献，而且他不出兵救常山之急，只为眼前一时利益邀功自保，导致北都带动河东的防御优势毫无体现，甚至给太原留下巨大隐患。

2. 李光弼

根据《旧唐书·李光弼传》，李光弼上任后一改王承业消极之风，不仅坚守太原，亦出兵破敌，扭转了安史之乱中河东的局势。[2]

至德元载（756），李光弼被任命为太原尹、北京留守、河东节度副大使，但当时的河东节度使仍然是无所作为的王承业。[3] 李光弼上任后即整顿王承业废弛的军政事务，树立威信。至德二载（757），史思明率领十万大军分四路围攻太原。当时，太原的精兵都赴朔方协助平叛，

1　《新唐书》卷一九二《颜杲卿传》，第 5530~5531 页。"杲卿乃遣万德、深、通幽传钦凑首，械两贼送京师，与泉明偕。至太原，王承业欲自以为功，厚遣泉明还，阴令壮士翟乔贼于路。乔不平，告之故，乃免。玄宗擢承业大将军，送吏皆被赏……使史思明等率平卢兵度河攻常山，蔡希德自怀会师。不涉旬，贼急攻城。兵少，未及为守计，求救于河东，承业前已攘杀贼功，兵不出。杲卿昼夜战，井竭，粮、矢尽，六日而陷，与履谦同执。"

2　《旧唐书》卷一一〇《李光弼》，第 3305 页。"二年，贼将史思明、蔡希德、高秀岩、牛廷玠等四伪帅率众十余万来攻太原。光弼经河北苦战，精兵尽赴朔方，麾下皆乌合之众，不满万人。思明谓诸将曰：'光弼之兵寡弱，可屈指而取太原，鼓行而西，图河陇、朔方，无后顾矣！'光弼所部将士闻之皆惧，议欲修城以待之，光弼曰：'城周四十里，贼垂至，今兴功役，是未见敌而自疲矣。'乃躬率士卒、百姓外城掘壕以自固。作墼数十万，众莫知所用。及贼攻城于外，光弼即令增垒于内，坏辄补之。贼集城外诟詈戏侮者，光弼令穿地道，一夕而擒之，自此贼将行皆视地，不敢逼城。强弩发石以击之，贼骁将劲卒死者十二三。城中长幼咸伏其勤智，懦兵增气而皆欲出战。史思明揣知之，先归，留蔡希德等攻之。月余，我怠而寇急，光弼率敢死之士出击，大破之，斩首七万余级，军资器械一皆委弃。贼始至及遁，五十余日，光弼设小幕，宿于城东南隅，有急即应，行过府门，未尝回顾。贼退三日，决军事毕，始归府第。转检校司徒，收清夷、横野等军，擒贼将李弘义以归。"

3　《新唐书》卷一三六《李光弼传》，第 4585 页。"前此，节度使王承业政弛谬。"

城中只有乌合之众不足一万人，他设法固守。史思明过分轻敌，猛攻一个月，死伤数以万计，仍然不能入城。此时，安禄山已死，史思明奉命归守，留下蔡希德继续围城。后李光弼率敢死队出击蔡希德，斩首七万余，缴获大量战略物资，蔡希德狼狈逃去。战事稍息，李光弼又设计伏兵擒获贼将。因为其屡立战功且军政才华突出，乾元二年（759）李光弼代郭子仪为朔方节度、兵马副元帅，中央以东师委之。

从至德元载到乾元二年（756~759），安史叛军逐渐分裂，唐军开始局部反击。李光弼在任时牵制了大量叛军兵力，并在守城和出击过程中予敌军以重创。他积极的应战对策使河东地区的平叛呈现攻势。值得注意的是，李光弼在此期间同时任太原尹和河东节度使，掌握了军事、政治决策权，这是军情紧急之下的特殊情况，符合当时军政合一的要求。

3. 王思礼

李光弼被调任朔方节度使后，王思礼于乾元二年被派遣为太原尹兼河东节度使。在此之前，王思礼也是屡次破贼的名将，率领关内及潞府行营立下赫赫战功，并多次和李光弼一起入朝受封赏。他上任后积累军粮、制造军械，做好应对叛军的准备，使得安史残部不敢来犯。然而他在任一年多就病卒了，就政绩而言，不及李光弼战功显赫，但是他保持了李光弼整饬军务的传统，从严治军，颇有威信。[1]

结合安史集团和唐军的力量对比状态，上元元年（760）到二年（761），叛军无力展开大规模的进攻，只是在河南与唐军展开拉锯战。特别是上元二年史思明被其子史朝义所杀，叛军内部军心涣散，一些叛军将领开始向唐军投降，归顺中央。王思礼的治理看似无为，但是与之前的王承业不同，他采取积极的治军态度，不仅为之后的太原尹打下战

---

1 《旧唐书》卷一一〇《王思礼传》，第3313页。"思礼领关内及潞府行营步卒三万、马军八千，大军溃，唯思礼与李光弼两军独全。及光弼镇河阳，制以思礼为太原尹、北京留守、河东节度使、兼御史大夫，贮军粮百万，器械精锐。……思礼长于支计，短于用兵，然立法严整，士卒不敢犯，时议称之。"

备基础，还"其外又别积米万石，奏请割其半送京师"，[1] 将富余的粮食送至中央为全国平叛提供物资。

4. 管崇嗣、邓景山、辛云京

上元二年（761）以后，三位太原尹更替较快，故将三者作为安史之乱最后阶段的太原尹来分析。

> 邓景山统驭失所，为军士所杀，请云京为节度使，因授兼太原尹，以北门委之。云京质性沉毅，部下有犯令者，不贷丝毫，其赏功效亦如之，故三军整肃。回纥恃旧勋，每入汉界，必肆狼贪。至太原，云京以戎狄之道待之，虏畏云京，不敢惕息。数年间，太原大理，无烽警之虞。[2]

管崇嗣不善治军，短短几个月内，便将王思礼贮存的军粮损废殆尽，仓库中只剩下大量陈烂的粮食。中央立即派遣邓景山接替他，担任太原尹。但是，邓景山并没有治理军务的经验，以文吏见称。他赴任后，检查军吏贪污军粮之事，发现有一员偏将应判死刑。将领要求赎罪，邓景山不许，其弟愿代死，也不许，其弟请求用一匹马赎罪，邓景山却同意减死。在这件事中，邓景山欲严罚却不能一以贯之，引起将士的反感，被群起的士兵杀害。这些兵将向中央请求让辛云京接任。上述两位太原尹在治理上都不得法：管崇嗣不能胜任管理军备的职责，而北都正是北塞的重要军备基地，他的妄为对太原内部稳定的根本造成破坏；邓景山的问题在于他刚到太原，尚未立稳脚跟，就急于树立个人声威，在处理军队事务时原则性不强。这段时期的混乱，随着辛云京的到来而结束。辛云京出自河西大族，上任后，他赏罚分明，严格执行法制，使得三军整肃，太原大治，回纥不敢进犯。

---

1 《旧唐书》卷一一〇《王思礼传》，第3313~3314页。
2 《旧唐书》卷一一〇《辛云京传》，第3314页。

在安史之乱的最后阶段，众叛将见大势已去，就彻底放弃了安史集团，太原府逐渐从战时状态走出，恢复稳定。辛云京是过渡阶段的最后一位太原尹，其政绩包括处理回纥之事。肃宗时曾向回纥借精兵四千以收复长安，代宗时再次向回纥借兵收复洛阳、河阳等地。回纥凭借协助平叛的功劳，在汉地大肆搜刮，纵兵掠夺。在此背景下，辛云京经营北都，固守北门，杜绝回纥入太原府作恶，既保护了当地民众，又维护了边防稳定。

《旧唐书·辛云京传》载："光弼雄名，思礼刑清。始致乱者邓景山，何以救之辛云京。"[1]这里提到的李光弼、王思礼和辛云京都是安史之乱时期政绩卓越的太原尹。他们守住了北都，使其免受东西京大火连城、劫掠一空的厄运。安史之乱给社会造成了巨大的破坏，北方黄河流域受到的破坏最为严重，几乎人烟断绝、千里萧条，全国人口锐减，仅有太原府人口相对持平。[2]在平叛的过程中，边防军队被大量征调到内地，北都边境防御出现缝隙，吐蕃、南诏都趁机扩张势力，唐王朝无暇顾及，只能以保守防御的态度应对。可以想象，如果太原府失守，各北方民族大规模南下，或者被安史集团占据，则安史之乱可能会持续更长的时间，中原地区受到的破坏会更加深重。

安史之乱后，唐朝的统一局面被打破，藩镇割据的隐患从此埋下并暗中发展。值得细思和论证的是，安史之乱包括它所波及的地区（含北都）最核心的问题都不是民族矛盾，而是中央与地方的矛盾，具体来说是中央与河北道之间产生的问题。安史之乱爆发有一定的民族因素，民族差异在其中确实产生了影响，但这只是部分的、表层的现象，不足以解释最根本的问题。以"民族矛盾激化"为主的观点偏颇且错误。因为在当时唐王朝的民族政策之下，民族矛盾尚未激化，也远没有达到引发叛乱的程度，只能说这种表象给问题本身增加了多重的色彩，领导者的

---

1 《旧唐书》卷一一〇《辛云京传》，第3315页。

2 参看冻国栋《唐代人口问题研究》，武汉大学出版社，1993。

"羯胡"身份又导致人们陷入思维惯性。从构成力量来看，安禄山的依靠力量不仅有胡族还有众多汉人，且汉人比重很大，高尚、严庄、张通儒等汉族士大夫是叛乱的重要支持者，而大将崔乾佑出自博陵崔氏，薛嵩出自河东薛氏，田承嗣出自雁门田氏，其余众多将领也多为汉人。对比而言，唐廷中非汉官员数量众多，为维护唐朝而奋力抵抗安史叛军的边疆诸族亦数不胜数，这部分人中不仅有早内附者（祖辈已沐华风），也有新奔者，这是中华民族大家庭向心凝聚的表现，也是魏晋南北朝各民族交往交流交融的结果。以平叛和主持过北都工作的官员为例，李光弼为契丹人，王思礼为高句丽人，他们都有很好的政治表现。整个河东地区在与叛军对抗的过程中，相当多的非汉士兵用自己的实际行动表明了心系唐朝，对身为唐人的认同。从全局而言，安史之乱是唐朝发展史上的重要分水岭，政局变动有了新的趋势和特点。太原尹在新阶段如何发挥作用，将在下文继续讨论。

（二）安史之乱后的太原尹

从大的背景来看，央地矛盾在唐中后期持续凸显。由于北都在安史之乱中坚守不失，并成为朝廷剿灭叛军的重要基地和力量来源，太原的地位在安史之乱后显著上升。安史之乱后唐朝政局发生剧变，振荡波及政治、军事、经济与社会生活方方面面。藩镇和宦官问题都由安史遗患发展而来。在平定安史之乱的最后阶段，代宗采取"瓜分河北地，付授叛将"[1]的政策，安史叛将成为中央任命的地方节度使，他们在唐代中后期日益强大，形成割据势力，削弱了中央集权，成为王朝分裂的祸根。此外，中央的宦官专权问题也更加严重。肃宗时以权阉李辅国掌禁军，德宗设立的护军中尉由宦官充任统帅，宪宗时宦官掌枢密院，宣宗时枢密院已经相当完善，由宦官继续掌握。宦官势力不断膨胀，既威胁皇权，也引起朝臣反对，反宦官斗争频发，史上称之为南衙北司之争。

1　《新唐书》卷二一〇《藩镇魏博传》，第 5921 页。

太原尹与前面谈到的两者都有直接或间接的联系。以下通过史料记载的案例来分别探讨上述政局变动对太原尹的影响和太原尹在政治事件中的作用。

1. 太原尹与宦官专权：王璠被诛与王定远专决

唐代建立之初，宦官的数量不多，地位很低，无权过问政事、军事。安史之乱后，宦官地位稳固，掌握了中央禁军的军权，《旧唐书·窦文场、霍仙鸣传》载："藩镇节将，多出禁军，台省清要，时出其门。"[1]唐代后期，在中央，宦官甚至掌控了皇帝的废立、生杀：穆宗、文宗、武宗、宣宗等都由宦官拥立，宪宗、敬宗死于宦官之手。在地方，宦官担任的监军集权谋私。以下通过两个案例来分析太原尹与宦官专权的关系。首先是太原尹王璠被权阉诛杀事件。此事发生于以李训、郑注为首的反宦官事件中。

以李训和郑注为首的反宦官斗争发生于文宗朝。文宗由宦官拥立登基，但是他对宦官专权的危害有深刻的认识，他希望得到朝中大官僚的支持，但是牛、李两党互相倾轧，无心消灭宦官势力。于是，文宗找到了来自地主阶级中下层的李训和郑注。[2]这一事件史称"甘露之变"。正要上任太原尹的王璠也在诛杀名单中，其中缘由要从王璠的仕途经历说起。[3]

1　《旧唐书》卷一八四《窦文场、霍仙鸣传》，第 4766 页。

2　《旧唐书》卷一七下《文宗纪下》，第 561 页。"壬戌，中尉仇士良率兵诛宰相王涯、贾悚、舒元舆、李训，新除太原节度王璠、郭行馀、郑注、罗立言、李孝本、韩约等十余家，皆族诛。时李训、郑注谋诛内官，诈言金吾仗舍石榴树有甘露，请上观之。内官先至金吾仗，见幕下伏甲，遽扶帝辇入内，故训等败，流血涂地。京师大骇，旬日稍安。"

3　《新唐书》卷一六九《王璠传》，第 4406~4407 页。"时李逢吉为宰相，与璠亲厚，故自郎官掌诰，便拜中丞……璠二年七月出为河南尹。大和二年，以本官权知东都选。十月，转尚书右丞，敕选毕乃朝。三年，改吏部侍郎。四年七月，拜京兆尹、兼御史大夫。十二月，迁左丞，判太常卿事。六年八月，检校礼部尚书、润州刺史、浙西观察使八年，李训得幸，累荐于上。召还，复拜右丞。璠以逢吉故吏，自是倾心于训，权幸倾朝。九年五月，迁户部尚书、判度支。谢日，召对浴堂，锡之锦彩。其年十一月，李训将诛内官，令璠召募豪侠，乃授太原节度使，托以募爪牙为名。训败之日，璠归长兴里第。是夜为禁军所捕，举家下狱；斩璠于独柳树，家无少长皆死。"

王璠与李逢吉亲近，而李逢吉是李训的从父，故王璠与李训关系密切起来。当时，李训已经成为文宗心腹，暗中制订诛灭宦官的计划。《新唐书·王璠传》记载："李训将诛内官，令璠召募豪侠，乃授太原节度使，托以募爪牙为名。"[1] 李训迅速拉拢王璠，目的是让其在太原尹之位上招募义士，为铲除权阉做准备。可是王璠还未完成任务，李训就在条件并不成熟的情况下贸然行动，最后计破身死，还连累了大量官员。宦官趁机消灭异己，滥杀无辜。

甘露之变以后，宦官一直掌握中央军政大权，直至昭宗时被朱温铲除。这一政治事件波及甚远。分析王璠与此事的关系，太原尹和宦官分别属于地方和中央两套系统，本来相隔较远。宦官专权之下，朝廷的政令都受到权阉的影响，自然也会影响到太原尹的委任，但这样的影响是间接的。王璠担任太原尹是在李训获宠之时，他担负着募集人手、与李训里应外合诛杀宦官的任务。李训之所以委托他，一方面出于对他的信任，另一方面是对太原尹军政实力的认可。同理，阉党斩杀王璠，既是要排除异己，又是对太原尹之职的忌惮。事件的结果表明，太原尹对宦官专政并未形成强大的影响力，太原尹无法由外而内协助解决宦官专权的问题。实际操作上，太原与西京在地理位置上有一定距离，要从太原发兵干预中央政治斗争无疑会惊动京畿诸藩镇。太原尹地方官的属性决定了其与中央政局变动的关系始终是间接的。这说明太原尹始终是中央倚重的地方力量，但没有达到左右政局的程度。

那么宦官势力对河东地区的影响如何，其权力的延伸——监军在这一区域有怎样的表现，我们来看第二个案例，王定远专决事件。监军之制隋代已有，隋末至玄宗开元二十年（732），中央以御史监军。开元二十年后，宦官成为监军使，《通典》记载："开元二十年后，并以中官为之，谓之监军使。"[2] 河东道设有监军使，其地位在宦官地方监军序列

1　《新唐书》卷一六九《王璠传》，第4407页。

2　杜佑：《通典》卷二九《职官十一·武官下·监军》，第805页。

中颇为靠前。根据赵晨昕先生的研究，[1] 河东监军使是中枢和枢密使的回翔之位，可谓顶级监军使。梳理史料，在河东担任过监军使的有：刘弘规[2]、王践言[3]、刘中礼[4]、王定远[5]、李辅光[6]、周从寓[7]、吕义忠[8]、陈景思[9]等。中央派宦官至地方任监军使，从目的上看是加强中央集权，但监军使制度运行的结果是造成宦官在地方专权等弊端。河东的情况在一定程度上符合这一规律。由于北都军事防御紧要，一般情况下监军使与太原尹、河东节度使、北都留守协作，并没有对三职合一的太原尹造成工作上的阻碍，但是也出现过太原尹、河东节度使患病、猝死而大权旁落，监军使出面处理的情况，[10] 以及监军使专决军政的特殊事件。以王定远为例，他是李自良镇守北都时期的监军使。前文已经多次论及李自良，他是牙将出身，在鲍防任太原尹时献计献策，后受到马燧的赏识和拔擢，成为太原尹、北都留守、河东节度使，在任八年军民称颂，政绩优良。贞元十一年（795），李自良患病，六日后去世。李说与监军使王定远谋划，将素得军心的都虞候张瑶支走，以毛朝阳代之，再上报中央。排除强有力的竞争对手后，李说得到了行军司马、节度留后和北都副留守的职位，成为北都实际上的"储帅"，而后成为三

1　赵晨昕：《唐代宦官权力的制度解析》，博士学位论文，首都师范大学，2012。

2　李德裕著，傅璇琮、周建国校笺《李德裕文集校笺》别集卷六《刘公神道碑》，第 632~637 页。对刘弘规的考证，参看杜文玉《唐代宦官刘弘规家族世系考述》，杜文玉主编《唐史论丛》第 21 辑，三秦出版社，2015，第 140~150 页。

3　司马光：《资治通鉴》卷二四五，太和九年六月壬寅条，第 7904 页。

4　刘中礼墓志，参见张全民《唐河东监军使刘中礼墓志考释》，《敦煌学辑刊》2007 年第 2 期。

5　《旧唐书》卷一四六《李说传》，第 3958 页。

6　《旧唐书》卷一四八《裴垍传》，第 3990 页。

7　《旧唐书》卷一九下《僖宗纪》，第 705 页。

8　《旧唐书》卷一八上《武宗纪》，第 599 页。

9　《新唐书》卷二一八《沙陀传》，第 6158 页。

10　司马光：《资治通鉴》卷二五三，广明元年二月庚戌条，第 8220 页。"二月，庚戌，沙陀二万余人逼晋阳，辛亥，陷太谷。……河东节度使康传圭，专病威刑，多复仇怨，强取富人财。遣前遮虏军使苏弘轸击沙陀于太谷，至秦城，遇沙陀，战不利而还，传圭怒，斩弘轸。时沙陀已还代北。传圭遣都教练使张彦球将兵三千追之。壬戌，至百井，军变，还趣晋阳。传圭闭城拒之，乱兵自西明门入，杀传圭。监军周从寓自出慰谕，乃定，以彦球为府城都虞候。"

职合一的太原尹。根据《旧唐书·李说传》，王定远在李说上任后恃功得势，权力扩张，[1]在受赐河东监军之印[2]后，更是肆意专权，引起军将愤慨，后欲除去李说，事败被流放崖州。在整个事件中，监军与太原尹的权力紧密交织。在李自良时期，王定远作为监军使协助太原尹，并无较多逾越之处。李说上任后，王定远能决断军政之事实际上是对三职合一的太原尹权力的侵占和窃取，当王定远的权力膨胀对李说发起挑战时，军队并没有按照他的指令行事，说明李说在上奏中央和控制地方上仍然占据优势。如果把监军理解为宦官势力在地方上的分权，那么河东地区受到的影响相对较小，双方势力对峙、争夺的案例较少。但是反过来看，也可以说太原尹没有与地方的监军制展开明显的对抗，表现出对中央安排的服从。如此，太原尹与宦官监军的互动是直接的，但是两者的关系相对缓和，宦官在地方专权的弊病在这里只是特殊案例，并不普遍。

2. 太原尹与割据藩镇：平叛与转变

藩镇格局形成之后，藩镇与藩镇、藩镇与中央之间都存在矛盾，所以它们"始也各专其地以自世，既则迫于利害之谋，故其喜则连衡而叛上，怒则以力而相并，又其甚则起而弱王室"。[3]藩镇与藩镇联合叛上时，就会造成政局不稳定，一些政治事件围绕反叛与平叛产生。河东道处于诸藩镇之间，相对位置如图 5-2 所示。

前文提到河东、卢龙、振武是唐代北防线的重要防御屏障，三者协力则北方的安定可保。到诸方镇割据自立之时，这三道的关系也发生着变化。北都处于中央的控制之下，太原尹虽在平叛事件中频频出现，但其作用并非一成不变。下文将按照时间顺序梳理藩镇割据问题引发的政治事件，并找出与太原尹相关的事件。

---

1 《旧唐书》卷一四六《李说传》，第 3958 页。

2 《旧唐书》卷一三《德宗纪下》，第 382 页。"监军有印，自王定远始也。"

3 《新唐书》卷六四《方镇表一》，第 1759 页。

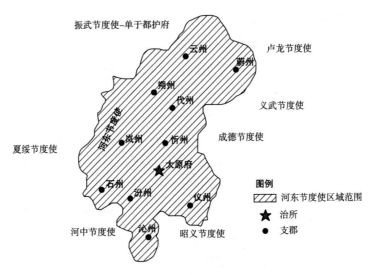

图 5-2　河东节度使区域范围

資料来源：笔者以谭其骧主编《中国历史地图集》第 5 册的元和方镇图（第
38~39 页）为底本绘制。

（1）德宗时期

唐德宗登基后决意消除藩镇，所以成德节度使李宝臣死后，[1]德宗反
对其子李惟岳继承父职。藩镇连衡作乱就此展开。[2]

建中二年（781），李惟岳勾结魏博镇田悦、淄青镇李纳以及山南
东道节度使梁崇义起兵反叛。之后又有卢龙节度使朱滔和成德镇降将王
武俊联合田悦、李纳称"四王"起义，共推淮西节度使李希烈为主。建
中四年，德宗征调兵力平叛时发生泾原兵变，德宗出逃奉天（今乾县）。
朔方节度使李怀光勤王靖难反遭诬陷，转而反叛中央。在一系列事件

─────────

1　《旧唐书》卷一二《德宗纪上》，第 327 页。"二年春正月庚申朔。戊辰，成德军节度、恒定
　　等州观察使、司空、兼太子太傅、同中书门下平章事、恒州刺史、陇西郡王李宝臣卒。"
2　《旧唐书》卷一二《德宗纪上》，第 328 页。"初，大历中李正己有淄、青、齐、海、登、莱、
　　沂、密、德、棣、曹、濮、徐、兖、郓十五州之地，李宝臣有恒、定、易、赵、深、冀、沧
　　七州之地，田承嗣有魏、博、相、卫、洺、贝、澶七州之地，梁崇义有襄、邓、均、房、
　　复、郢六州之地，各聚兵数万。始因叛乱得位，虽朝廷宠待加恩，心犹疑贰，皆连衡盘结以
　　自固。朝廷增一城，浚一池，便飞语有辞，而诸盗完城缮甲，略无宁日。"

中，太原尹马燧都协助平叛。[1]

首先是平定田悦与成德李惟岳、淄青李纳联合反叛。[2]马燧率兵与河阳节度使会合，结果是"悦军乱，赴水，斩首二万余级，杀大将孙晋卿、安墨啜，生获三千余人，溺死者不可胜纪。淄青军殆尽，死者相枕藉三十余里"。[3]之后是协助平定"四王"与李希烈之乱。[4]此后，泾原兵变，马燧先回师太原控制局面，再四出讨逆。[5]至贞元元年（785）李怀光反叛时，马燧识破李怀光的反叛奸计，并斩杀其党羽。[6]

马燧任职太原尹八年，除去第一年在任上整顿军务，之后他始终忙于出兵平定藩镇叛乱，立下赫赫功劳。尽管如此，德宗的削藩计划还是以失败告终，叛乱逐渐在中央的妥协下平息。

（2）宪宗时期

中央与藩镇的再一次较量发生在宪宗时期。太原尹严绶、张弘靖都在平定诸藩镇叛乱中表现突出。《旧唐书·严绶传》记载："元和元年，杨惠琳叛于夏州，刘辟叛于成都，绶表请出师讨伐。绶悉选精甲，付牙将李光颜兄弟，光颜累立战功。蜀、夏平，加绶检校尚书左仆射。"[7]严

1　《旧唐书》卷一三四《马燧传》，第3692页。

2　《旧唐书》卷一三四《马燧传》，第3693页。"三年正月，田悦求救于淄青、恒冀，李纳遣大将卫俊将兵万人救悦，李惟岳亦遣兵三千赴援。悦收合散卒二万余人，壁于洹水，淄青军其东，恒冀军其西，首尾相应。"

3　《旧唐书》卷一三四《马燧传》，第3694页。

4　《旧唐书》卷一三四《马燧传》，第3695页。"十一月，三盗于魏县军中递相推奖王号：朱滔称冀王，田悦称魏王，王武俊称赵王；又遣使于李纳，纳称齐王。四道共推淮西李希烈为天下兵马元帅。"

5　《旧唐书》卷一三四《马燧传》，第3696页。"燧帅步骑三万次于绛，分兵收夏县，略稷山，攻龙门，降其将冯万兴、任象玉。燧以兵攻绛州，十月，拔其外城，其夜伪刺史王克同与大将达奚小进弃城走，降其众四千人。又遣大将李自良、谷秀分兵略定闻喜、夏县、万泉、虞乡、永乐、猗氏六县，降其将辛牻及兵五千人。谷秀以犯令虏士女，斩之以徇。"

6　《旧唐书》卷一三四《马燧传》，第3697~3698页。"怀光将徐廷光以兵六千守宫城，御备甚严。燧度长春不下，则怀光自固，攻之旷日持久，所伤必甚，乃挺身至城下呼廷光。廷光素惮燧威名，则拜于城上。……八月，燧移军于焦篱堡。其夜，贼太原堡守将吴阿弃堡而遁，其下皆降。燧率诸军济河，兵凡八万，阵于城下。是日，贼牛名俊斩怀光首以城降。其守兵犹一万六千人，斩贼将阎晏、孟宝、张清、吴阿等七人以徇，为怀光胁虏者皆舍之。"

7　《旧唐书》卷一四六《严绶传》，第3960页。

绥镇守北都八年，宽惠为政，治理得法，使太原府库充盈、马匹数量大增。他主动领命讨伐刘辟、杨惠琳之叛，得胜而归。在这次讨伐中，他麾下的李光颜兄弟屡立战功。李光颜于宝历元年（825）成为太原尹，他在任上时辖区内官吏、军队各附所安，这些可以说和他追随严绥的经历密不可分。一方面他得到了军事指挥方面的训练；另一方面他学习了严绥治理北都的经验。张弘靖元和九年（814）为相，十年，宪宗打算同时讨伐成德王承宗、淮西吴元济，张弘靖要求罢去相位。张弘靖至太原后，宪宗果然下令讨伐王承宗，他表示愿率军讨伐。宪宗只同意出军，不许自往，但所用非人，被王承宗打败。张弘靖又派人恳切劝说王承宗归附朝廷，《旧唐书·张弘靖传》记载："魏博、泽潞悉为承宗所败，有诏赏其前言。弘靖即间道发使恳喻承宗，承宗因亦款附。"[1]

太原尹响应中央诏令多次出兵，与割据藩镇交战。淮西、沧景、卢龙、成德、淄青相继归顺中央，宪宗在一定程度上恢复了统一，但是藩镇割据的基础并未彻底消除。所以宪宗被宦官杀死后，河朔三镇相继叛乱。直至唐末，中央再未与藩镇进行大规模的交锋。

（3）穆宗—武宗时期

穆宗到武宗期间，藩镇叛乱之事仍然时有发生，朝廷几番下令太原尹率兵讨伐。比较典型的是长庆元年（821）裴度奉召讨伐成德王廷凑。当时朱克融、王廷凑在河朔地区作乱，兵强力盛。名将李光颜、乌重胤等率十万之众攻打王廷凑势力，未能平叛。裴度"受命之日，搜兵补卒，不遑寝息"。他补充兵力，到河朔与叛军展开较量，并取得多次胜利，以己之力控制住了局势。[2]

穆宗到武宗时期，牛李党争愈演愈烈，两党在各种政治问题上针锋

---

1 《旧唐书》卷一二九《张弘靖传》，第3611页。

2 《旧唐书》卷一七〇《裴度传》，第4421页。"穆宗即位，长庆元年秋，张弘靖为幽州军所囚，田弘正于镇州遇害，朱克融、王廷凑复扰河朔，诏度以本官充镇州四面行营招讨使。时骄主荒僻，辅相庸才，制置非宜，致其复乱。虽李光颜、乌重胤等称为名将，以十数万兵击贼，无尺寸之功。盖以势既横流，无能复振。然度受命之日，搜兵补卒，不遑寝息。自董西师，临于贼境，屠城斩将，屡以捷闻。"

相对，其中包括藩镇割据问题。李党认为应该抑制藩镇，牛党对藩镇割据的态度较为宽和，而且李党所针对的主要是非边防之地的藩镇，前文讨论的诸多意图自立的藩镇不在李党的抑制政策之内。在此背景之下，中央只能调发诸道兵讨伐叛乱，但诸道各怀心思，并非都尽力平叛。太原尹坚持履行中央诏令，反映出中央尚能控制太原府和河东道。

（4）僖宗时期

唐末，时局不断变动，中央已经完全无力与藩镇较量。周边民族趁乱侵入，北部边防压力日益增加。

僖宗下令郑从谠再度赴太原，并允许其自择部属。中和元年（881）五月，接僖宗诏，郑从谠得知黄巢军进逼长安，派步骑五千入关。此时，李克用部乘虚而入，掠扰近郊，屯兵于汾河东岸。郑从谠派兵追击，后又有契苾救兵来到，沙陀败逃。[1] 此番败绩使李克用改变了夺取太原府、河东道的策略。李克用因镇压黄巢之功取代郑从谠，上任太原。后平定潞州，又上奏请以其弟李克修为昭义节度使，从此成为割据河东的藩镇。大顺元年（890）六月，唐朝一度罢其官，任命张浚为太原尹，并且派兵征讨，但始终未能进入晋阳。最后只能让李克用复官。[2]

---

1 《旧唐书》卷一九下《僖宗纪》，第710页。"丁巳，沙陀军至太原，郑从谠供给粮料。辛酉，沙陀求发军赏钱，从谠与钱千贯，米千石。克用怒，纵兵大掠。从谠求援于振武，契苾通自率兵来赴，与沙陀战于晋王岭。沙陀败走，陷榆次、阳曲而退。"另见，《旧唐书》卷一五八《郑从谠传》，第4171页。"从谠承诏雪涕，团结戎伍，遣牙将论安、后院军使朱玫率步骑五千，从诸葛爽入关赴难。时中和元年五月也。论安军次离石。是月，沙陁李克用军奄至，营于汾东，称奉诏赴难入关。从谠具廪饩犒劳，信宿不发。克用傅城而呼曰：'本军将南下，欲与相公面言。'从谠登城谓之曰：'仆射父子，咸通以来奋激忠义，血战为国，天下之人受赐。老夫历事累朝，位忝将相，今日群盗扰攘，舆辇奔播，荡覆神州，不能荷戈讨贼，以酬圣奖，老夫之罪也。然多难图勋，是仆射立功立事之时也。所恨受命守藩，不敢辱命，无以仰陪戎棨。若仆射终以君亲为念，破贼之后，车驾还宫，却得待罪阙廷，是所愿也。唯仆射自爱。'克用拜谢而去。然杂虏不戢，肆掠近甸。从谠遣大将王蟾、薛威出师追击。翌日，契苾部救兵至，沙陁大败而还。"

2 《旧唐书》卷一九下《僖宗纪》，第716页。"雁门已北行营节度、忻代蔚朔等州观察处置等使、检校尚书左仆射、代州刺史、上柱国、食邑七百户李克用检校司空、同平章事，兼太原尹、北京留守，充河东节度、管内观察处置等使。……八月，李克用赴镇太原。制以前振武节度、检校司空、兼单于都护、御史大夫李国昌为检校司徒、代州刺史、雁门已北行营节度、蔚朔等州观察等使。"

太原府未失守却以中央任官的方式拱手相让。李克用成为太原尹，标志着河东道成为割据的藩镇。从此在藩镇割据问题上，太原尹的作用发生了根本转变，由平定叛乱到割据一方、反抗中央。这一事件也标志着中央丧失了对太原府、河东道的控制。失去北都的屏障，唐代的北门洞开，已经无法抵抗北方民族的南下。

僖宗时期，太原尹的第一要务从平定藩镇叛乱转向抵抗北方民族的侵扰。这一时段，北部边防的最大威胁是沙陀。第三章和第四章讨论太原尹的特殊职掌和太原尹处理民族事务的举措时，多次涉及回纥与沙陀。安史之乱爆发后，回纥凭借协助唐王朝平叛之功地位上升，并于德宗贞元年间（785~805）改称回鹘，成为北方强大的民族势力之一，会昌中被黠戛斯打败，部分回鹘部落西迁，其他人员南下被唐军俘获，回鹘短时间内难以组织起南下侵扰的大军，其对中原的威胁暂时解除。与之不同，沙陀在安史之乱时显现出实力，并且实力有逐渐增强的趋势，其势力不断拓展。经过多年积累，沙陀已经不再满足于驻足"北门"之外，尝试着进取中原。其领导者是沙陀贵族李克用父子，他们以雁北为基地，时常南下进逼太原。在打败黄巢起义军后，他们帮助收复长安，成为朝廷重视的协助力量。待时机成熟后，李克用多次袭扰河东，逼迫中央授予其太原尹之职以控制太原府乃至河东道，北都自此成为割据势力的据点。

本章选取重要政治事件，结合当时任太原尹官员的史料记载，主要分析安史之乱爆发后太原尹与政局的关系。探究这一问题的基础是对时代背景的理解，尤其是对安史之乱后唐代三大政治问题的理解。藩镇割据、宦官专政以及牛李党争看似老生常谈，但要弄清三者的根源、动态变化过程以及阶段性特征并非易事。将太原尹置入纷繁复杂的政治冲突和矛盾之中，可以看到他们在政治事件中的表现、地位和作用。对于宦官专政势力，太原尹无法从外而内协助皇帝铲除阉党，这是因为太原尹系由中央任命，而中央政令的颁行无疑会受到权阉的影响。宦官的中心在中央，围绕着皇权；太原尹的中心在地方，两者的联系是间接的。与太原尹关系最直接的是藩镇割据问题，众多史料反映出太原尹和其兼任的河东节度使在李克用占据河东前始终维护中央统治，在多次平定藩镇叛乱中表现突出，屡屡立功。而且太原尹对藩镇割据的态度是与中央保持一致的，德宗、宪宗两朝中央与反叛藩镇大规模斗争时，太原尹奔波于太原、京城和藩镇之间勤王靖乱，后来宦官与党争使皇帝无力削藩，太原尹听从诏令平定局部叛乱。但这样的局势终会被打破，中央孱弱无力，地方藩镇横行，再加上黄巢起义和周边民族部落的侵扰，太原尹落入李克用之手，河东也成为晚唐觊觎中央权力的藩镇之一。

小结：北都今一变

李克用受封太原尹、北都留守、河东节度使后，中央失去河东地区，北都的性质发生变化，成为割据势力的据点，唐之北门失守。这对于唐代北部边防而言无疑是沉重的打击，并引起了连锁性的反应。从中央的角度而言，北方失去重要壁垒，沙陀成为最强大的敌人，北方防御的中心向东移动到了幽州；从河东区域的角度而言，北都依旧是区域之根本，太原势力正在崛起。唐末五代，北防线不复存在，但它的影响力仍在继续。

北防线的失去是阶段性的，在李克用占据河东之前就已经开始。纵向上，沙陀多次向河东逐级防御体系发起挑战。以广明元年（880）为例，沙陀兴兵两万直逼晋阳，攻陷太谷，太原尹康传圭派将领援助却遭败绩。[1] 从地理位置上看，太谷在太原以南，位于晋中盆地。笔者推测沙陀的战略意图有两个：一是以太谷为根据地由南向北攻击北都，试探北都的防御实力；二是绕过北都壁垒，尝试向南方拓展势力。这一阶段纵向防御体系的防御力已经下降，无法抵抗沙陀的入侵。究其原因，沙陀逐渐强大，而唐朝日益势衰，两者的实力对比有了变化。从朱邪执宜

1　司马光：《资治通鉴》卷二五三，广明元年二月庚戌条，第 8220 页。

到李克用，沙陀与唐的关系由依附、协作发展为敌对、争夺。唐朝末年内忧外患，内部的重重危机也导致北防线走向崩溃。横向防御线"三道"中的卢龙成为割据藩镇，使河东失去重要的东翼支持。而且，北都以南的泽潞地区，曾经是抵御北族的援兵之处，泽潞军多次参与会师北都的军事行动；到长庆元年（821），泽潞节度使刘悟囚禁监军刘承偕且有效仿河朔三镇之意，这一地区受中央控制的力度减弱，对北都的支援也不再如前。唐兴于太原，亡于太原。如何理解亡于太原？从中央失去北都的事实可以得到两点认识。其一，失去太原就意味着失去北方防御屏障，失去控扼诸戎的咽喉，失去制衡割据藩镇的军事基地；其二，占据太原的沙陀成为唐末与朱全忠抗衡的重要力量，两者激烈争夺，分割天下。

得到太原对于沙陀而言有怎样的意义？宏观上，太原如河东之权柄，占据太原基本就等于控制了河东。沙陀在此经营，继承了北防线的余威，具体而言包括北都得天独厚的战略位置、军事储备，以及河东境内云州—忻州—太原一线的南北交通道。值得讨论的是北方防御体系南线在这一阶段发生的变化，曾经的掎角之势是否发生反作用。回到北防线示意图，可以看到从太原向南的两条主干道分别通往长安、洛阳，而且这两条道路地势较为平坦利于行军。如果天下有变，则太原势力可长驱直下，兵临长安。如此，李克用北有战略纵深优势，南可进击中原腹心，他承袭了北防线上下两个"三角"的作用，成为强大的割据军阀。

余 论

关于北都及太原尹的探讨是研究唐代边疆诸族关系与治理经验的一条路径，里面有城市史、制度史、区域史、民族史的积淀，也有近十年来中华民族共同体研究、"大历史观"、三交史观的理论补充。从城市史层面看，北都在三都（长安、洛阳、太原）之中有特殊的地理位置、战略地位、民族交融作用；从制度史层面看，太原尹一方面与京兆尹、河南尹形成差异，另一方面与北都留守、河东节度使出现三职合于一人之身的现实状况；从区域史层面看，以北都为中心的河东地区在"央地矛盾"凸显的唐中后期保持长时段的忠诚，成为协助平叛、抚慰诸族、稳定北境的关键地区；从民族史层面看，北都是各民族交流杂处的实际场域，通过这座城市及其管理者可以看到边疆诸族的往来、归附、融入，反过来以各族群的视角

看，北都及其周边地区是唐廷的象征，在一些时期是各民族共荣的乐
土。能连接起以上四个维度的是太原尹群体，他们是城市的最高行政长
官，职官体系的组成部分，河东地区的管理者，身在处理民族事务的第
一线，承载着朝廷的信任与民族关系理念来到北都，留下鲜活多样的记
载为我们的研究提供案例。

在太原尹制度确立之前，太原地区的行政体系尚未稳定，最高长官
经历了总管、都督、长史的变化，太原城市引领河东的局面尚未形成。
开元十一年（723）玄宗设立太原府，使三都地位高于其他诸府，太原
尹制度自此确立并施行至唐末。唐代的太原尹可考的有 68 位，他们的
任期、职掌、籍贯和迁转兼任都反映出北都军事、边防的特点，以及中
央控制力的变化。当中央能够完全控制太原府而边防稳定时，太原尹频
繁而稳定地更换，职务以考核、治安、民政等为主，官员在此积累"牧
民"经验，并以此由外而内迁转。中央控制力减弱后丧失对东北民族的
抵御能力，只能以太原府为屏障维护西北边防、牵制东北，倚重军功集
团，使他们长期镇守北都。作为府尹，他们管理民政、司法、治安，但
最为重要的职务在于管理军务和处理民族事务。这成为太原尹区别于京
兆尹、河南尹的独特之处。三都府尹政治上都受到中央的重视，但是各
自的侧重点不同：京兆尹的核心是协助处理中央事务，河南尹在安史之
乱后地位降低，清静无为，而太原尹的要务始终是在军事上。安史之乱
后，太原尹的权力日益增大，表现为担任太原尹的官员还同时兼任北都
留守与河东节度使。留守制度发展到唐代发生了大的变化，成为常规性
的设置。太原尹兼任北都留守，是中央对北都地位的强调，北都留守象
征着守卫都城的身份。而河东节度使之职，开始时与太原尹分属两套体
系，在安史之乱后官员才大多数身兼二职，中央以这样的任命方式保持
了太原尹制度和河东节度使制度的结合，实现军政领导合一，在中晚唐
有效地控制了北都河东地区，维护了中央统治。

北都东带名关，北逼强胡，是唐朝控扼诸戎的重要关口。回纥、吐
蕃、沙陀在此寻求南向、东向拓展的空间，退浑、契苾、"九姓"、"六

州"和"五部"等实力较弱，在强大政权之间游走，以不同的形式和面貌在北都及其周边地区实现各民族的交往交流交融。突厥降人南附、铁勒诸部迁徙以及西域胡人进入使河东出现多民族杂处的局面。太原尹面对复杂的民族形势采取了不同的应对措施，有三种主要类型：主动迎战、被动防御和绥靖。中央在民族关系的处理上有最高决定权，太原尹则在具体操作中有一定的自主权。他们周旋于诸族诸部之间，抑强扶弱，适时地利用民族援军的力量。太原尹、河东节度使、北都留守之下不同系统的僚属都是处理民族事务的协助者和执行者，其中牙将、都虞候、太原少尹等作用突出，一部分人以此积累劳资并成为北都的"储帅"。在与寇边的北方民族战斗时，太原尹可以控制的军事力量多样且复杂，土团、募兵、横水军、民族群体都在其中。到唐代中后期，以北都为中心的北方防御线形成，横向上联合附近各道的军队抵抗北族南下，纵向上串联河东区域内的军力逐级拦截敌军、展开防守反击。

当我们讨论北都周边诸族及王朝治理经验时，防御的另一面并非对抗、斗争，而是交往交流交融。在漫长的时光里，中华民族共同体的凝聚和演进是主流。正如李鸿宾先生在"三交史"研讨会上曾提炼这一时期的阶段性特征为："这是中华民族共同体经过王朝国家一体化塑造的中期过程。隋唐的时代特征是以文化区隔'华夷'、连接不同族群，以教化为宗旨吸收其他族群形成并聚，由此拓展华夏民族，形成主辅相承的族群共同体。"这一过程并未终止或改变趋势。

在唐代政局变化中，太原尹在安史之乱爆发后开始发挥重要作用。随着地方实力的增长，太原尹成为中央倚重的力量，但是没有达到左右政局的程度，与中央的政变、宦官专权问题的联系都是间接的。太原尹的影响主要表现在藩镇问题与边防问题上。安史之乱后，德宗和宪宗都曾决意消除藩镇，中央与藩镇展开较量。在与割据藩镇交战中，太原尹屡立战功。即使在中央放弃大规模交锋后，太原尹仍然在地方平定局部叛乱。唐中后期边防问题也日趋严重，北方民族势力扩张，不断南下侵扰中原地区。回纥和沙陀是太原面对的主要威胁。唐末，沙陀贵族李克用父子以雁北为基地，武力攻打太原，失败后在政治上对中央施加压力，夺取太原尹之职。一旦中央无法控制太原尹的人选，也就失去了对太原的控制，河东道成为割据藩镇，唐王朝丧失抵抗北方民族的屏障，唐代北部边防的失守就成定局了。

太原尹的研究既是太原府研究的一部分，也是唐代地方官制度的一部分，它符合两者的一般规律，也有自己新的内涵，即北都赋予的军事防御属性。在中央和地方关系中，太原府、河东道未成为割据藩镇，太原尹制度的确立是重要因素。因此，太原尹的动向是深入研究唐代太原以及探讨北都问题的重要线索。在本书的考证中，安史之乱是重要的分界线，也是太原尹制度发展变化的新起点。看似剧变的背后，唐廷对北都的控制、对周边诸族的态度、对各族文臣武将的信任，又呈现出延续性的特征。

太原与长安、洛阳互为掎角之势，失去了太原的屏障，政治中心长安和洛阳在军事上无险可恃，无力抵御外来势力的进犯。在政治中心发生变化的过程中，太原的作用凸显，但到这一过程完成之日，也是太原历史作用转向衰弱之时。关于"消失的"北都与"多面的"太原尹，下文将继续阐述。

一 "消失的"北都：五代十国时期的太原兴衰与诸族互动

在历任太原尹与唐代政局变动的最后，线索都指向了李克用，唐代的最后一位太原尹。李克用表面上继承了河东地区的行政格局，实际上他担任太原尹标志着河东、北都的性质和地位都发生了变化，这对唐代的北部边防造成了巨大的冲击。唐代兴于太原也亡于太原：兴是指李渊从太原起兵在隋末乱局中建立王朝，亡是指太原被李克用占据，唐之北门失守，王朝走向衰亡。李克用、李存勖父子权力交接，将太原尹制度延续到了五代，北都的重要性持续增强，成为权力中心城市之一。如何理解唐末至五代的太原尹，李克用是转变时期的关键人物。

（一）李克用开启新局面

从族属上说，李克用是沙陀人，其先祖世居西北，在吐蕃的袭扰下辗转迁徙至灵州、阴山北部和代北。李克用的崛起是沙陀多代人积累的结果。其祖朱邪执宜，率领族人为唐朝效力，成为唐与北方强族之间的"隔离带"。元和四年（809）范希朝镇太原，"因诏沙陀举军从之。希朝乃料其劲骑千二百，号沙陀军，置军使，而处余众于定襄川"。[1] 时天子伐诸州，朱邪执宜"以军七百为前锋，王承宗众数万伏木刀沟，与执宜遇，飞矢雨集。执宜提军横贯贼阵鏖斗，李光颜等乘之，斩首万级。镇兵解，进蔚州刺史"。[2] 柳公绰任太原尹时（830~832 年），朱邪执宜协助修复多处废弃的防御工事，募集士兵屯守塞上，[3] 竭尽全力保卫太原。其父李国昌（朱邪赤心），接替朱邪执宜之位，会昌年间（841~846）参与讨伐回鹘；[4] 大中元年（847）援助受到吐蕃、党项、回鹘余部侵扰的河西；[5] 庞勋乱时协助并营救康承训。[6] 至黄巢起义，李国昌、李克用父子在平叛中屡立奇功。三代人之间传承的，不仅是训练有素的沙陀军队、较为团结稳定的族属，还有雄踞代北的威名。李克用在跟随父亲征战的过程中，了解北方各民族形势，积累领兵经验，更重要的是学习如何处理与唐王朝的关系。沙陀在发展初期仰仗唐朝之威，虽有反复，但总体上是归顺与协作，发展到一定规模后沙陀开始与唐朝博弈，虽有朝臣警惕，譬如《新唐书·沙陀传》记载镇守北都的王锷进言，"朱邪族孳炽，散居北川，恐启野心，愿析其族隶诸州，势分易弱也"，[7] 但仍难以遏制

---

1 《新唐书》卷二一八《沙陀传》，第 6155 页。

2 《新唐书》卷二一八《沙陀传》，第 6155 页。

3 《新唐书》卷一六三《柳公绰传》，第 5022 页。

4 《新唐书》卷二一八《沙陀传》，第 6156 页。"久之，伐潞，诛刘稹，诏赤心率代北骑军三千隶石雄为前军，破石会关，助王宰下天井，合太原军，次榆社，与监军使吕义忠禽杨弁。"

5 《新唐书》卷二一八《沙陀传》，第 6156 页。"吐蕃合党项及回鹘残众寇河西，太原王宰统代北诸军进讨，沙陀常深入，冠诸军。赤心所向，虏辄披靡"。

6 《新唐书》卷二一八《沙陀传》，第 6156 页。"庞勋乱，诏义成康承训为行营招讨使，赤心以突骑三千从。承训兵绝涣水，遇伏，堕围中几没，赤心以骑五百掀出之。"

7 《新唐书》卷二一八《沙陀传》，第 6155 页。

其实力膨胀之势。

李克用成为太原尹、河东节度使、北都留守，自此，河东割据而中央再无力量扭转局势。对于李克用，学术界早已关注，对其族属、生平、思想等各个方面都有研究成果，文献的分析与墓志[1]的解读，共同勾勒出李克用在唐五代史中清晰和立体的形象。本书试图探讨李克用在唐末五代变局中的地位和作用，认为李克用是在继承北都和河东的基础上，肇启唐末五代的新局面。李克用统领河东的时期，天下大变，由统一到分裂，由和平到混战，但河东内部保持着相对稳定，北都的战略地位持续上升。如何理解李克用对河东的争夺、经营和继承？作为北方强大的割据军阀，他与唐代的灭亡有怎样的联系？

1. 夺取河东

李克用为何选择通过成为地方最高长官的方法夺取河东？从军事实力看，李克用率领沙陀军与河东军的多次交战，除郑从谠时期取得胜利之外，都是河东军惨败，损兵折将。但是他在多次试探、袭扰北都之后不采用直接武力占领的方式，原因可能有以下三点。

第一，河东民族关系复杂。沙陀军队如果展开夺城大战很可能引发诸族混战，河东及周边各族力量对抗且平衡的局面会被打破，契苾、退浑、"九姓"、"五部"都有和太原尹合作的历史，他们很可能再次支持太原尹，如此沙陀就会陷入多面作战的不利局面。第二，北都与周边各州构成的防御体系可以在一定程度上实现兵力、将领共享，如果李克用贸然冲击唐之北门，诸州军力很可能会师太原，共同护城御敌，"义成、忠武、昭义、河阳兵会于晋阳，以御沙陀"[2]的局面将再次出现。第三，北都易守难攻是当时人的普遍共识。安史之乱时史思明之军无法攻破太

---

1 张希舜主编《隋唐五代墓志汇编·山西卷》第 1 册，天津古籍出版社，1991，第 177 页。亦可参见石见清裕《〈晋王李克用墓志〉录文与沙陀的谱系》（中国唐史学会第九届年会暨唐宋社会变迁国际学术研讨会论文，2004 年）和樊文礼《李克用评传》（山东大学出版社，2005，附录一，第 213 页）。

2 司马光：《资治通鉴》卷二五三，乾符五年七月己亥条，第 8208 页。

原，太原尹如果有效率领军队、地方土团很可能扭转全局。

李克用可战而不战，他受封于朝廷但是他的权力并不完全来源于朝廷，他继承的更多是北都主帅的声威。上任太原尹、北都留守、河东节度使后，李克用可占有以太原为中心的山西大部分地区。他向南攻打泽潞，向北进逼云州，并在河中、河北北部地区扩展势力。吕思勉先生称这一时期李克用统率的河东势力力压诸镇，兵力第一。[1]

2. 继承北都优势

李克用在并州的十余年间之所以能超越诸州，在一定程度上是因为继承了北都的优势。所谓北都优势，具体来看有三个方面：一是军备基地，二是战略壁垒，三是交通咽喉。前文讨论过北都储备着大量军粮和军械，而且有汾河谷地提供战略补给，而这些重要物资传递到了太原尹李克用的手中。至于战略和交通方面的承袭，我们结合以北都为中心的北方防御线来看。

在割据河东之前，李克用及其祖辈的根据地在代北，是唐代联合又防备的军事力量。北防线示意图的北线中，太原—楼烦监—洪谷线、太原—忻州—雁门关—云州线、太原—雁门关—朔州线都曾抵御沙陀军队，[2]这些线路覆盖的区域曾是太原尹、河东节度使派军与李克用争夺之地。在唐末乱局中，这些线路一则为李克用勾连代北、蔚州，二则为李克用与唐朝诸州、北方民族对抗提供战略纵深和行军路径。只要扼守北都，就能把控南北通道，也意味着得到了获取南北军情信息的先机。

需要注意的是，李克用占据河东时期，北都的行政体系也得到一定程度的延续。首先，李克用得到朝廷的任命，采用非武力冲突的方式取得河东，他割据自立但没有直接反唐。其次，他利用太原尹之职，建立

---

1 参见吕思勉《隋唐五代史》，上海古籍出版社，2005，第 425 页。

2 蔚州为沙陀所据，太原—雁门关—蔚州一线随着沙陀的南下而失去防御功能。

并经营河东幕府，[1] 其麾下有以血缘关系为纽带的同族亲信，还有来自代州、蔚州、代北的武职人员，后期还有北方其他地区的人员大量加入。可以说唐末的河东幕府中官员来源复杂，兼有胡汉，而且不断完善扩充，吸收新的力量。同时，幕府中的官僚系统与李克用入主河东前三职合一下的僚佐体系一脉相承，譬如押牙，依旧是李克用的心腹武官。这些构成人员从共性上看都来自北方，熟悉北方军事、民族环境，普遍骁勇善战、精于骑射，其中还有部分太原本地人，如史敬镕，他为李克用管理"帐中纲纪"，[2] 他们的归顺为李克用四出征战提供了稳定的后方。

为什么李克用在很大程度上在河东保留了原有的制度设置？除了上文提到的军事、政治因素外还有没有别的原因？这就涉及李克用的汉化问题，王义康先生的《沙陀汉化问题再评价》[3]、李锋敏先生的《唐五代时期的沙陀汉化》[4]、李玉林先生的《一代豪酋李克用的汉化》[5]、王旭送先生的《沙陀汉化之过程》[6] 和《论沙陀的汉化》[7] 以及牛雨的《李克用墓志新考——兼论李克用的官职和汉化》[8] 都将视线投向沙陀的汉化和李克用本身接受汉文化的情况。在从西北向河东北部迁徙的过程中，沙陀的汉化已经开始，他们在胡汉杂处的环境中发生了变化。从朱邪执宜、李国昌（朱邪赤心）到李克用，三代人都曾为唐朝效力，被纳入唐朝的官僚体系。从李克用的种种举措可以发现，他对汉文化的接受与他争夺天下的大计密切相关，这有利于应对传统观念的挑战。他以对唐王朝的"忠孝"和"华心"融入河东，并以此为理由关注黄河以南的局势，寻找插手中原事务的契机。从过程来看，沙陀的汉化是有阶段性的。过去人多

1　参考张国清、许文娟《试论李克用河东幕府的建立及其人员构成》，《新余学院学报》2011 年第 3 期。

2　《旧五代史》卷五五《史敬镕传》，第 747 页。

3　王义康：《沙陀汉化问题再评价》，《陕西师大学报》（哲学社会科学版）1995 年第 4 期。

4　李锋敏：《唐五代时期的沙陀汉化》，《甘肃社会科学》1999 年第 3 期。

5　李玉林：《一代豪酋李克用的汉化》，《忻州师范学院学报》2008 年第 1 期。

6　王旭送：《沙陀汉化之过程》，《西域研究》2010 年第 3 期。

7　王旭送：《论沙陀的汉化》，《三峡大学学报》（人文社会科学版）2011 年第 1 期。

8　牛雨：《李克用墓志新考——兼论李克用的官职和汉化》，《忻州师范学院学报》2015 年第 3 期。

尚武，学业不兴，朱邪执宜和李国昌带领部族四处征战，培养起来的是骁勇的武将，李克用以河东为基地后，汉化速度明显加快，上行下效，文官、文职日益受到重视。他的理念为儿子李存勖所继承，父子二人共同奠定了河东的新局面。

3. 奠定五代"双中心"局面

李克用身受唐朝的官职，把太原尹制度保留下来，成为北都主帅的象征。北都从唐朝的陪都转变为李克用势力的中心。沙陀南下拓展进程至此发展到了新的阶段，他们控制黄河以北的较大区域，一部分精力需要用来经营地方，巩固统治。承接北都优势，李克用为后人勾勒出了立足河东，徐图中原的战略部署。他还重视本民族的汉化，其墓志中写道："夹辅同荣于五教。"[1]李存勖作为沙陀统治者的第四代，自幼接受一定的汉文化教育，《旧五代史·庄宗纪》记载："帝洞晓音律，常令歌舞于前。十三习《春秋》，手自缮写，略通大义。"[2]他接替李克用之后，采取了三项有利于汉化的措施。首先，构建政权合法性，因为朱邪赤心平定庞勋起义有功获赐姓李，李存勖建国号为"大唐"，表明是对唐代基业的延续；其次，采用唐朝的职官制度进行统治，有效地利用唐制中的各项体系；最后，推行儒家文化以维持统治秩序。

在李克用父子经营河东的过程中，朱全忠控制了唐王朝的中央政权，并建立起以洛阳为西京、以汴州[3]为东都的后梁政权。双方势力分别以北都太原和东都开封为中心展开激烈斗争。这正是五代时期的基本局面，两个重要战略中心的地位凸显出来。李克用是太原势力定鼎中原的奠基者，他将沙陀族由代州、蔚州引领至河东腹地。除了继承北都传统，他还在制度、职官、军事上有所设计。一方面加强河东的军事力量，提高军队战斗力，特别是骑兵，这是其统治的重中之重；另一方面

1　张希舜主编《隋唐五代墓志汇编·山西卷》第1册，第177页。"五教"是指儒家父义、母慈、兄友、弟恭、子孝的伦理思想。

2　《旧五代史》卷二七《庄宗纪第一》，第366页。

3　朱全忠将汴州升为开封府。

促进胡汉交流和交融，取双方之优势为己所用，保留了部分沙陀习俗，譬如"义儿"。《新五代史·义儿传》记载："唐自号沙陀，起代北，其所与俱皆一时雄杰魁武之士，往往养以为儿，号'义儿军'，至其有天下，多用以成功业。"[1] 李克用养多位"义儿"，培养他们成为河东幕府的主力干将。这是他开发河东潜力的一条路径。五代的三朝一国（后唐、后晋、后汉和北汉）可谓在李克用开创的模式之下伸缩、拓展，北都始终是整个布局的北方核心。

（二）五代历任太原尹

907 年，唐代走向灭亡，太原的地位发生变化。五代时期，后唐、后晋、后汉、北汉，或发迹于太原，或以此为国都，可谓得太原者得天下。五代沿袭"太原尹"之职，梳理历任五代太原尹如下（见表余 -1）。

表余 -1　五代太原尹一览

姓名	时间	史料记载	出处
李克用	884 年	制以雁门以北行营节度、忻代蔚朔等州观察处置等使、检校尚书左仆射、代州刺史、上柱国、食邑七百户李克用检校司空、同平章事兼太原尹、北京留守，充河东节度、管内观察处置等使	《旧五代史》卷二五《武皇纪上》，第 337 页
孟知祥	923 年	以河东军城都虞候孟知祥为太原尹，充西京副留守	《旧五代史》卷二九《庄宗纪第三》，第 404 页
张宪	923 年	壬申，以租庸使、刑部侍郎、太清宫副使张宪为检校吏部尚书，充北京副留守、知留守事、太原尹	《旧五代史》卷三〇《庄宗纪第四》，第 421 页
卢质	923 年	寻以本官兼太原尹，充北京留守事，未赴任，改户部尚书、知制诰，充翰林学士承旨	《旧五代史》卷九三《卢质传》，第 1228 页
		拜太原尹、北京留守，迁户部尚书、翰林学士	《新五代史》卷五六《卢质传》，第 643 页

1　《新五代史》卷三六《义儿传第二十四》，第 385 页。

姓名	时间	史料记载	出处
孟知祥	924 年	辛未，北京副留守、太原尹孟知祥加检校太傅，增邑，赐功臣号	《旧五代史》卷三二《庄宗纪第六》，第 439 页
张宪	925 年	十一月，授宪银青光禄大夫、检校吏部尚书、太原尹、北京留守，知府事	《旧五代史》卷六九《张宪传》，第 913 页
孟知祥	926 年	丙子，以北京副留守、太原尹孟知祥为检校太傅、同平章事、成都尹、剑南西川节度副大使，知节度事、西山八国云南都招抚等使	《旧五代史》卷三三《庄宗纪第七》，第 461 页
		庄宗建号，以太原为北京，以知祥为太原尹、北京留守	《新五代史》卷六四《孟知祥传》，第 797 页
张宪	926 年	以邺都副留守、兴唐尹张宪检校吏部尚书、太原尹，充北京副留守、知留守事	《旧五代史》卷三三《庄宗纪第七》，第 461 页
		乃以为太原尹、北京留守	《新五代史》卷二八《张宪传》，第 313 页
符彦超	926 年	即授北京留守、太原尹	《旧五代史》卷五六《符彦超传》，第 760 页
李从荣	928 年	三年，移北京留守，充河东节度使	《旧五代史》卷五一《秦王从荣传》，第 693 页
李从厚	929 年	以皇子河南尹、判六军诸卫事从厚为北京留守	《旧五代史》卷四〇《明宗纪第六》，第 549 页
	930 年	皇子北京留守、河东节度使从厚移领镇州	《旧五代史》卷四一《明宗纪第七》，第 566 页
冯赟	930 年	秋七月甲子，以宣徽南院使、行右卫上将军、判三司冯赟为北京留守、太原尹	《旧五代史》卷四一《明宗纪第七》，第 566 页
	931 年	冬十月戊午，以前北京留守、太原尹冯赟为许州节度使	《旧五代史》卷四二《明宗纪第八》，第 583 页

续表

姓名	时间	史料记载	出处
石敬瑭	932 年	丁亥，加兼侍中、太原尹、北京留守、河东节度使，兼大同、振武、彰国、威塞等军蕃汉马步军总管，改赐竭忠匡运宁国功臣	《旧五代史》卷七五《高祖纪第一》，第 982 页
	934 年	复授太原节度使、北京留守，充大同、振武、彰国、威塞等军蕃汉马步总管	《旧五代史》卷七五《高祖纪第一》，第 982 页
石重贵	936 年	遂以帝为北京留守，授金紫光禄大夫、检校司徒，行太原尹，知河东管内节度观察事	《旧五代史》卷八一《少帝纪第一》，第 1067 页
		遂拜金紫光禄大夫，行太原尹、北京留守，知河东节度事	《新五代史》卷九《出帝纪》，第 89 页
石重贵	937 年（三月）	三月甲寅，制北京留守、太原尹、皇子重贵封食邑三百户，刑部侍郎张鹏改兵部侍郎	《旧五代史》卷七六《少帝纪第一》，第 998 页
安彦威	937 年（八月）	八月辛巳，以许州节度使苌从简为徐州节度使，以陕州节度使、侍卫马步军都虞候刘知远为许州节度使，以权北京留守、徐州节度使安彦威为太原尹、北京留守、河东节度使	《旧五代史》卷七六《高祖纪第二》，第 1006 页
石重贵	937 年（九月）	甲寅，皇子北京留守、知河东军府事、太原尹重贵加检校太保，为右金吾卫上将军	《旧五代史》卷七六《高祖纪第二》，第 1007 页
刘崇	939 年	五月甲午，太原尹刘崇为北京留守	《新五代史》卷一〇《高祖纪》，第 101 页
刘知远	941 年	己巳，以邺都留守兼侍卫亲军马步军都指挥使、广晋尹刘知远为太原尹，充北京留守、河东节度使，仍割辽、沁二州却隶河东	《旧五代史》卷八〇《高祖纪第六》，第 1051 页
刘崇	948 年（推测）	汉祖起义于河东，以崇为特进、检校太尉、行太原尹	《旧五代史》卷一三五《刘崇传》，第 1810 页
		高祖即帝位，以为太原尹、北京留守、同中书门下平章事	《新五代史》卷七〇《刘旻传》，第 863 页

姓名	时间	史料记载	出处
刘承钧	951 年	周广顺元年正月，崇僭号于河东，称汉，改名旻，仍以乾祐为年号，署其子承钧为侍卫亲军都指挥使、太原尹，以判官郑珙、赵华为宰相，副使李璟、代州刺史张晖为腹心	《旧五代史》卷一三五《刘崇传》，第 1810 页
		乃以周广顺元年正月戊寅即皇帝位于太原，以子承钧为太原尹，判官郑珙、赵华为宰相，都押衙陈光裕为宣徽使，遣通事舍人李晋间行使于契丹	《新五代史》卷七〇《刘旻传》，第 864 页
刘继恩	954 年	承钧立，以继恩为太原尹	《新五代史》卷七〇《刘继恩传》，第 869 页

表余 -1 中的太原尹，根据与政权的关系可以分为两类。第一类，太原尹直接参与政权更替，获得帝位，或者是皇权的继承者。他们按照朝代的先后顺序分别是：李克用、石敬瑭父子、刘知远亲族。923 年，李存勖继承父亲李克用苦心经营的河东地区，建立后唐；936 年，石敬瑭在契丹的帮助下夺取政权，在太原称帝，史称后晋，其子石重贵领北都；947 年，世居太原的刘知远在蓄积实力多年后趁乱登基，建立后汉；951 年，刘知远之弟刘崇据河东十二州称帝，建立北汉，其子刘承钧、孙刘继恩先后担任太原尹。第二类，太原尹以地方官的身份参与政局变动。他们的权力来源于朝廷，接受中央调派，职责在于治理北都，防范地方势力过大。

1. 对太原的绝对控制力

第一类型的李氏、石氏、刘氏在五代史中直接影响时局。李裕民先生在《论五代时期山西的历史地位》中称他们为"以山西夺天下的三大沙陀族势力"。[1] 其中，李存勖、石敬瑭、刘知远、刘崇都是以太原尹、河东节度使的身份完成朝代更替。其成功的原因，可以概括为以下三

---

1 李裕民：《论五代时期山西的历史地位》，《史志学刊》2016 年第 1 期。

点。第一，从族属上看，沙陀长期在山西境内活动，熟悉战略地形，了解周边诸族，继承祖辈打下的根基，且擅长骑马射箭，在军事上占有优势。第二，从时局上看，唐朝灭亡后，权力真空出现，诸方角力，为河东势力的崛起和称霸提供了舞台。第三，也是特殊且最为重要的因素，即他们都利用了太原之"势"。

　　五代太原的"势"是什么？简单来说，它是指太原在这一时期"动态的"军事地理价值。前文已经多次提到太原的"形"，包括地理位置、地形地貌、植被熟制等。这在很长的时间里是相对静态的，"势"在此基础上产生。唐代的太原之"势"可谓"襟四塞之要冲，控五原之都邑"，[1]且"司北门之管钥，横制獯虏，远清疆陲"。[2]时至五代，太原"东带名关，北逼强胡，年谷独孰，人庶多资，斯四战之地，攻守之场也"，[3]是河东根本之所在，具有多方面的优势。其一，政治中心发生变化，从过去的长安洛阳一线逐渐向洛阳开封一线转移，与太原的距离更近。其二，进入战争时期，关内的混战使生灵涂炭，城市被毁，生产力遭到极大破坏，河东地区则受影响较小，积累了物资和人力。其三，民族关系发生变化，唐末太原尹疲于控扼北边，防止民族部落南下，五代时蕃汉联军是河东兵力的重要组成部分。杜文玉先生在《五代十国制度研究》中曾论述蕃汉马步军总管，[4]李氏、石氏都曾兼任此职，统率太原一带的多民族军队。

　　李克用父子对太原的经营是"造势"，对太原战略地位的上升起到了推动作用；石敬瑭镇太原，占据此形胜之地，成就帝业，可谓"借势"；刘知远、刘崇等人虽"恃势"而立，但由攻势到守势，雄风不再。可以看到，他们在太原尹任上追求的是至高的权力和绝对的控制。谁掌

1　李白：《秋日于太原南栅饯阳曲王赞公贾少公石艾尹少公应举赴上都序》，《李太白全集》卷二六，第 3786 页。

2　王钦若等编《册府元龟》卷三二二《宰辅部十五·出镇》，第 3643 页。

3　范晔：《后汉书》卷二八上《冯衍传》，第 968 页。

4　杜文玉：《五代十国制度研究》，第 430~431 页。

握了太原的绝对控制权谁就掌握了河东，具备了"霸王之资"。[1]《唐末五代河东地区军事地理研究》[2]一文分析了河东形势的变化，其过程和阶段性特征与本书讨论的太原形势变化基本同步。北都是能量的中心，它带动着整个河东在五代的走向。

太原控制权的继任者也担任了太原尹，如石重贵、刘承钧、刘继恩。这与唐初的模式十分相似。因为太原为王业所起之地，任命皇族为太原尹的安排体现出了太原的重要性。五代与唐代的差异在于皇族的地位。唐初遥领太原的皇族并非储君，而五代任太原尹的皇子多是权力继承者。可以推测，朝代更迭后，太原尹之位具有象征意义，不会轻易传入他人之手。

这一类的太原尹虽然沿袭唐代官员之名，但其性质已经发生变化，由中央领导下的官僚转变为军阀领袖，跳出职官体系。他们在此集权，并左右政局。他们一旦对太原控制力减弱，就会失去指挥河东的权柄，失去称霸中原的气势，最终被取而代之。与之相对或者相反的是第二类太原尹，他们在很大程度上承袭唐代制度。

2. 委寄非轻的北都（京）留守

张宪、孟知祥、安彦威等是第二类太原尹的代表，他们的迁转、委任由中央支配，职掌太原地方事务。从时间上看，他们任期较短，未在此处长期盘踞以培养个人势力。从职掌上看，他们兼任北都（京）留守，根据朝廷的政令实施举措，镇守太原、发兵协助中央的军事行动。《五代会要·留守》记载，五代晋天福七年（942），"留守之任，委寄非轻。凡降丝纶，宜同将相。今后除留守，宜降麻制"。[3]从迁转上看，他们由都虞候、牙将等职位迁入，熟悉北都情况，具有一定的带兵经验。

1　《新编五代史平话·汉史上》载："河东之山河险固，风俗好斗，地多良马，无事则劝民勤于耕桑，有事则募民习于弓矢，此真霸王之资也。愿令公坚守，不必移镇，进退在我，又何忧乎？"（商务印书馆，1925，第16页）

2　朱一帆：《唐末五代河东地区军事地理研究》，硕士学位论文，云南大学，2015。

3　王溥：《五代会要》卷一九《留守》，第239页。

迁出后，多为附近地区的节度使。

这一类的太原尹虽然没有直接夺取政权，但他们对于政治事件的参与度较高。或是在授命之时就得到了帝王的高度重视，如张宪，《旧五代史·张宪传》载："北门，国家根本，非重德不可轻授。今之取才，非宪不可。"[1]或是有着灿然的勋德，如卢质，有拥立新主之功。[2]镇守太原之时，成败与否关系政局稳定，帝国命运。以张宪为例，他虽然拒绝了作乱的赵在礼的诱惑，但未能守住太原，最终李存勖的权力被后唐明宗夺取。[3]

需要注意的是，两类太原尹有差异，也有转换。具体而言，曾经的太原地方官如果势力膨胀，就有可能会冲击最高权力，夺取统治地位。这是一个动态变化的过程，能量蓄积会引发质变，使地方官据太原而称帝。石敬瑭、刘知远、刘崇符合这种模式。其中刘崇的情况稍微特殊，他是中央发生政变后被动称帝。以石敬瑭为例，他镇太原后，以北都为据点发展个人势力，中央遂派人分割其权力，并把他调离太原。后唐清泰三年（936）他第二次任太原尹期间，朝廷试图派新的官员来代替他。石敬瑭的心腹刘知远进言："明公久将兵，得士卒心。今据形胜之地，士马精强，若称兵传檄，帝业可成。"[4]他分析了五代太原尹的三大优势：第一，掌握兵权；第二，以战略要地太原为根据地；第三，机动力量充足。这些优势来源于北都，从根本上说，是北都的特殊性赋予了太原尹特权。

3. 也谈北都的衰落

唐代"镇北三独任"的模式是否沿袭至五代？从整个时段来看，五代太原尹往往兼任北都（京）留守和河东节度使。唐末五代，三职合于一人能够有效地统领太原，应对战争频发的时局。从后唐、后晋、后

1　《旧五代史》卷六九《张宪传》，第 913 页。

2　《旧五代史》卷九三《卢质传》，第 1227 页；《新五代史》卷五六《卢质传》，第 643 页。

3　《旧五代史》卷六九《张宪传》，第 912 页；《新五代史》卷二八《张宪传》，第 312 页。

4　司马光：《资治通鉴》卷二八〇，天福元年五月甲午条，第 9142 页。

汉、北汉分别来看，三职分离的局面曾经短暂出现，目的在于分权，避免地方势力过大而出现割据或是叛乱。但是地方能量已经聚集，蓄势待发，朝廷的一纸政令难以改变局面。[1]

从担任太原尹的个人来看，到北汉时期，太原尹性质发生了变化。北都的"势"在这一阶段已经由盛转衰，以北都为核心的政权从扩张转入防守。有的学者认为太原自唐至北宋，从兴盛一步步走向衰落。[2] 实际上，北都的盛衰是有阶段性的。从唐初到安史之乱，北都地位相对保持平稳，是唐朝除两京之外的重要城市；安史之乱后至唐代灭亡，北都地位逐步上升，受到中央高度重视；从唐灭亡到北汉建立，北都的重要性陡升，象征着称霸中原的权力和力压诸雄的能量；此后，北都走向衰弱。

如何理解北都衰落的原因？宁可先生、阎守诚先生在《唐末五代的山西》中指出："中国北方五代的历史，实际可以当作建都于开封（或洛阳）的中央政权同以太原为根据地的割据势力激烈斗争的历史来看。"[3] 两方势力激烈斗争，太原势力曾多次取得胜利，太原尹的地位也随之上升。等到经济中心南移，太原势力就失去了优势。从地理位置和交通来看，北都的优势在五代中后期逐渐失去。唐代北都控扼南北通道，北拒强敌，南守两京，无疑是重要的屏障和关口，但实际上中原腹地是北都的大后方。到太原势力与开封势力对峙时期，河东之北有日益壮大的契丹，太原势力时常向契丹借兵；南有不断集权的开封势力，而且太原以南的汾渭谷地颇为平坦，与其北山川襟带的状况不同，这里没有地形、地势上的防御优势。太原势力整体由攻势进入守势。至979年，宋太宗赵光义灭掉了以太原为都的北汉政权，最终统一全国。宋代的新篇章开始围绕着开封展开。

1　以宋审虔为例，他持河东节度使之令，却无法上任太原取代石敬瑭。见《旧五代史》卷四八《末帝纪下》，第661页。

2　赵乐：《北宋太原府（并州）的研究》，硕士学位论文，山西大学，2014。

3　宁可、阎守诚：《唐末五代的山西》，《晋阳学刊》1984年第5期。

二 "多面的"太原尹：唐诗和宋人笔记小说中的太原尹

对唐代太原尹的职官史、军事史和政治史的梳理告一段落，回顾前文，有三个问题值得思考。第一，本书的研究对象既是一个重要官职，也是史料丰富的人物群体，同时"三独任"的特殊情况赋予他们河东节度使和北都留守的权力，那该如何把握群体共性和个人特性。换而言之，落笔的角度是以太原尹群体为主，还是不断细化到每个个体？"森林"与"树木"，取舍的原则影响本书史料来源的范围。第二，太原尹也是太原史的一部分，作为最高领导人，是否可以他们为案例观察整个城市？城市史研究历史悠久，成果丰富，视角多样。北都横向上联络诸州，纵向上御敌、平叛，具有强大的张力。政治、军事、民族关系，每一个侧面都独具特点。这种特殊性是太原尹特殊性的来源，前面几章的一条重要线索正是分析太原尹与河南尹、京兆尹的不同之处。众多案例给我们带来的是立体的、多层次的北都，但还有更多的方面等待我们去探讨。第三，本书是否已经利用了所有可以找到的史料？这与前两个问题密切相关。首先，太原尹作为个人，他们自己书写的文字、旁人记录他们的事迹，这些材料如何去处理？其次，北都的宗教史、文化史中也保留下了太原尹的身影，相关史料有待辑录和整理。前文中，传世文献诸如《旧唐书》《新唐书》《资治通鉴》《通典》《唐六典》《唐大诏令集》《元和郡县图志》等以及墓志铭一类的石刻史料共同构成了本书的主体材料。接下来，可以扩大史料搜集范围，去探究唐诗与宋人笔记小说。

把唐诗和宋人笔记小说中的史料整理出来写这一部分，原因有四：其一，从史料本身来看，他们与前文主要使用的材料略有不同，表现手法上有文学的技巧和修辞，作为证史材料，需要谨慎地甄别；其二，从记录的对象来看，它们更重视个体，很多是围绕担任太原尹的个人，内容是零散的、片段的，需要在前文研究的基础上进行整合；其三，从反映出的问题来看，唐诗和宋人笔记小说中有很多前文没有专门探讨的社会生活方面的内容；其四，前面几章为本部分提供了研究基础，唐朝河东时局变化的脉络已经呈现在眼前，将众多个案放回其对应的时局中可以得到更准确的定位。

（一）宋人笔记小说中的太原尹

在隋唐史学界，笔记小说的史料价值受到学者的重视。根据宁欣先生的研究，[1]首先，宋人笔记小说中有大量关于唐五代的记载；其次，宋人小说述史、考史，有"史书化"的倾向，而且宋人笔记多采用谨慎态度对杂记、见闻进行纪实性的著述；最后，史学领域对于笔记小说的研究在广度和深度上尚有继续探索的空间。她还提出一个重要的观念，即应该重视作者眼中的"当代史"，采用综合发掘的态度去观察不同社会群体心态和不同角度的中古城市面貌。由此，应该科学认识不同时段的笔记和小说，区分对待"纯文学"和"历史化"的小说。宋人的笔记和小说是可以进行史料挖掘的重要材料。

以此为基础逐个审视宋人笔记小说中和太原尹相关的记述，具有重大意义。第一，补充个案，呈现更全面和立体的太原尹、河东节度使、北都留守；第二，回应前文的论证，为相关问题添补史料；第三，寻找新问题，辩证地处理笔记小说与正史的差异。

1. 个案补充：李光弼惩妄与王锷求相

王承业和李光弼都曾统率太原，前者军政弛谬，为一己之私贪功误事，后者在安史之乱中力挽狂澜，是使北都重要性上升的重要人物。李光弼在接任王承业太原尹之职时，《新唐书·李光弼传》记载王承业

---

1 参看宁欣、史明文《笔记小说的演变与唐宋社会研究》，《西北师大学报》（社会科学版）2002年第 5 期；宁欣《论题：如何发掘笔记小说中的唐宋城市社会经济信息》，《历史教学问题》2007 年第 4 期；宁欣《唐宋城市经济社会变迁的思考》，《河南师范大学学报》（哲学社会科学版）2006 年第 2 期。

手下侍御史崔众狂妄，不交兵权。[1]《续世说》[2]对此事的叙述更加详细，包括崔众以下犯上的恶行，如"众侮易承业，或衷甲持抢，突入承业厅事玩谑之"，以及"顷中使至，除众御史中丞，怀其敕，问众所在"被李光弼严词拒绝的过程。

关于元和五年（810）至元和十年（815）任太原尹的王锷，两《唐书》皆有其传。他镇北都期间，"缉绥训练，军府称理"，[3]接手因范希朝"在镇无功"而残破的太原府库，不久后"兵至五万，骑五千，财用丰余"。[4]然而，《旧唐书·李藩传》中，记载元和四年（809）"河东节度使王锷用钱数千万赂遗权幸，求兼宰相"，[5]结果是李藩涂改敕令，以保持朝廷的清流不浊。这是王锷的另一面，虽掌管河东亦想在中央兼任高位。《避暑录话》[6]对此事进行了分析，《旧唐书》、《续世

1 《新唐书》卷一三六《李光弼传》，第 4585 页。"前此，节度使王承业政弛谬，侍御史崔众主兵太原，每侮狎承业，光弼素不平。及是，诏众以兵付光弼。众素狂易，见光弼长揖，不即付兵，光弼怒，收系之。会使者至，拜众御史中丞。光弼曰：'众有罪，已前系，今但斩侍御史。若使者宣诏，亦斩中丞。'使者内诏不敢出，乃斩众以徇，威震三军。"

2 孔平仲：《续世说》卷七《简傲》，《全宋笔记》第 9 册，第 128 页。"李光弼为太原尹，时节度使王承业军政不修，诏御史崔众交兵于河东。众侮易承业，或衷甲持抢，突入承业厅事玩谑之。光弼闻之，素不平。至是交众兵于光弼，众以麾下来，光弼出迎，旌旗相接而不避。光弼怒其无理，又不即交兵，令收之。顷中使至，除众御史中丞，怀其敕，问众所在，光弼曰：'众有罪，系之矣。'中使以敕示，光弼曰：'今只斩侍御史。若宣制令，即斩中丞。若拜宰相，亦斩宰相。'中使惧，遂寝之。翌日，以兵仗围众至碑堂下，斩之。"

3 《旧唐书》卷一五一《王锷传》，第 4061 页。

4 《新唐书》卷一〇七《王锷传》，第 5170 页。

5 《旧唐书》卷一四八《李藩传》，第 4000 页。

6 叶梦得撰，徐时仪整理《避暑录话》卷下，《全宋笔记》第 27 册，第 95 页。"《唐书·李藩传》记笔灭密诏王锷兼宰相事，《会要》崔氏论史官之失，其说甚明，而新史犹载之，岂未尝见崔所论耶？然即本传考之，藩为相，既被密旨，有不可，封还，可也，何用灭其字，自可见其误矣。给事中批敕事亦非是。唐制，给事中诏敕，有不便，得涂窜奏还，谓之涂归，此乃其职事，何为吏惊请联他纸。藩，名臣，二事尤伟，而皆不然，成人之美者固所不惜，但事当核实尔。吾谓此出批敕一事，盖虽有故事，前未有能举其职者，至藩行之，吏所以惊，后之美藩者因加以联纸之言，又益而为王锷事，不知适为藩累也。据《王锷传》，自河东节度使加平章事，《会要》以为元和五年，正藩为相时，大抵新史自相抵牾类如此。"

说》[1]和《程氏续考古编》[2]都以此事美言李藩，但是这与唐代制度相违，"给事中诏敕，有不便，得涂窜奏还，谓之涂归"，而且所述事件发生的时间与李、王二人的迁转经历不符。笔记小说中文人的分析有助于我们更谨慎地处理史料。

其他太原尹，如裴度[3]、李听[4]等的事迹也被记载入笔记小说，内容基本和《旧唐书》《新唐书》一致，略有词句之不同。太原尹的事迹被文人记录、讨论，基本符合正史、不失其实，可以在一定程度上反映出宋人笔记小说的真实性，也可以体现出唐代太原尹地位重要，被关注度高。

2. 回应前文：马燧受宠与卢钧治军

马燧是本书重点探究的人物之一，前文多次提到。任职八年期间，可谓功过分明。一方面，他功勋卓著，抗敌、平叛，并且培养李自良、李说等得力将领成为河东储备的指挥力量；另一方面，他权力集中，在处理吐蕃问题上决策失误，使朝廷蒙辱，被夺去兵权。宋人亦记其备受"崇宠"，"太宗以宸扆、台衡二铭赐马燧。燧至太原，乃勒二铭于起义

1　孔平仲：《续世说》卷三《方正》，《全宋笔记》第19册，第43~44页。"河东节度使王锷，遗赂权幸，有密旨王锷可兼宰相，宜即拟来。藩遂以笔涂兼宰相字，却奏入，云：'不可。'德舆失色，云：'纵不可，宜别作奏，岂可以笔涂诏耶？'藩曰：'势迫矣，出今日便不可上。日又暮，何暇别作奏？'锷果果寝。史云藩为相，材能不及裴垍，孤峻颇后韦贯之，然人物清整，亦其流也。"

2　程大昌：《程氏续考古编》卷三《李藩涂敕》，《全宋笔记》第44册，第142页。"李藩涂敕，前后凡载两事。当其为给事中，制有不便，就敕尾批欲却之。吏警，请联它纸，藩曰：'联纸是牒，岂曰敕耶？'及后为门下侍郎，河东节度使王锷赂权近，求兼宰相，密诏中书门下曰：'锷可兼宰相。'藩遂取笔，减'宰相'字，书其旁曰'不可'，还奏之。"

3　孔平仲：《续世说》卷一二《奸佞》，《全宋笔记》第19册，第226~227页。"元稹为江陵府士曹，为监军崔潭峻所厚。长庆初，潭峻归朝，出稹连昌宫词等百余首奏御，穆宗大悦，问稹安在。对曰：今为南宫散郎。即日转祠部郎中知制诰。朝廷以书命不由相府，其鄙之。无何，为翰林承旨学士。中人以潭峻之故，争与稹交。枢密使魏宏简尤与稹相善。穆宗愈深嘉重。河东节度使裴度上疏，言稹与宏简为刎颈之交，谋乱朝政。言甚激切。长庆二年，稹拜相。诏下，朝野嗤笑。"

4　孔平仲：《续世说》卷三《方正》，《全宋笔记》第19册，第43页。"李晟之子听，为羽林将军，有名马。穆宗在东宫，令近侍讽听献之。听以职总亲军，不敢从。及即位，择太原帅，宰臣进拟，上皆不允，曰：'李听不与朕马，是必可任。'以为河东节度使。"

堂，帝为题额"。[1]

卢钧于大中六年（852）至九年（855）镇守北都，《旧唐书·卢钧传》载之"仁声载路，公论弥高"。[2]《唐语林》详述其治军的两件事。其一，判虞候。[3]推官李璋酒后杖打衙前虞候，以致百八十名虞候横街拦截卢钧，投诉此事。卢钧以北都重镇不可无纪，对参与此事的虞候进行了相应的惩处。[4]其二，补都押衙。[5]在选拔左右都押衙时，被任命为右押衙者陈述自己的劳资，不满于此。卢钧以自身为例对其进行开导，使之"感泣，领拜谢而去"。

这里出现了卢钧麾下的军将，有衙前虞候、推官、虞候、押衙等，其中多可与本书第五章中论述的协助太原尹处理军务的僚佐对应。问题是，众多的虞候是否从当地人中选拔？其数量之多，是否有冗员的情况？太原尹三职合一，那么这里的虞候是府之下还是军中的呢？程喜霖先生指出虞候可以是指官府中的吏，也可能是军中的巡营警备。[6]所

1　高晦叟撰，孔凡礼整理《珍席放谈》，《全宋笔记》第 17 册，第 75 页。

2　《旧唐书》卷一七七《卢钧传》，第 4592 页。

3　王谠：《唐语林》卷一《政事上》，《全宋笔记》第 18 册，第 39 页。"卢元公钧镇北都，推官李璋幕中饮酒醉，决主酒军职衙前虞候。明日，元公出赴行香，其徒百八十人横街见公，论无小推巡决得衙前虞候例，元公命枚禁责状。至衙，命主推官所决者，更决配外镇，其余虞候各罚金，内外不测。璋惶恐，衣公服求见。公问：'何事公服，请十郎裤衫麻鞋相见？' 璋欲引咎，公语皆不及。临去，曰：'十郎不决衙前虞候，只决所由。假使错误，亦不可纵。况太原边镇，无故二百虞候横拦节度使，须当挫之。' 璋后为尚书右丞。"

4　司马光：《资治通鉴》卷二四九，大中六年六月壬申条，第 8051 页。"掌书记李璋杖一牙职，明日，牙将百余人诉于钧。钧杖其为首者，谪戍外镇，余皆罚之，曰：'边镇百余人，无故横诉，不可不抑。'"

5　王谠：《唐语林》卷一《政事上》，《全宋笔记》第 18 册，第 39 页。"卢公镇太原，同日补左右都押衙。其牒置案前阶上，补右者先自探之，展见右字，却折于阶上，退身致词云：'在军门几十年，前后主办，未尝败绩。伏蒙右补，情有嫌郁，谨未敢受。' 公曰：'君近前。君知军中无年劳，知有拔卒为将否？君不同蔡袭，有功朝廷，合议超宠。' 其人未逊，公复召前，并排衙大校悉前，曰：'君怏恨右补都衙军，不见卢钧耶？' 军中见节使自呼姓名，皆悚然。"卢钧进士出身，历中外五十年，岂不消中书一顿饭？临年暮齿，亦是得一裹香纸合，如何？' 于是牙中感泣，领拜谢而去。蔡受左都押衙，即日表荐为上戍军，寻建幢，节镇湖南。"

6　程喜霖：《从吐鲁番出土文书中所见的唐代烽燧制度之一》，唐长孺主编《敦煌吐鲁番文书初探》，武汉大学出版社，1983，第 275~315 页。

以两种情况都有可能。另外，卢钧上任当日就补押衙，足见此职的重
要性。

3. 误写的太原尹：崔鄵与浑瑊

前文考述太原尹时提到过崔鄵，《唐语林》中有这样一段记载：

> 博陵崔倕，缌麻亲三世同爨。贞元已来，言家法者，以倕为
> 首。倕生六子，一为宰相，五为要官。太常卿邠，太原尹鄵，外
> 壶尚书郎郹，廷尉郁，执金吾鄱，左仆射平章事郸。郹及郸，五知
> 贡举，得士百四十八人。兄弟亦同居光德里一宅。宣宗尝叹曰："崔
> 郸家门孝友，可为士族之法矣。"郸尝构小斋于别寝，御书赐额曰：
> 德星堂。[1]

其中提到崔鄵曾担任太原尹。他是否担任过太原尹？于何时担任？
遍查史料，可以看到在刘禹锡为崔倕撰写的《唐故朝散大夫检校尚书
吏部郎中兼御史中丞赐紫金鱼袋清河县开国男赠太师崔公神道碑》中
有载："生才子六人，长曰邠，及公时已为左拾遗，后至太常；次曰鄵，
至太府卿；次曰郹，至外台尚书；次曰郁，今为廷尉；次曰鄱，至执金
吾；季曰郸，今为太常卿同中书门下平章事。"[2] 在志文中，崔鄵担任的
是太府卿，与太原尹并无关联。从其兄崔邠的传记来看，《旧唐书》中
未记崔鄵，《新唐书》言其兄弟六人"弟鄵、郹、郁、鄱、郸"，没有详
述崔鄵。另有记其为"鄵，司农卿"。[3] 郁贤皓先生在《唐刺史考全编》
中将其归类为待考的太原尹。[4] 综合上述材料看，崔鄵很可能并没有担
任过太原尹，而担任过"太府卿"和"司农卿"。由于没有其他史料佐
证，只能根据文字叙述，推测他曾在太原做过官，也担任过司农卿。

另一段可待比较的史料来源于《邵氏闻见录》，记载了浑瑊曾经担

1　王谠：《唐语林》卷一《德行》，《全宋笔记》第 18 册，第 15~16 页。

2　《刘禹锡集》，第 30 页。

3　《新唐书》卷七二下《宰相世系二下》，第 2762 页。

4　郁贤皓：《唐刺史考全编》，第 1314 页。

任河东尹，"河东尹浑瑊上其事，诏加优赐，旌表其闾，名其乡曰孝悌社，曰节义里，曰钦爱"。[1] 关于浑瑊，在前文的论述中可以看到他曾担任马燧的侍中："浑瑊由是服燧……是岁闰五月十五日，侍中浑瑊与蕃相尚结赞盟于平凉，为蕃军所劫，狼狈仅免，陷将吏六十余员，由燧之谬谋也，坐是夺兵权。"[2] 什么是河东尹呢？《新唐书·宰相世系三下》记载："伯连，河东尹。"[3] 然而，郁贤皓先生曾根据《白居易集》之中《唐赠尚书工部侍郎吴郡张公神道碑铭并序》："及肃宗嗣位，诏河南尹薛伯连搜访不仕贼庭、隐藏山谷者。"[4] 认为薛伯连担任的是河南尹，河东尹为误写。那么浑瑊担任的到底是什么职务？会不会也是"河南尹"被误写为"河东尹"？这与"太原尹"有无关联，是不是"河东太原尹"的缩写？有两方面的线索可以追踪：第一，《邵氏闻见录》里的这段记载是关于河中府河东县永乐镇，显然与河南尹的辖境不符合，不会是河南尹的误写；第二，浑瑊的神道碑文中明确写道，他曾任河中尹。[5] 所以《邵氏闻见录》里"河东尹"的说法出现了错误，更不可能是太原尹。

（二）太原尹与佛教

　　笔记小说里往往保留着关于生活、习俗、信仰的史料，我们可以从宋人的记述中看到很多关于唐代北都佛教情况的记载。隋唐时期是太原佛教发展的重要时期，众多佛寺建立，出现了多位高僧大德，民间信仰佛教的人数大为增长。《演繁露续集》记载："安禄山反，杨国

1　邵伯温：《邵氏闻见录》卷一七，上海古籍出版社，2012，第96~97页。"河中府河东县永乐镇，唐永乐县也，本朝熙宁初，废为镇。面大河，背雷首、中条山，形势雄深。安史之乱，土人多避地于此。有姚孝子庄，孝子名栖筠，唐贞元中为农，当成边，栖筠之父语其兄曰：'兄嗣未立，弟已有子，请代兄行。'遂战殁。时栖筠方六岁，其后母再嫁，鞠于伯母。伯母死，栖筠葬之，又招魂葬其父，庐于墓侧，终身哀慕不衰。县令苏辙以俸钱买地开阡陌，刻石表之。河东尹浑瑊上其事，诏加优赐，旌表其闾，名其乡曰孝悌社，曰节义里，曰钦爱。"

2　《旧唐书》卷一三四《马燧传》，第3697~3700页。

3　《新唐书》卷七三下《宰相世系三下》，第3038页。

4　郁贤皓：《唐刺史考全编》，第594页。

5　周绍良主编《全唐文新编》卷四九八《东都留守韦虚心神道碑》，第3部第1册，第5880页。

忠遣侍御史崔众至太原，纳钱度僧尼、道士，旬日得百万缗而已。"[1]
侧面反映出太原佛教信徒之多，如此杨国忠的度牒之计才能迅速获
得大量资金。作为地方最高行政长官，太原尹如何处理佛教相关事
宜呢？

820 年，初任太原不久的裴度上报朝廷五台山的佛光现象，《邵氏闻
见后录》记载："五台山佛光，其传旧矣。《唐穆宗实录》："元和十五年
四月四日，河东节度使裴度奏，五台山佛光寺侧，庆云现，若金仙乘狻
猊，领其徒千万，自巳至申乃灭。又峨眉普贤寺，光景殊胜，不下五
台，在唐无闻。"[2] 佛光现象是祥瑞之兆，且发生在著名的佛教圣地五台
山。裴度上奏此事，既可知其对佛事的重视，也可见朝廷对佛教的推
崇。时为元和十五年（820），唐宪宗晚年敬佛尤甚。裴度之外，太原尹
李暠、王缙、卢钧、郑涓、裴休、李克用等都与佛教有关联。

开元十五年（727）李暠任太原尹，充太原已北诸军节度使，此职
系由前文提到的天兵军改制而来。《旧唐书·李暠传》记载："太原旧
俗，有僧徒以习禅为业，及死不殓，但以尸送近郊以饲鸟兽。如是积
年，土人号其地为'黄坑'。侧有饿狗千数，食死人肉，因侵害幼弱，
远近患之，前后官吏不能禁止。暠到官，申明礼宪，期不再犯，发兵捕
杀群狗，其风遂革。"[3] 崔岩先生在《也谈唐代太原"黄坑"葬俗的宗教属
性》[4]一文中首先分析太原周边的佛教环境，并对比佛教、祆教教义上的
差别，得出"黄坑"葬俗属于佛教葬俗。"黄坑"习俗之下成群饿狗食
死人肉，影响恶劣。李暠到太原后以礼法教化民众，捕杀恶犬，最终革
除此俗。"黄坑"之事源于佛教僧徒习禅，能存在多年也是太原佛教兴
盛的表现。李暠的举措更多是针对"黄坑"的现实影响，旨在改善现
状，并非与佛教对抗。

---

1 程大昌：《演繁露续集》卷二《纳钱度僧道》，《全宋笔记》第 43 册，第 297 页。
2 邵博：《邵氏闻见后录》卷二八，中华书局，1983，第 220 页。
3 《旧唐书》卷一一二《李暠传》，第 3335 页。
4 崔岩：《也谈唐代太原"黄坑"葬俗的宗教属性》，《洛阳大学学报》2003 年第 3 期。

王缙曾在安禄山之乱时被任命为太原少尹，协助李光弼镇守太原，并于大历三年（768）至五年（770）担任太原尹。据《旧唐书·王缙传》，王缙兄弟信仰佛教，不食荤腥，到晚年尤甚。王缙将大量的精力和财力用于佛寺的修缮和佛教的传播。[1]"五台山有金阁寺，铸铜为瓦，涂金于上，照耀山谷，计钱巨亿万。缙为宰相，给中书符牒，令台山僧数十人分行郡县，聚徒讲说，以求货利。"[2]他对庄宗崇佛产生影响，庄宗将大量的资财耗费在装饰寺院上。史书评价此事为"岁以为常，而识者嗤其不典，其伤教之源始于缙也"。[3]王缙很可能在太原任职期间逐渐成为佛教信徒，他晚年致力于兴盛河东道的五台山金阁寺也可能有此渊源。

大中六年（852）至九年（855）卢钧到任北都，《唐语林》称"元公出赴行香"。[4]行香，即上香行礼，严耀中指出这是"佛教向儒家礼仪制度与观念渗透的结果"，[5]是唐代社会普遍接受的佛教信仰方式之一。[6]

郑涓在太原任职时间较短，仅大中九年（855）至十年（856）。现今五台山著名古建筑佛光寺东大殿有题字："敕河东节度观察处置等使检校工部尚书兼御史大夫郑。"多位学者认为这里的"郑"就是郑涓，其任职河东的时间与大殿修筑的时间相合。[7]

1　《旧唐书》卷一一八《王缙传》，第 3417 页。"与杜鸿渐舍财造寺无限极。妻李氏卒，舍道政里第为寺，为之追福，奏其额曰宝应，度僧三十人住持。每节度观察使入朝，必延至宝应寺，讽令施财，助己修缮。初，代宗喜祠祀，未甚重佛，而元载、杜鸿渐与缙喜饭僧徒。代宗尝问以福业报应事，载等因而启奏，代宗由是奉之过当，尝令僧百余人于宫中陈设佛像，经行念诵，谓之内道场。其饮膳之厚，穷极珍异，出入乘厩焉，度支具廪给。"

2　《旧唐书》卷一一八《王缙传》，第 3418 页。

3　《旧唐书》卷一一八《王缙传》，第 3418 页。

4　王谠：《唐语林》卷一《政事上》，第 31~32 页。

5　严耀中：《从行香看礼制演变》，氏著《晋唐文史论稿》，上海人民出版社，2013，第 157 页。

6　参见吴敏霞《从唐墓志看唐代世俗佛教信仰》，《佛学研究》1996 年。

7　参见梁思成《中国古建筑调查报告》（下），生活·读书·新知三联书店，2012，第 801 页；孙进己、苏天钧、孙海主编《中国考古集成·华北卷·魏晋至隋唐》（二），哈尔滨出版社，1994，第 1661 页。

裴休于大中十三年（859）任太原尹，他笃信佛教。[1]《旧唐书·裴休传》记载其家族世代奉佛，裴休在太原、凤翔的名山之中遍寻佛寺，与高僧讲求佛理。他保持斋戒，焚香颂典，并以法号为字。面对时人的讥嘲，裴休坚持信仰，不抵触且不生怨。[2]《新唐书·裴休传》亦记之："然嗜浮屠法，居常不御酒肉，讲求其说，演绎附著数万言，习歌呗以为乐。与纥干臮善，至为桑门号以相字，当世嘲薄之，而所好不衰。"[3]太原周边佛寺林立，佛教盛行。裴休在镇期间很可能受到北都整体佛教氛围的影响，与僧人相交，并在治理太原的过程中奉行自己的佛教思想。

唐诗中也有可挖掘的信息，见表余 -2。

表余 -2　唐诗中的太原"李司空"

篇名	作者	内容	出处
送慈恩寺霄韵法师谒太原李司空	贾岛	何故谒司空，云山知几重。碛遥来雁尽，雪急去僧逢。清磬先寒角，禅灯彻晓烽。旧房闲片石，倚著最高松	彭定求等编《全唐诗》卷五六五，第 4 册，第 135 页
送僧游五台兼谒李司空	张籍	远去见双节，因行上五台。化楼侵晓出，雪路向春开。边寺连峰去，胡儿听法来。定知巡礼后，解夏始应回	彭定求等编《全唐诗》卷三七三，第 2 册，第 1879 页
送僧往太原谒李司空	朱庆馀	已共邻房别，应无更住心。中时过野店，后夜宿寒林。寺去人烟远，城连塞雪深。禅余得新句，堪对上公吟	彭定求等编《全唐诗》卷五〇七，第 3 册，第 1197 页

1 陈艳玲：《论裴休的佛教信仰》，《南京晓庄学院学报》2013 年第 4 期。

2 《旧唐书》卷一七七《裴休传》，第 4594 页。"休性宽惠，为官不尚瞰察，而吏民畏服。善为文，长于书翰，自成笔法。家世奉佛，休尤深于释典。太原、凤翔近名山，多僧寺。视事之隙，游践山林，与义学僧讲求佛理。中年后，不食荤血，常斋戒，屏嗜欲。香炉贝典，不离斋中；咏歌赞呗，以为法乐。与尚书纥干臮皆以法号相字。时人重其高洁而鄙其太过，多以词语嘲之，休不以为忤。"

3 《新唐书》卷一八二《裴休传》，第 5372 页。

三首诗所反映的事件大致相同，其中受到拜谒的太原"李司空"为何人，学界有不同的说法。《全唐诗》在三首诗的注释中都称此"李司空"为李听。齐文榜先生指出《送慈恩寺霄韵法师谒太原李司空》中的李司空就是李载义，因为与贾岛生年相当的李姓检校司空兼太原尹只有李载义一人。[1]吴汝煜、胡可先先生认为《送僧往太原谒李司空》中的李司空是李光颜，因为长庆至大和年间，李载义任职于大和七年（833）之后，且无司空之衔，而李听镇太原时检校的是兵部尚书，所以排除二人得出李光颜。[2]蒋长栋先生指出三首诗所记载的是同一件事，而张籍死于大和四年（830）十二月或稍前有明确的史料证明，从时间上看李载义不符合，李司空即李光颜。[3]以上说法各有依据，笔者更倾向于李光颜。此次法师会见的不论是李听、李光颜或是李载义，都可以证明佛教人员与北都最高领导人有关联。诗文中法师前往北都的原因可能是去圣地五台山，也可能是去北边传扬佛法。从此次会面可以推测，当时的太原尹对于佛教不排斥，持有接纳态度。

此外还可以看到很多关于太原尹修建佛教场所的史料，譬如乾宁二年（895），河东节度使李克用竭河东之力，用工三十万，历时五年，兴建蒙山大佛阁，名为"庄严"。

五代的太原尹普遍崇佛，这是对隋唐的继承。文献记载："后唐大同三年，魏王统军克蜀，孟先主尚庄宗妹福庆长公主，自太原节度驰赴西川。至明宗晏驾，宗室丧乱，朝士奔窜。有新罗僧携庄宗诸子为僧，入蜀投孟主，即福庆长公主犹子也。因为起院，以庄宗万寿节为名额，蜀人号为太子大师。"[4]其中的太原节度使即太原尹，由孟知祥担任。另有"石晋以刘知远为河东节度使。知远微时，为晋阳李氏赘婿，常牧马犯僧田，僧执而笞之。知远至晋阳，首召其僧，命之坐，慰谕赠劳。众

1　参见齐文榜校注《贾岛集校注》，人民文学出版社，2001，第215页。

2　参见吴汝煜、胡可先《全唐诗人名考》，江苏教育出版社，1990，第517页。

3　蒋长栋：《唐诗考释的理论与实践》，岳麓书社，2007，第151页。

4　黄休复撰，赵维国整理《茅亭客话》卷九《太子大师》，《全宋笔记》第7册，第73页。

心大悦"。[1] 刘知远为太原尹，充北京留守、河东节度使，他慰劳僧人之事，一方面是展示自己不计前嫌，另一方面也展现出自己对于佛教的认可和推崇。从中还可以看到晋阳的佛教势力：寺院有田产，僧人有处罚破坏寺院财产者的权力。

以上个案体现出唐代太原的宗教生活。概括起来有五个特点：第一，隋唐时期太原佛教盛行，佛寺林立，宗教文化遗存丰富，佛教长时期受到中央和地方长官的支持；第二，太原尹受北都佛教文化的影响，对于佛教的接受程度不同，太原为王缙、裴休等人提供了修佛的环境；第三，佛教文化影响太原当地风俗；第四，高僧大德往来于不同圣地，并与当地长官交游，为诗人所认同、记述；第五，崇佛之风延续到五代，影响到了五代的太原尹。太原尹崇佛也促进了太原佛教的发展，从唐代到五代，北都佛教的兴盛程度达到一个高峰。[2]

（三）太原尹与文人的交游

唐诗在隋唐史研究中意义非凡。以诗证史是前人的经验之谈，也是吾辈需要承袭的传统。唐代诗的数量、质量、类别以及对后世的影响在文学史中可谓一绝。对于史学研究者而言，它是极为独特的史料。一方面，可补充正史之不载、不详，是反映唐代社会生活的多面镜；另一方面，诗文中有丰富多样的表现手法，需要对照正史提取文字背后的史料。

关于太原尹的唐诗主要有三种类型：一是担任太原尹的官员自己所写的诗，如裴度的《太原题厅壁》[3]、令狐楚的《游晋祠上李逢吉相公》[4]；二是旁人写给太原尹的诗，如《令狐相公自天平移镇太原以诗申贺》[5]、

1　孔平仲：《续世说》卷三《雅量》，《全宋笔记》第9册，第58页。
2　参见陈双印、张郁萍《唐王朝及五代后梁、后唐时期太原佛教发展原因初探》，《敦煌研究》2007年第1期。
3　彭定求等编《全唐诗》卷三三五《太原题厅壁》，第5册，第3760页。
4　彭定求等编《全唐诗》卷三三四《游晋祠上李逢吉相公》，第5册，第3750页。
5　彭定求等编《全唐诗》卷三六〇《令狐相公自天平移镇太原以诗申贺》，第6册，第4077页。

《寄献北都留守裴令公》[1]；三是诗文内容涉及太原尹的诗，如《送慈恩寺霄韵法师谒太原李司空》[2]、《陪太原郑行军中丞登汾上阁》[3]。这里主要选择与北都相关，或者官员在太原尹、河东节度使、北都留守任上的情况。详细的篇名、作者、相关太原尹和诗文可参看附录四"唐诗中所见太原尹一览"。

唐代文人交游活动频繁，在各种唱和、宴会、诗词往来的过程中扩大人际关系，结识名人，提高自身声望。太原尹、河东节度使、北都留守三职合一的官员肩负镇守北边的使命，麾下众多僚佐，权力高度集中。文人多乐于与他们结交。整理《全唐诗》中的诗篇，与太原尹相关的诗人、诗作如表余–3所示。

表余–3 《全唐诗》中与太原尹有关的诗人、诗作

诗人	相关太原尹	诗作
李商隐	卢钧	寄太原卢司空三十韵
钱起	鲍防	送鲍中丞赴太原军营
欧阳詹	李自良	咏德上太原李尚书
	郑儋	陪太原郑行军中丞登汾上阁
	严绶	太原和严长官八月十五日夜西山童子上方玩月寄严中丞少尹
		和严长官秋日登太原龙兴寺阁野望
王建	裴度	送裴相公上太原
刘禹锡	李光颜	和令狐相公谢太原李侍中寄蒲桃
	令狐楚	令狐相公自天平移镇太原以诗申贺
		酬太原令狐相公见寄
		令狐相公自太原累示新诗因以酬寄
	裴度	奉送裴司徒令公自东都留守再命太原
	狄兼谟	酬太原狄尚书见寄

1 彭定求等编《全唐诗》卷四五七《寄献北都留守裴令公》，第7册，第5207页。
2 彭定求等编《全唐诗》卷五七二《送慈恩寺霄韵法师谒太原李司空》，第9册，第6701页。
3 彭定求等编《全唐诗》卷三四九《陪太原郑行军中丞登汾上阁》，第6册，第3916页。

诗人	相关太原尹	诗作
白居易	李程	寄太原李相公
		出使在途所骑马死改乘肩舆将归长安偶咏旅怀寄太原李相公
	令狐楚	送令狐相公赴太原
		早春醉吟寄太原令狐相公苏州刘郎中
	裴度	寄献北都留守裴令公
		奉和裴令公三月上巳日游太原龙泉忆去岁禊洛见示之作
		和令公新开龙泉晋水二池
姚合	狄兼谟	送狄尚书镇太原
张籍	裴度	送裴相公赴镇太原
	李载义或李光颜	送僧游五台兼谒李司空
张祜	裴度	戊午感事书怀二百韵谨寄献太原裴令公淮南李相公汉南李仆射宣武李尚书
	裴度	献太原裴相公三十韵
贾岛	李听或李载义或李光颜	送慈恩寺霄韵法师谒太原李司空
朱庆馀	李听或李载义或李光颜	送僧往太原谒李司空

资料来源：出处参见附录四"唐诗中所见太原尹一览"。

从诗文的内容来看，有四种主要类型。第一类是颂扬诗，盛赞太原尹的功绩，如《咏德上太原李尚书》称李自良治理有方，"并州非复旧并州"；[1]第二类是送行诗，如《送裴相公上太原》为裴度赴太原上任而作，"还携堂印向并州，将相兼权是武侯"；[2]第三类是应和诗，展现诗人与太原尹的诗词往来，如《令狐相公自太原累示新诗因以酬寄》，[3]刘禹

---

[1]　彭定求等编《全唐诗》卷三四九《咏德上太原李尚书》，第6册，第3919页。

[2]　彭定求等编《全唐诗》卷三〇〇《送裴相公上太原》，第5册，第3411页。

[3]　彭定求等编《全唐诗》卷三六〇《令狐相公自太原累示新诗因以酬寄》，第6册，第4077页。

锡与令狐楚多有诗词互寄，《新唐书》[1]记载二人有《彭阳唱和集》[2]；第四类是纪事诗，记述诗人与太原尹的交往经历，如《和严长官秋日登太原龙兴寺阁野望》[3]描写诗人与严绶登山远望的所见所感。

这些诗人中有唐代文人中的名士，如李商隐、刘禹锡、白居易等。与诗人往来最频繁的太原尹有裴度、令狐楚、严绶和狄兼谟。从丰富的交游过程来看，刘禹锡、白居易是两种不同的典型。前文提到刘禹锡与令狐楚唱和不断，累诗成卷，涵盖了令狐楚从大和六年（832）移镇北都至七年（833）回中央担任吏部尚书的过程。从刘禹锡的诗中，可以看到令狐楚在并州期间治理得法，大展才能，与史书中所记相合，《旧唐书·令狐楚传》载："楚久在并州，练其风俗，因人所利而利之，虽属岁旱，人无转徙。楚始自书生，随计成名，皆在太原，实如故里。及是垂旄作镇，邑老欢迎。楚绥抚有方，军民胥悦。"[4]白居易与太原颇有渊源，常在行文中自称"太原人"。孟繁仁先生在《"太原白居易"考》中结合墓志、地方县志、白氏任官经历，考证出白居易家族与太谷县境内的白氏家族可能同出一祖。[5]白居易与多位太原尹相交，包括李程、令狐楚和裴度。从时间上来看，李程担任太原尹是从 826 年至 830 年，令狐楚从 832 年至 833 年，裴度有两段经历，分别是 819~822 年和 837~838 年。可以大致推测白居易与太原尹们结识是从宪宗末年到文宗朝。他所写下的诗，除了述说友谊还有其他的共同主题吗？

　　　　《寄太原李相公》：闻道北都今一变，政和军乐万人安。绮罗

1　《新唐书》卷六〇《艺文志四》，第 1624 页。

2　《彭阳唱和集》的复原可参看卞孝萱《唐代文史论丛》，山西人民出版社，1986，第 162~184 页。

3　彭定求等编《全唐诗》卷三四九《和严长官秋日登太原龙兴寺阁野望》，第 6 册，第 3919 页。

4　《旧唐书》卷一七二《令狐楚传》，第 4462 页。

5　孟繁仁：《"太原白居易"考》，《晋阳学刊》1996 年第 4 期。

二八围宾榻，组练三千夹将坛。[1]

《出使在途所骑马死改乘肩舆将归长安偶咏旅怀寄太原李相公》：并州好马应无数，不怕旌旄试觅看。[2]

《送令狐相公赴太原》：六纛双旌万铁衣，并汾旧路满光辉。青衫书记何年去，红旆将军昨日归。[3]

《早春醉吟寄太原令狐相公苏州刘郎中》：大振威名降北虏，勤行惠化活东吴。[4]

《寄献北都留守裴令公》：保厘东宅静，守护北门牢。晋国封疆阔，并州士马豪。胡兵惊赤帜，边雁避乌号。……烽戍高临代，关河远控洮。汾云晴漠漠，朔吹冷飕飕。[5]

白居易写给不同太原尹的诗内容不同，但反映出三点相同的信息。其一，唐朝中期以后北都是北部边防重地；其二，北都面临着北方民族南下侵扰的威胁，所以太原尹、河东节度使、北都留守的第一要务是镇守北都，处理民族和军事事务；其三，在白居易的眼中，河东兵强马壮，战斗力强。那么白居易的看法能不能代表诗人或者文人的看法？太原为什么吸引诗人，是北都的重要意义抑或太原尹的个人魅力？这就引申出另一个问题：唐宋文人眼中的太原尹。

（四）唐宋文人眼中的太原尹

这个问题既有主观性又有阶段性，而且难以定论，只能根据线索进行推理。在唐、五代、宋文人眼中，太原尹的形象是变化的，不能一概

---

1 彭定求等编《全唐诗》卷四四八《寄太原李相公》，第7册，第5068页。

2 彭定求等编《全唐诗》卷四四八《出使在途所骑马死改乘肩舆将归长安偶咏旅怀寄太原李相公》，第7册，第5068页。

3 彭定求等编《全唐诗》卷四四九《送令狐相公赴太原》，第7册，第5090页。

4 彭定求等编《全唐诗》卷四五四《早春醉吟寄太原令狐相公苏州刘郎中》，第7册，第5157页。

5 彭定求等编《全唐诗》卷四五七《寄献北都留守裴令公》，第7册，第5207页。

而论，它涉及时代背景、地区局势、军事事件、政治事件等多个方面，折射出来的是时人的社会群体归属、社会面貌，以及史料的传承、辨正与改编。近年来，隋唐史学界"百花齐放"，研究的专题多种多样，不再局限于政治史、军事史等"传统大问题"，社会史、文化史、思想史的文章大量涌现。唐、五代、宋文人眼中的太原尹就可以理解为社会史方面的问题，它可以串联起之前五章讨论过的所有内容，并且给我们重新整合史料的新思路。

　　首先，可以确立三个基点来还原当时人的状况。第一，安史之乱前后，唐朝发生重大变化，中央实力渐弱而地方实力崛起，北都因为军事地位特殊而重要性凸显；第二，五代在很大程度上承袭了唐代的制度和文化，各方势力都在争夺北都；第三，唐宋之间发生了很多变革，宋代文人以笔记小说的形式保留了部分唐代史料，并对唐史进行梳理、论述。其次，以前文为基础可以落实四个观点，这些观点比较符合时代认知。其一，北都军情紧张，太原尹承担军务，比较典型的证据是唐诗中称太原为"天下屯兵处"，[1]而太原尹是"北都留守将天兵"。[2]其二，太原尹、北都留守、河东节度使三职合一的局面，一定程度上为当时人所知，因为在唐诗中有"三独任"之说，而宋人笔记小说中常以三个职务互相指代，五代在官吏的制度设计上承袭唐代。其三，唐人认为河东军事实力强，宋人强调北都难以攻陷，"太原刘氏旧城，虽已残废，而余址岿然，形势山耸。当时匝合及四十里，气概雄壮，可想也。周世宗征之不克。祖宗相继亲御六师，方縶顽童。以区区一隅之力，抗中原全盛之锋，非特金汤雄壮，安能迁延岁月耶？四陲要地，今虽壁垒整固，或寝增大能与彼相类，则非惟足以待寇之来，寇亦自潜戢矣"。[3]其四，北方民族实力逐渐强大，对中原造成威胁，北都是重要屏障。

1　彭定求等编《全唐诗》卷四九六《送狄尚书镇太原》，第 8 册，第 5664 页。

2　彭定求等编《全唐诗》卷三六〇《令狐相公自天平移镇太原以诗申贺》，第 6 册，第 4077 页。

3　高晦叟撰，孔凡礼整理《珍席放谈》卷下，《全宋笔记》第 17 册，第 298 页。

　　人本是社会中的个体，来自不同的社会群体、社会阶层，将太原尹作为集合概念目的是寻找共性，而这些共性正是太原尹的时代性和社会性，它们构成人们的普遍认知。无法定论的问题有可能不属于普遍认知，也有可能是缺乏材料佐证，但它们同样值得反复推究。

附 录

一　唐代历任太原尹年表

时间	纪年	太原尹	时期
723 年	开元十一年	韦凑	玄宗
724 年	开元十二年	张孝嵩	
725 年	开元十三年	张孝嵩	
726 年	开元十四年	张孝嵩	
727 年	开元十五年	李暠	
728 年	开元十六年	李暠	
729 年	开元十七年	李暠 李休光	
730 年	开元十八年	李休光 宋之悌	
731 年	开元十九年	杜暹	
732 年	开元二十年	杜暹	
733 年	开元二十一年	崔隐甫	
734 年	开元二十二年	崔隐甫	

续表

时间	纪年	太原尹	时期
735 年	开元二十三年	崔隐甫	
736 年	开元二十四年	崔隐甫	
737 年	开元二十五年	韦济	
738 年	开元二十六年	王昱	
739 年	开元二十七年	王冰	
740 年	开元二十八年	裴仙先	
741 年	开元二十九年	裴仙先 裴宽	
742 年	天宝元年	裴宽	
743 年	天宝二年	裴宽	
744 年	天宝三载	裴宽	
745 年	天宝四载	裴宽	
746 年	天宝五载	裴宽	玄宗
747 年	天宝六载	韦济	
748 年	天宝七载	韦济	
749 年	天宝八载	韦济	
750 年	天宝九载	韦济	
751 年	天宝十载	韦济	
752 年	天宝十一载	韦济	
753 年	天宝十二载	韦济	
754 年	天宝十三载	韦济	
755 年	天宝十四载	杨光翔 王承业	
756 年	天宝十五载、至德元载	王承业 李光弼	
757 年	至德二载	李光弼	
758 年	至德三载、乾元元年	李光弼	
759 年	乾元二年	李光弼 王思礼	肃宗
760 年	乾元三年、上元元年	王思礼	
761 年	上元二年	王思礼 管崇嗣	

续表

时间	纪年	太原尹	时期
762 年	上元三年、宝应元年	邓景山 辛云京	
763 年	宝应二年、广德元年	辛云京	
764 年	广德二年	辛云京	
765 年	永泰元年	辛云京	
766 年	永泰二年、大历元年	辛云京	
767 年	大历二年	辛云京	
768 年	大历三年	辛云京 王缙	
769 年	大历四年	王缙	
770 年	大历五年	王缙 薛兼训	代宗
771 年	大历六年	薛兼训	
772 年	大历七年	薛兼训	
773 年	大历八年	薛兼训	
774 年	大历九年	薛兼训	
775 年	大历十年	薛兼训	
776 年	大历十一年	薛兼训 段秀实	
777 年	大历十二年	段秀实 鲍防	
778 年	大历十三年	鲍防	
779 年	大历十四年	鲍防 马燧	
780 年	建中元年	马燧	
781 年	建中二年	马燧	
782 年	建中三年	马燧	
783 年	建中四年	马燧	
784 年	兴元元年	马燧	德宗
785 年	贞元元年	马燧	
786 年	贞元二年	马燧	
787 年	贞元三年	马燧 李自良	
788 年	贞元四年	李自良	

时间	纪年	太原尹	时期
789 年	贞元五年	李自良	
790 年	贞元六年	李自良	
791 年	贞元七年	李自良	
792 年	贞元八年	李自良	
793 年	贞元九年	李自良	
794 年	贞元十年	李自良	
795 年	贞元十一年	李自良 李说	
796 年	贞元十二年	李说	
797 年	贞元十三年	李说	德宗
798 年	贞元十四年	李说	
799 年	贞元十五年	李说	
800 年	贞元十六年	李说 郑儋	
801 年	贞元十七年	郑儋 严绶	
802 年	贞元十八年	严绶	
803 年	贞元十九年	严绶	
804 年	贞元二十年	严绶	
805 年	贞元二十一年、永贞元年	严绶	顺宗
806 年	元和元年	严绶	
807 年	元和二年	严绶	
808 年	元和三年	严绶	
809 年	元和四年	严绶 李鄘 范希朝	
810 年	元和五年	范希朝 王锷	
811 年	元和六年	王锷	宪宗
812 年	元和七年	王锷	
813 年	元和八年	王锷	
814 年	元和九年	王锷	
815 年	元和十年	王锷	

续表

时间	纪年	太原尹	时期
816 年	元和十一年	张弘靖	宪宗
817 年	元和十二年	张弘靖	
818 年	元和十三年	张弘靖	
819 年	元和十四年	张弘靖 裴度	
820 年	元和十五年	裴度	
821 年	长庆元年	裴度	穆宗
822 年	长庆二年	裴度 李听	
823 年	长庆三年	李听	
824 年	长庆四年	李听	
825 年	宝历元年	李听 李光颜	敬宗
826 年	宝历二年	李光颜 李程	
827 年	大和元年	李程	文宗
828 年	大和二年	李程	
829 年	大和三年	李程	
830 年	大和四年	李程 柳公绰	
831 年	大和五年	柳公绰	
832 年	大和六年	柳公绰 令狐楚	
833 年	大和七年	令狐楚 李载义	
834 年	大和八年	李载义	文宗
835 年	大和九年	李载义 王璠	
836 年	开成元年	李载义	
837 年	开成二年	李载义 裴度	
838 年	开成三年	裴度 狄兼谟	
839 年	开成四年	狄兼谟	
840 年	开成五年	狄兼谟	
841 年	会昌元年	符澈	武宗
842 年	会昌二年	符澈 刘沔	
843 年	会昌三年	刘沔 李石	

续表

时间	纪年	太原尹	时期
844 年	会昌四年	李石 崔元式 王宰	武宗
845 年	会昌五年	王宰	
846 年	会昌六年	王宰	
847 年	大中元年	王宰	宣宗
848 年	大中二年	王宰	
849 年	大中三年	王宰	
850 年	大中四年	王宰 李拭	
851 年	大中五年	李拭 李业	
852 年	大中六年	李业 卢钧	
853 年	大中七年	卢钧	
854 年	大中八年	卢钧	
855 年	大中九年	卢钧 郑涓	
856 年	大中十年	郑涓 刘瑑	
857 年	大中十一年	刘瑑 毕诚	
858 年	大中十二年	毕诚	
859 年	大中十三年	毕诚 裴休	
860 年	大中十四年、咸通元年	裴休 卢简求	懿宗
861 年	咸通二年	卢简求	
862 年	咸通三年	卢简求	
863 年	咸通四年	卢简求 刘潼	
864 年	咸通五年	刘潼	
865 年	咸通六年	刘潼	
866 年	咸通七年	刘潼 郑从谠	
867 年	咸通八年	郑从谠	
868 年	咸通九年	郑从谠	
869 年	咸通十年	郑从谠 康承训	
870 年	咸通十一年	康承训 崔彦昭	

续表

时间	纪年	太原尹	时期
871 年	咸通十二年	崔彦昭	懿宗
872 年	咸通十三年	崔彦昭	
873 年	咸通十四年	崔彦昭	
874 年	咸通十五年、乾符元年	崔彦昭 窦澣	僖宗
875 年	乾符二年	窦澣	
876 年	乾符三年	窦澣	
877 年	乾符四年	窦澣	
878 年	乾符五年	窦澣 曹翔 崔季康	
879 年	乾符六年	崔季康 李侃 李蔚 康传圭	
880 年	广明元年	康传圭 郑从谠	
881 年	广明二年、中和元年	郑从谠	
882 年	中和二年	郑从谠	
883 年	中和三年	郑从谠	
884 年	中和四年	李克用	
885 年	中和五年、光启元年	李克用	
886 年	光启二年	李克用	
887 年	光启三年	李克用	
888 年	光启四年、文德元年	李克用	
889 年	龙纪元年	李克用	昭宗
890 年	大顺元年	李克用	
891 年	大顺二年	李克用	
892 年	景福元年	李克用	
893 年	景福二年	李克用	
894 年	乾宁元年	李克用	
895 年	乾宁二年	李克用	
896 年	乾宁三年	李克用	

时间	纪年	太原尹	时期
897 年	乾宁四年	李克用	昭宗
898 年	乾宁五年、光化元年	李克用	
899 年	光化二年	李克用	
900 年	光化三年	李克用	
901 年	光化四年、天复元年	李克用	
902 年	天复二年	李克用	
903 年	天复三年	李克用	
904 年	天复四年、天祐元年	李克用	哀帝
905 年	天祐二年	李克用	
906 年	天祐三年	李克用	
907 年	天祐四年	李克用	

资料来源：出处见附录二"唐代历任太原尹详表"。

二 唐代历任太原尹详表

时代	姓名	籍贯	上任时间	迁入	迁出	事迹	出处
盛唐	韦凑	京兆杜陵	723年	河南尹		"边备修举，诏赐时服，劳勉之。""操节钺之寄，慎守御之方，师徒无勤，边鄙不耸。虽李牧之驰名塞下，魏尚之善守云中，无以过也。"	《新唐书》卷一一八，第4266页；《全唐文》卷九三《唐太原节度使韦溱神道碑》，第10287页；王溥：《唐会要》卷六八《刺史下、都督刺史已下杂录、别驾、判司、县令、丞簿尉、州府及县加减官》，第1207页
	张孝嵩		724年	安西都护		不详	《旧唐书》卷八九，第3076页，司马光：《资治通鉴》卷二一三，第6772页
	李暠	唐宗室、清河王孝节孙	727年	太常少卿	太原以北诸军节度使、太常卿、工部尚书	太原旧俗，有僧徒以渐为业，近郊之饲鸟兽。如是积年，土人号其地为"黄坑"。侧近饿狗千数，食死人肉，因缘患之。暠到官，申明礼宪，期不再犯，发后官吏不能禁止。暠捕杀群狗，其风遂革。	《旧唐书》卷一一二，第3335页
	李林光		729年	兵部郎中	京兆尹	不详	
	宋之悌		730年	总管		不详	《新唐书》卷二一九，第6171页，王溥：《唐会要》卷七八《诸使中》，第1425页
	杜暹	濮阳	731年	荆州都督长史	户部尚书	不详	《旧唐书》卷九八，第3075页，《新唐书》卷一二六，第4420页

续表

时代	姓名	籍贯	上任时间	迁入	迁出	事迹	出处
盛唐	崔隐甫		733年	刑部尚书	刑部尚书	不详	《旧唐书》卷一八下，第4821页;《新唐书》卷一三〇，第4497页
	韦济	郑州阳武	737年	户部侍郎	河南尹、尚书左丞	太原尹常济奉今月四日紫极宫玉石圣容祥至北京，其时有庆云垂天	《旧唐书》卷一一八，第3148页，另见董诰等编《全唐文》卷二一一，第3175页
	王昱		738年	益州长史	剑南节度使	正议大夫、守太原尹、北都留守、度营营田副大使知节度诸军事兼采访处置使置兼赐鱼袋王昱	董诰等编《全唐文》卷三〇九，第3135页;《旧唐书》卷五二三三，第5232~5233页;司马光:《资治通鉴》卷二一四，第6833页
	王冰		739年	金坡尉、长安县尉		不详	《旧唐书》卷九二，第2963页;《金石录》卷六，第52页
	裴伷先	闻喜	740年	京兆尹	工部尚书	不详	《新唐书》卷一一七，第4245页
	裴宽	闻喜	741年	河南尹	范阳节度使	德比岱云布，心如晋水清	《旧唐书》卷一〇〇，第3130页
	韦济	郑州阳武	747年	户部侍郎	河南尹、尚书左丞	二十四年，为尚书户部侍郎。累岁转太原尹……天宝七载，又为河南尹	《旧唐书》卷八，第2874页
	杨光翙		755年			请以禄山为平章事，追入辅政，以贾循为使，节度范阳，吕知诲节度平卢，杨光翙节度河东	《新唐书》卷二〇六，第5851页;《旧唐书》卷九，第230页;司马光:《资治通鉴》卷二一七，第6930~6936页

续表

时代	姓名	籍贯	上任时间	迁入	迁出	事迹	出处
盛唐	王承业		755年	羽林大将军		吴卿乃遣万德、深、通幽传檄奏首，械两贼送京师，与承业欲自以为功，厚遣泉明还，阴令壮士罹乔于路，乔不平，告之故，乃免。玄宗擢承业大将军，送吏皆被赏……使史思明等率卢兵度河攻常山，蔡希德自怀会师。不浃旬，贼急攻城，兵少，未及为守计，求救于河东，承业前已擢杀贼功，兵不出。承业昼夜战，井竭，矢尽，六日而陷，与履谦同执。	《新唐书》卷一九二，第5530~5531页
	李光弼	营州柳城	756年	魏郡太守、河北采访使兼范阳长史、河北节度使		一年，贼诛史思明、高秀岩、牛廷玠等四伪州率众十余万来攻太原。光弼经河北古战，精兵尽赴朔方，麾下皆乌合之众，不满万人。思明谓诸将曰："光弼之兵寡弱，可屈指而取，图河陋，朔方、无后顾矣！"光弼所部将士闻之皆惧，光弼曰："城周四十里，贼垂至，今出功役，是大见贼而自波矢。"乃掘率士卒，百姓外城墼数以自完，作堑数十万，环墙补之，众类知所用。反贼改城于外，光弼即令穿壕堑之，自此贼行皆视地，不敢逼城。贼遣穿地二千，城中长幼皆城，强弩发石以击出此。史思明端知之，先归，留蔡希德等攻之。月余，我怒贼寇怠，光弼率取己之出战，大破之，斩首七万余级。贼势渐衰，宿于城东南隅，有急即应，行过府门，收情寅，决军事毕，始归府第。转检校司徒，擒帅李义以归	《旧唐书》卷一一〇，第3305页

续表

时代	姓名	籍贯	上任时间	迁入	迁出	事迹	出处
盛唐	王思礼	高句丽	759年	关内节度使		贮军粮百万，器械精锐	《旧唐书》卷一一〇，第3313页
	管崇嗣		761年	哥舒翰裨将、王都虞候、鸿胪卿		数月之间，费散殆尽，唯存陈烂万余石	《旧唐书》卷一一〇，第3314页
	邓景山	曹州	762年	尚书左丞		及至太原，以镇抚纪纲为己任，检复军更隐没者，众惧。有一偏将抵罪当死，诸将各请赎其罪，景山不许；弟弟请以身代其兄，又不许；景山许纳其一匹马，谓景山："我等人命轻如一马乎？"军众愤怒，遂杀景山	《旧唐书》卷一一〇，第3314页
中唐	辛云京	河西	762年	北京都知兵马使、代州刺史	检校左仆射、同中书门下平章事	云京为节度使，因授兼太原尹，以北门委之。云京质性沉毅，部下有犯令者，不贷丝毫，其赏功效亦如之。故三军整肃，回纥恃旧勋，每入汉界，必肆狼贪。至太原，云京以戎狄之道待之，房畏云京，不敢恣息。数年间，太原大理，无烽警之虞。累加检校左仆射、同中书门下章事	《旧唐书》卷一一〇，第3314页
	王缙	河中	768年	东都留守、河南副元帅	门下侍郎、中书门下平章事	太原旧将王无纵、张奉璋等恃功，且以缙儒缓易之，每事多违约束。缙一朝悉召斩之，将校股栗	《旧唐书》卷一一八，第3417页

续表

时代	姓名	籍贯	上任时间	迁入	迁出	事迹	出处
	薛兼训		770年	浙东观察使、越州刺史、御史大夫		有紫云见，兼金奏之声者	董诰等编《全唐文》卷四一五，第4255页；《旧唐书》卷一一，第297页
	段秀实	陇州汧阳	776年	节度副使兼左厢兵马使	司农卿	不详	《旧唐书》卷一一一，第310页
中唐	鲍防	襄州	777年	浙东观察使薛兼训从事、殿中侍御史、职方员外郎	福建、江西观察使	十三年正月，回纥寇太原，过榆次、太谷，河东节度留后、太原尹、兼御史大夫鲍防与回纥战于阳曲，我师败绩，死者千余人	《旧唐书》卷一九五，第5207页
	马燧	汝州郏城	779年	商州刺史、防御水陆运使	检校兵部尚书	二年冬，吐蕃大将尚结赞陷盐、夏二州，各留兵守之，结赞大军屯于鸣沙，自冬及春，羊马多死，粮饷不继。德宗以燧为绥、银、麟，胜招讨使，令华帅路元光，邠帅韩游瓌及凤翔诸镇之师会于河西进讨。次石州。结赞闻之惧，遣使请和，仍约盟会，上皆不许。燧频表论奏，上坚不许。三年正月，燧军还太原。四月，上然之。燧既入朝，结赞自鸣沙还至，频频遣入朝，结赞遣尚结赞盟于平凉，请许其盟，上然之。是岁闰五月十五日，侍中浑瑊与蕃相尚结赞盟于平凉，为军所劫，狼狈仅免，陷将吏六十余员，由燧之谬谋也，坐是夺兵权	《旧唐书》卷一三四，第3700页

续表

时代	姓名	籍贯	上任时间	迁入	迁出	事迹	出处
中唐	李自良	兖州泗水	787年	代州刺史、御史大夫		"简俭守职,军民胥悦。虽出身戎伍,动必循法,以暴庚加人。""太原之政,可谓美矣。"	《旧唐书》卷一四六,第3957页;《旧唐书》卷一四六、第3970页
	李说	李神通后裔,唐朝宗室,陇西	795年	行军司马,充节度留后、北都副留守		说在镇六年,初勤心吏职,后遇疾,不能亲莅府之政,悉监军主之。又为孔目吏求李等欺诬,军政事多隳紊,如此累年	《旧唐书》卷一四六、第3959页
	郑儋		800年	河东节度行军司马		"宽廉平正。""郑儋在镇暴卒,不及处分后事,军中喧哗,将有急变。"	韩愈:《河东节度观察使荥阳郑公神道碑文》,刘真伦、岳珍校注《韩愈文集汇校笺注》,中华书局,2010,第1807页;《旧唐书》卷一七二,第4459页
	严绶	蜀	801年	检校司封郎中,充河东行军司马	尚书右仆射	绶在镇九年,以宽惠为政,土马蕃息,境内称治	《旧唐书》卷一四六,第3960页
	李鄘	江夏	809年	检校礼部尚书、凤翔尹、凤翔陇右节度使	刑部尚书、御史大夫、诸道盐铁转运使	以刚严操下,遽变旧制,人情不安,故未几即改去	《旧唐书》卷一五七,第4148页;司马光:《资治通鉴》卷二三七,第7656页

续表

时代	姓名	籍贯	上任时间	迁入	迁出	事迹	出处
中唐	范希朝	虞乡	809年	检校司空、朔方灵盐节度使	左龙武将军、太子太保	"及太原节度范希朝领全师出讨王承宗，征秘为河东行军司马，委以留务。" "因诏沙陀举军从之。希朝乃料其劲骑千二百，号沙陀军，置军军使，而处余众于定襄川。"	《旧唐书》卷一五七，第4151页；《新唐书》卷二八一，第6155页
	王锷	自言太原	810年	尚书右仆射、兼扬州大都督府长史、淮南节度使	卒于任上	"缉绥训练，军府稀理。" "进兼太子太傅，徙河东。河东自范希朝讨镇无功，兵才三万，骑六百，府库残耗。锷能补宗萱费，末几，兵至五万，骑五千，财用丰余。会回鹘并摩尼师入朝，锷饫示威武倾骇之，乃悉军迎，廷列五十里，旗飐熊受其礼。回鹘惧，不敢仰视，帝闻嘉之。铠撰密，回鹘校检司空，同中书门下平章事。锷自见居镇多，且即除检校司空，同中书门下平章事。李绛奏言：'锷虽有劳，然金望不惬谤，天下议以为宰相何而币取。'帝曰：'锷当太原残属，恐不议以待动，功之不图，何以为劝？王播所献数万万，亦可以平章事乎？'"	《旧唐书》卷一五一，第4061页；《新唐书》卷一七〇，第5169~5170页
	张弘靖	蒲州猗氏	816年	检校礼部尚书、河东尹、晋绛慈等州节度使		"穆宗即位，长庆元年秋，张弘靖为幽州卢龙节度，田弘正于镇州遇害，朱克融、王廷凑复乱河朔，诏弘以本官充镇州四面行营招讨使。时骄主荒斵，制置非宜，致其复乱。且李光颜、乌重胤等称为名将，以十数万兵击贼，无尺寸之功。然度受命之日，搜兵补卒，不遑复振，临于啵坡师，屠城斩将，要以捷闻。"	《旧唐书》卷一七〇，第4421页

续表

时代	姓名	籍贯	上任时间	迁入	迁出	事迹	出处
中唐	裴度	闻喜	819年	丞相	镇州四面行营招讨使	不详	《旧唐书》卷一七〇，第4421页；司马光:《资治通鉴》卷二四一、二四二，第7798~7801页
	李昕		822年	羽林将军	清州刺史、义成军节度使	刑政以清	《旧唐书》卷一七上，第516页；董诰等编《全唐文》卷六二三，第6287页
	李光颜	河曲	825年	忠武军节度使、守司徒、兼侍中	卒	无小无大，各附所安	《旧唐书》卷一六一，第4218页；董诰等编《全唐文》卷六三二，第6386页
	李程	陇西	826年	宰相	左仆射、同平章事、兼河中尹、晋绛慈隰等州节度使	不详	《旧唐书》卷一六七，第4372页

续表

时代	姓名	籍贯	上任时间	迁入	迁出	事迹	出处
中唐	柳公绰	京兆华原	830年	刑部尚书	兵部尚书	"是岁，北虏遣梅禄将军李畅以万匹马来市，托云入贡。所经州府，严其兵备。守帅假之礼分，出兵迎之。畅及界上，公绰使牙将祖孝恭单马劳问，待以修好之意。宴以徐驱道中，不敢驰猎。及至，公绰引谒，自九常礼。及市马而还，不敢毁畜。六州皆畏避之，公绰至镇，召其酋朱邪执宜，直抵云、朔塞下，冶废栅十一所，以御匈奴。其妻母来太原者，留屯塞问遣之。沙陀感之，深得其效。" "大和四年，为河东节度，遭岁恶，撙岁用度，缀宴饮，衣食与士卒钧。北房遣梅禄将军李畅以马万匹来市，所遣皆厚劳，饬兵以防袭夺。至太原，公绰独使牙将单骑劳问，待以至意，辟牙门，令译官引谒，宴不加常。畅勇德之，出猎，徐驱道中，不妄驰猎。泾北有沙陀部，勇武喜斗，为九姓、六州所忌。公绰召其酋朱邪执宜，冶废栅十一，募兵三千留屯塞上，其妻、母来太原者，令夫人饮食同遣之。沙陀感恩，故悉力保部。"	《旧唐书》卷一六五，第4304页；《新唐书》卷一六三，第5022页
	今狐楚	宜州华原	832年	右仆射、郓州刺史、天平军节度、郓曹濮观察等使	右仆射兼吏部尚书	绥抚有方，军民胥悦	《旧唐书》卷一七二，第4462页

续表

时代	姓名	籍贯	上任时间	迁入	迁出	事迹	出处
中唐	李载义	李唐宗室	833年	山南西道节度使	卒	不详	《旧唐书》卷一八〇，第4673页
晚唐	王璠		835年	户部尚书、判度支	卒	其年十一月，李训将诛内官，令璠召募豪侠，乃授太原节度使，托以募军所捕。训败之日，璠归长兴里，是夜为禁军夜里所捕，举家下狱；斩璠于独柳树，家无少长皆死	《旧唐书》卷一六九《王璠传》，第4407页
	裴度	闻喜	837年	东都留守	病甚，乞还东都	为朕卧镇北门可也	《旧唐书》卷一七〇，第4432页；司马光：《资治通鉴》卷二四一、二四二，7767~7807页
	狄兼谟	太原	838年	兵部侍郎		不详	《旧唐书》卷八九，第2896页；《新唐书》卷一一五，第4281页
	符澈		841年	邠宁节度使	疾病	修杷头烽旧戍以备回鹘	司马光：《资治通鉴》卷二四六，第7958页

续表

时代	姓名	籍贯	上任时间	迁入	迁出	事迹	出处
晚唐	刘沔	徐州彭城	842年	尚书右仆射、单于大都护、兼御史大夫	司空、兼潴州刺史、御史大夫，充义成军节度、郑潴濮等观察使	"朝廷以太原重地，控扼诸戎，乃移沔河东节度使，检校尚书左仆射、太原尹，北京留守。诏与幽州张仲武协力招抚回鹘，竟破房寇，迎公主还宫。以功进位检校司空，寻改潴州刺史，又成军节度使。""会昌二年，又抵太原，振武，拔沔所部郗中李抚调兵食，因视诸将能否，抶独称沔，乃拜河东节度兼招抚回鹘使，进屯雁门关。房寇云州，沔击之，斩七裨将，败其众。以还太和公主功，加检校司空。"	《旧唐书》，卷一六一，第4234页；《新唐书》卷一七一，第5194页
	李石	陇西	843年	荆南节度使、检校右仆射、同平章事	东都留守	乃征发许、蔡、汴、滑等六镇之师，以太原节度使为回纥南面招讨使，以张仲武为幽州卢龙节度使，检校工部尚书、封兰陵郡王，充回纥东面招讨使；以李思忠为河西项党都将，回纥西南面招讨使	《旧唐书》卷一八上，第592页
	崔元式	今聊城市	844年	河中晋绛慈隰等州节度观察使、检校左散骑常侍、河中尹、御史大夫	刑部尚书、判度支	不详	《旧唐书》卷一八上，第604页

续表

时代	姓名	籍贯	上任时间	迁入	迁出	事迹	出处
晚唐	王宰		844年	忠武军节度、陈许蔡等州观察处置使、河阳等行营诸军行营诸军招讨使		吐蕃合党项及回鹘残众寇河西，太原王宰统代北诸军进讨，沙陀常深入，赤心所向，虏辄披靡	《新唐书》卷二一一，第6156页
	李拭		850年	朝请大夫、检校礼部尚书、孟州刺史、河阳三城节度使	凤翔节度使	不详	
	李业		851年	鸿胪卿		不详	《旧唐书》卷一八下，第628页；王溥:《唐会要》卷七二《京城诸军》，第1304页
	卢钧	范阳	852年	太子少师	尚书左仆射	河东军节度使卢钧之器。长才博达，敏识宏深。用晦而彰。谒山河之灵，太原、五换节钺。仁声载路，由岭表而至不衰，台阁之清风常在。藩垣之和气不衰，宣升揆路，以表群僚。司尚书左仆射	《旧唐书》卷一七七，第4592页

续表

时代	姓名	籍贯	上任时间	迁入	迁出	事迹	出处
	郑涓		855年	昭义节度使、检校礼部尚书、兼潞州大都督府长史、御史大夫		郑涓检校刑部尚书、太原尹、北都留守、充河东节度、管内观察处置等使	《旧唐书》卷一八下，第634页
晚唐	刘瑑	彭城	856年	工部尚书、汴州刺史、宣武军节度使	户部侍郎、判度支	不详	《旧唐书》卷一七七，第4606页；《新唐书》卷一八二，第5382页
	毕諴	郓州须昌	857年	昭义军节度使、朝议大夫、检校工部尚书	尚书左仆射、汴州刺史、宣武军节度、宋亳汴观察等使	太原近胡，九姓为乱。诚明赏罚、谨斥候、期年诸部革心	《旧唐书》卷一七七，第4609页

续表

时代	姓名	籍贯	上任时间	迁入	迁出	事迹	出处
	裴休	闻喜	859年	昭义军节度、潞邢磁洛观察等使，光禄大夫，检校吏部尚书，兼潞州大都督府长史	凤翔尹、凤翔陇右节度使	与义学僧讲求佛理	《旧唐书》卷一七七，第4594页
晚唐	卢简求	唐蒲州	860年	凤翔陇右节度使，银青光禄大夫，检校刑部尚书	疾病求还，太子少师	简求辞翰纵横，长子应变，所历四镇，皆控边陲。属杂房寇边，因之移授，所至抚御，边鄙晏然。太原军素管退浑、契苾、沙陀三部落，或抚纳不至，多为边患。前政或要之诅盟，质之子弟，然为盗不息。简求开怀抚待，接以恩信，所质子弟，一切遣之。故五部之人，欣然听命	《旧唐书》卷一六三，第4272页
	刘潼	曹州南华	863年	昭义节度使、检校礼部尚书		不详	《新唐书》卷一四九，第4800页；《旧唐书》卷一九上，第654页；司马光：《资治通鉴》卷二五〇，第8113页

续表

时代	姓名	籍贯	上任时间	迁入	迁出	事迹	出处
晚唐	郑从谠	荥阳	866年	吏部侍郎	兵部尚书、汴州刺史、宣武军节度观察等使	不详	《旧唐书》卷一九，第673页；《新唐书》卷九，第261页；司马光：《资治通鉴》卷二五二，第8154页
	康承训	灵州	869年	义成节度使	恩州司马	不详	
	崔彦昭	清河	870年	河阳三城节度、孟怀泽观察等使、中散大夫、检校礼部尚书、孟州刺史、御史大夫	尚书兵部侍郎、诸道盐铁转运等使	时徐、泗用兵之后，北戎多寇边，沙陀诸部动干纪律。彦昭柔以恩惠，来以兵威，三年之间，北门大治，军民歌之。考满受代，耆老数千请阙乞留。诏报曰："彦昭早著令名，累更剧任。入司邦计，开张得经纬之文；出统藩维，抚驭得韬铃之术。自临并部，隐若长城，既获便和众安人，不欲持险乌马。遂致三军百姓，沥恳同词，备述政能，唯恐罢去。顾兹重镇，方委长材。安，未议移替，想当知悉。"	《旧唐书》卷一七八，第4628页

续表

时代	姓名	籍贯	上任时间	迁入	迁出	事迹	出处
	窦瀚		874年	京兆尹		沙陀首领李尽忠陷遮虏军。太原节度使窦瀚遣都押衙康传圭率河东土团二千人屯代州	《旧唐书》卷一九下，第701页
	曹翔		878年	昭义节度使		八月，沙陀陷岢岚军，曹翔自率军赴忻州。翔至军，中风而卒，诸军皆退。太原大惧，闭城门，昭义兵士为乱，劫坊市	《旧唐书》卷一九下，第702页
	崔季康		878年	河东宣慰使、权知代北行营招讨		沙陀攻石州，崔季康救之。十二月，季康与河东行营招讨使李钧，与沙陀李克用战于洪谷，王师大败。钧，中流矢而卒	《旧唐书》卷一九下，第702页
晚唐	李侃		879年	邠宁节度使		河东都虞候每夜密捕贺公雅部卒，族灭之。丁巳，余党近百人称"报冤将"，大掠三城，焚马步都虞候张锴、府城都虞候郭岈咄家，收锴、岈，岈临刑，诟咄曰："所承皆捕盗司密申，今日冤死，独无烈士相救乎！"于是军士复大噪，纂取诸候司。寻三十余家，诛灭之。己未，以马步都教练使朱玫等为三城都虞候，并召还其家，复其旧职。将兵分捕报冤将，悉斩之，军城始定	司马光：《资治通鉴》卷二五三，第8214页
	李蔚	陇西	879年	特进、检校司空、东都留守		尝为太原从事，军民怀之	《旧唐书》卷一七八，第4627页

续表

时代	姓名	籍贯	上任时间	迁入	迁出	事迹	出处
	康传圭		879年	检校右散骑常侍、河东行军司马、雁门等置使、门代北制使、石岭镇北兵马、代北军等使	卒	河东节度使康传圭，专事威刑，多复仇怨，强取富财。遣前遮虏军使苏弘珍戍击沙陀于大谷，至秦城，遇沙陀，战不利而还。传圭怒，斩弘珍。北，传圭遣都教练使张彦球将兵三千追之。至百井，军变，还趣晋阳。乱兵自西明门入，杀传圭。监军周从寓自出慰谕，乃定，以彦球为府城都虞候。朝廷闻之，遣使官尉曰："所杀节度使，事出一时，各宜自安，勿复忧惧。"	司马光：《资治通鉴》卷二五三，第8220页
晚唐	郑从谠	荥阳	880年	开府仪同三司、门下侍郎、兼兵部尚书、充太清宫使、弘文馆大学士、延资库使	司空、司徒、正拜侍中	"丁巳，沙陀军至太原，郑从谠供给粮料。辛酉，沙陀求发军赏钱，从谠与钱千贯、米千石。兑用既怒，纵兵大掠。从谠求援于振武，沙陀败走，陷榆次、阳曲而退。""从谠承诏雪涕，团结军五万，遣牙将论安。后院军论安，时中和元年五月也。攻承步骑五千，从诸葛爽入关作难。是月，沙陀李克用军电至汾东，称奉诏赴难入关。从谠具以状闻，兑用傅城而呼曰："本军将南下，咸通以来奋激忠义，欲与相公面言。"从谠登城谓之曰："小射父子，咸通之入受赐，老夫历事累朝，位忝将相，今日天下之人受兑，舆驾奔播，汤覆神州，不能荷戈讨贼，以醻圣奖，老夫之罪也。然多难荷命，是小射立功立荣，之时也。所恨受命守藩，不敢辱命，无以仰陪戎荣，破贼之后，车驾还自，却得待若小射终以君亲为念，是所愿也，肆掠近旬，兑用败归。从谠遣大将王嶷、薛威出师迎击之。翌日，兑用部救兵至，沙阤大败而还。"	《旧唐书》卷一九下，第4171页；卷一五八，第710页；

续表

时代	姓名	籍贯	上任时间	迁入	迁出	事迹	出处
晚唐	李克用	应州,沙陀族	884年	雁门已北行营节度、忻州蔚朔等州观察处置等使,检校尚书左仆射、代州刺史		雁门已北行营节度、忻代蔚朔等州观察处置等使,检校尚书左仆射、代州刺史、上柱国、食邑七百户李克用检校司空、同平章事、兼太原尹、北京留守,充河东节度、管内观察处置等使	《旧唐书》卷一九下,第716页

注:(1) 本表参考了笔者的硕士学位论文《唐代太原尹研究》,北京师范大学,2014;

(2) 为了研究的系统性,这里将时代划分为:初唐,盛唐、中唐和晚唐。初唐,高祖武德元年(618)至玄宗开元元年(713);盛唐,玄宗开元元年(713)至代宗大历元年(766);中唐,代宗大历元年(766)至文宗开成元年(836);晚唐,文宗开成元年(836)至哀帝天祐四年(907)。

三　太原尹处理周边民族关系一览

时间	姓名	相关民族	文献记载	出处
762 年	辛云京	回纥	云京为节度使，因授兼太原尹，以北门委之。云京质性沉毅，部下有犯令者，不贷丝毫，其赏功效亦如之，故三军整肃。回纥恃旧勋，每入汉界，必肆狼贪。至太原，云京以戎狄之道待之，虏畏云京，不敢惕息。数年间，太原大理，无烽警之虞。累加检校左仆射、同中书门下平章事	《旧唐书》卷一一〇，第 3314 页
778 年	鲍防	回纥	十三年正月，回纥寇太原，过榆次、太谷，河东节度留后、太原尹、兼御史大夫鲍防与回纥战于阳曲，我师败绩，死者千余人	《旧唐书》卷一九五，第 5207 页
786 年	马燧	吐蕃	二年冬，吐蕃大将尚结赞陷盐、夏二州，各留兵守之，结赞大军屯于鸣沙，自冬及春，羊马多死，粮饷不继。德宗以燧为绥、银、麟、胜招讨使，令与华帅骆元光、邠帅韩游瓌及凤翔诸镇之师会于河西进讨。燧出师，次石州。结赞闻之惧，遣使请和，仍约盟会，上皆不许。又遣其大将论颊热厚礼卑辞申情于燧请和，燧频表论奏，上坚不许。三年正月，燧军还太原。四月，燧与论颊热俱入朝，燧盛言蕃情可保，请许其盟，上然之。燧既入朝，结赞遽自鸣沙还蕃。是岁闰五月十五日，侍中浑瑊与蕃相尚结赞盟于平凉，为蕃军所劫，狼狈仅免，陷将吏六十余员，由燧之谬谋也，坐是夺兵权	《旧唐书》卷一三四，第 3700 页
830 年	柳公绰	沙陀	是岁，北虏遣梅禄将军李畅以马万匹来市，托云入贡。所经州府，守帅假之礼分，严其兵备。留馆则戒卒于外，惧其袭夺。太原故事，出兵迎之。畅及界上，公绰使牙将祖孝恭单马劳问，待以修好之意。畅感义出涕，徐驱道中，不妄驰猎。及至，辟牙门，令译引谒，宴以常礼。及市马而还，不敢侵犯。陉北有沙陀部落，自九姓、六州皆畏避之。公绰至镇，召其酋朱邪执宜，直抵云、朔塞下，治废栅十一所，募兵三千付之，留屯塞上，以御匈奴。其妻母太原者，请梁国夫人对酒食问遗之。沙陀感之，深得其效	《旧唐书》卷一六五，第 4304 页

时间	姓名	相关民族	文献记载	出处
841 年	符澈	回鹘	修杷头烽旧戍以备回鹘	司马光:《资治通鉴》卷二四六,第7958 页
843 年	刘沔	回鹘	朝廷以太原重地,控扼诸戎,乃移沔河东节度使、检校尚书左仆射、太原尹、北京留守。诏与幽州张仲武协力招抚回鹘,竟破虏寇,迎公主还宫。以功进位检校司空,寻改滑州刺史、义成军节度使	《旧唐书》卷一六一,第4234 页
858 年	毕诚	九姓胡	太原近胡,九姓为乱。诚明赏罚,谨斥候,期年诸部革心	《旧唐书》卷一七七,第4609 页
860 年	卢简求	退浑、契苾、沙陀	简求辞翰纵横,长于应变,所历四镇,皆控边陲。属杂虏寇边,因之移授,所至抚御,边鄙晏然。太原军素管退浑、契苾、沙陀三部落,或抚纳不至,多为边患。前政或要之诅盟,质之子弟,然为盗不息。简求开怀抚待,接以恩信,所质子弟,一切遣之。故五部之人,欣然听命	《旧唐书》卷一六三,第4272 页
870 年	崔彦昭	北戎	时徐、泗用兵之后,北戎多寇边,沙陀诸部动干纪律。彦昭柔以恩惠,来以兵威,三年之间,北门大治,军民歌之。考满受代,耆老数千诣阙乞留	《旧唐书》卷一七八,第4628 页
874 年	窦澣	沙陀	沙陀首领李尽忠陷遮虏军。太原节度使窦澣遣都押衙康传圭率河东土团二千人屯代州	《旧唐书》卷一九下,第701 页
878 年	曹翔	沙陀	八月,沙陀陷岢岚军,曹翔自率军赴忻州。翔至军,中风而卒,诸军皆退。太原大惧,闭城门,昭义兵士为乱,劫坊市	《旧唐书》卷一九下,第702 页
879 年	崔季康	沙陀	沙陀攻石州,崔季康救之。十二月,季康与北面行营招讨使李钧,与沙陀李克用战于岢岚军之洪谷,王师大败,钧中流矢而卒	《旧唐书》卷一九下,第702 页

时间	姓名	相关民族	文献记载	出处
880 年	康传圭	沙陀	遣前遮虏军使苏弘轸击沙陀于太谷，至秦城，遇沙陀，战不利而还，传圭怒，斩弘轸。时沙陀已还代北。传圭遣都教练使张彦球将兵三千追之。壬戌，至百井，军变，还趣晋阳	司马光:《资治通鉴》卷二五三，第 8220 页
881 年	郑从谠	沙陀	丁巳，沙陀军至太原，郑从谠供给粮料。辛酉，沙陀求发军赏钱，从谠与钱千贯，米千石。克用怒，纵兵大掠。从谠求援于振武，契苾通自率兵来赴，与沙陀战于晋王岭。沙陀败走，陷榆次、阳曲而退	《旧唐书》卷一九下，第 705 页

四　唐诗中所见太原尹一览

篇名	作者	相关太原尹	内容	出处
《太原题厅壁》	裴度	裴度	危事经非一，浮荣得定空。白头宫舍里，今日又春风。	彭定求等编《全唐诗》卷三三五，第5册，3760页
《游晋祠上李李逢吉相公》	令狐楚	令狐楚	不立晋祠三十年，白头重到一凄然。泉声自昔镣寒玉，草色虽秋耀翠钿。少壮同游宁有数，尊罍再会便无缘。相思临水下双泪，寄入并汾向洛川。	彭定求等编《全唐诗》卷三三四，第5册，3750页
《寄太原卢司空三十韵》	李商隐	卢钧	隋艦临淮甸，唐旗出井陉。断鳌擒四柱，卓马济三灵。祖业隆盘古，孙谋复大庭。从来师俊杰，可以焕丹青。旧族开东岳，雄图奋北溟。邪同獬豸触，乐伴凤凰听。醋肢仍浑日，叔勇德惟馨。鸡塞谁生事，狼烟不暂停。将军功汉伐，敌魂销顿雩。拟填沧海鸟，敢犯大阳螟。内草才传诏，前茅已勒铭。那劳出师表，尽入大荒经。德水萦长带，阴山绕画屏。只忧非綮育，末觉有瞵睚。保任资冲漠，扶持在杳冥。乃心防暗室，华发称明廷。按申神初静，羲之当妙选，孝若正归宁。月色来侵幌，诗成有转权。柳恽白苹汀，神物龟酬物，仙才鹤姓丁。西山童子药，南极老人星。千古槐掣瓶，何由叩玄扃。自顷徒窥瞰，终童漫识氛。襄中虽策画，剑外且伶俜。侯艾行忘止，身应驾于鲁，泪欲溢为浆。禹贡思土铏。鲲鳞即不暝，公平未入相，王欲驾云亭。	彭定求等编《全唐诗》卷五四一，第8册，6307页

续表

篇名	作者	相关太原尹	内容	出处
《送鲍中丞赴太原军营》	钱起	鲍防	年壮才仍美，时来道易行。宠兼三独任，威振贰师营。将略过南仲，边尘计日清。天心寄北京，云旆临塞色，龙笛出关声。汉月随霜去，渐知王事好，文武用书生	彭定求等编《全唐诗》卷二三八，第4册，2647页
《咏德上太原李尚书》	欧阳詹	李自良	那以公方郭细侯，并非复旧并州。九重帝宅司丹地，十万兵枢拥碧油。铸玉半为趋尚吏，腰金皆是走庭流。王褒见德空知颂，身在三千最上头。	彭定求等编《全唐诗》卷三四九，第6册，3919页
《陪太原郑行军中丞登汾上阁》	欧阳詹	郑儋	并州汾上阁，登望似吴闉。贯阜洞通路，萦村水道乡。巷市接飞梁，莫论江湖思，南人正断肠。城槐临枉渚，	彭定求等编《全唐诗》卷三四九，第6册，3919页
《太原和严长官八月十五日夜西山童子上方玩月寄严中丞少尹》	欧阳詹	严绶	西寺碧云端，东溪白雪团。年来一夜玩，宜裁济江什。清光在下寒。君在半天看。有阻惠连欢，素魄当怀上，	彭定求等编《全唐诗》卷三四九，第6册，3917页
《和严长官秋日登太原龙兴寺阁野望》	欧阳詹	严绶	百文化城楼，君登最上头。山河启圣猷，九霄回栈路，八到视并州。短垣齐介岭，清铎中天籁，境闲知道胜，片白指分流，烟火遍尧然，哀鸣下界秋。心远见江村，邑念乘肥马，方应驾大牛。自怜蓬逐吹，不得与良游	彭定求等编《全唐诗》卷三四九，第6册，3919页

续表

篇名	作者	相关太原尹	内容	出处
《送裴相公上太原》	王建	裴度	还携堂印向并州，将相兼权是武侯。时难独当天下事，功成却进手中筹。再三陈乞卧炉里，前后封章章玉案头。朱架早朝立剑戟，遥知塞雁从今好，直待渔阳已北愁。边铺警巡旗尽换，山城候馆壁重修。千群白刃妆迎节，十对红妆打球。圣主分明交解去，不须高起见京楼。	彭定求等编《全唐诗》卷三〇〇，第5册，第3411页
《令狐相公自天平移镇太原以诗申贺》	刘禹锡	令狐楚	北都留守将天兵，出入香街宿禁局。孔璋旧檄家家有，叔度新歌处处听。鼙鼓夜闻惊朔雁，旌旗晓动拂参星。夷落遥知真汉相，争来屈膝看仪刑	彭定求等编《全唐诗》卷三六〇，第6册，第4077页
《奉送裴司徒令公自东都留守再命太原》	刘禹锡	裴度	星使出关东，兵符赐上公。山河归旧国，管籥换离宫。军声鼓角雄，行色旌旗动，爱棠余故吏，汉垒三秋静。骑竹见新童，胡沙万里空。其如天下望，旦夕咏清风	彭定求等编《全唐诗》卷三六二，第6册，第4095页
《和令狐相公谢太原李侍中寄蒲桃》	刘禹锡	李光颜	珍果出西域，移根到北方。昔年随汉使，今日寄梁王。上相芳缄至，行台绮席张。鱼鳞含宿润，染指铅粉腻，满喉甘露香。马乳带残霜。咀嚼停金盏，稍嗟响画堂。酝成十日酒，惭非末至客，化作五云浆。不得一枝尝	彭定求等编《全唐诗》卷三六二，第6册，第4100页
《酬太原令狐相公见寄》	刘禹锡	令狐楚	书信来天外，琼瑶满匣中。衣冠南渡远，旌节北门雄。马嘶榆塞风，鹤唳华亭月，山川几千里，惟有两心同	彭定求等编《全唐诗》卷三五八，第6册，第4041页

续表

篇名	作者	相关太原尹	内容	出处
《令狐相公自太原累示新诗因以酬寄》	刘禹锡	令狐楚	飞蓬卷尽塞云寒，跋马闲嘶汉地宽。万里胡天无警急，一笼烽火报平安。灯前放乐留宾宴，雪后山河出猎看。珍重新诗远相寄，风情不似四登坛。	彭定求等编《全唐诗》卷三六〇，第4册，4077页
《酬太原狄尚书见寄》	刘禹锡	狄兼谟	家声焜赫冠前贤，时望弓旌崇镇北边。身上官衔如座主，仍把天兵书号笺。幽并侠少粗鞭珥，燕赵佳人奉管弦。远题长句寄山川。	彭定求等编《全唐诗》卷三六一，第6册，4088页
《寄太原李相公》	白居易	李程	闻道北都今一变，政和军乐万人欢。绮罗二八围宾榻，组练三千夹将坛。世间大有虚荣贵，百岁无君一日欢。貂裘不觉太原寒。	彭定求等编《全唐诗》卷四四八，第7册，5068页
《出使在途所骑马死改乘舆辇将归长安偶咏旅怀寄太原李相公》	白居易	李程	驿路崎岖呕泥雪，欲登篮舆一长叹。风光不见桃花骑，尘土空留杏叶鞍。衰乘独归殊未易，并州好马应无数，脱骖相赠岂为难。不怕骓尨试觅看。	彭定求等编《全唐诗》卷四四八，第7册，5068页
《送令狐相公赴太原》	白居易	令狐楚	六纛双旌万铁衣，并汾旧路满光辉。青衫书记何年去，红旆将军昨日归。诗作马蹄随笔走，猎酣鹰翅伴觥飞。此都莫作多时计，再为苍生入紫微。	彭定求等编《全唐诗》卷四四九，第7册，5090页

续表

篇名	作者	相关太原尹	内容	出处
《早春醉吟寄太原令狐相公苏州刘郎中》	白居易	令狐楚	雪夜闲游多秉烛，花时暂出亦提壶。别来少遇新诗敌，老去难逢旧饮徒。大振威名降北虏，勤行惠化洽东吴。不知歌酒腾腾兴，得似河南醉尹无。	彭定求等编《全唐诗》卷四五四，第5157页
《寄献北都留守裴令公》	白居易	裴度	天上中台正，人间一品高。休明值尧舜，勋业过萧曹。终兼武六韬，动入名赫赫。忧国意切切，荡蔡擒封豕。两河收土宇，四海定波涛。宠重移圃囿，恩新换园沼。守护北门年，晋国封疆阔。并州士马豪，胡兵惊赤帜。令下流如水，仁沾泽似膏。路喧歌五袴，军醉感单醪。宾僚严剑戟，客无烦夜柝。更不犯秋毫，将校森貔武。德星销彗孛，霜雪灭暄燥。烽成高临代，魂亡谷捻逃。朔吹冷杨柳，豹尾交牙载。关河远控洮，汾云晴漠漠。应忘报国劳，燕姬酌蒲萄。虹须捧佩刀，通天白犀带。照地紫麟袍，清宵宴浦觞。紫微留北阙，银台罗乐槽。遥想从军乐，美景从游遨。金屏琵琶盏，多衔下客切。近月开方丈，忆忆前时会。绿野寄东亭，朱弦拂宫徵。洪笔振风骚，花月迢同赏。琴诗雅自操，画舫两三艘。径滑苔黏屐，依林架桔榰。春池八九曲，为穆先陈醴。招刘共借糟，绿丝萦岸柳。红粉映楼桃，明时已易遭。公园綦张范，歌颂玉斿赠。盛德终难过，鸾皇上寥廓。燕雀任蓬蒿，帝舍金伊莘。酌醑首已搔，可怜四百字。饮献义汪简，徒吟思郁陶。轻重抵鸿毛。	彭定求等编《全唐诗》卷四五七，第5207页

续表

篇名	作者	相关太原尹	内容	出处
《奉和裴令公三月上巳日游太原龙泉忆去岁禊洛见示之作》	白居易	裴度	去岁暮春上巳，共泛洛水中流。今岁暮春上巳，独立香山下头。风光闲寂寂，旌旆归晋国，太行山碍并州。鹏背负天龟曳尾，云泥不可得同游	彭定求等编《全唐诗》卷第四五七，第 7 册，5213 页
《和令公新开龙泉晋水二池》	白居易	裴度	旧有黄污泊，今为白水塘。笙歌闻四面，楼阁在中央。春变烟波色，晴添树木光。龙泉信为美，莫忘午桥庄	彭定求等编《全唐诗》卷第四五七，第 7 册，5213 页
《送狄尚书镇太原》	姚合	狄兼谟	授钺儒生贵，倾朝赴饯筵。汾河海暗连，远戍移帐幕，防秋嫌垒近，老向琐闱眠。礼乐将临边，高鸟避旌游，代马龙相杂，天下屯兵处，皇威破虏年，入塞必身先，科名岁重叠，中外恩深眼，散材无所用	彭定求等编《全唐诗》卷第四九六，第 8 册，5664 页
《送裴相公赴镇太原》	张籍	裴度	盛德雄名远近知，功成先乞守藩维。衔恩暂遣分忧节，署敕还同在凤池。明年塞北清蕃落，天子亲来临楼上送，朝官齐出道旁辞，应建生祠请立碑	彭定求等编《全唐诗》卷第三八五，第 6 册，4331 页

续表

篇名	作者	相关太原尹	内容	出处
《戊午感事书怀二百韵谨寄献太原李相公淮南李仆射汉南李仆射宣武李尚书》	张祜	裴度	塞色深河曲，江声接海壖。无官久长钱，一生劳远地。万事诚中年，失路为闲物。高踪非隐遁，归休著近篇。星明知帝座，琴妙觉商弦。渐老稀时辈，山猿格虫多。野乌避鹰鹯，戏傲东方朔，阙下非才入，江南是性牵。万言成弃置，五字失雕镌。去处寻庄叟，文轻司马迁，新秋唯白发，志业宁常坚。生涯挈道诠，得失付鱼盐，醉卧打云屏，狂歌上钓筵。劳拊岂素便，高低徇鸿口，宁辞短褐穿，愤劳多自乐。古桐收取好，环堵长褠曳，却膜长褐芽，高阁梦陵烟。不安少人怜，闲看瓦腹颥，静怜庀头矢，昔命公称许。读易删王注，通诗断郑笺，灰心志丰鹤，俄随陈汉仙。尝封得道济，内外益心皮，始助周文理，几当陈祖豆。长沙归贾谊，汗马得张骞，英雄是将贝，愚俊日相侍。长谓铸文锭，世收贞元末，战伐劳筹策，窃位崇奸力。忆昨聆商籁，时清天宝前，乱离中可惋，造化皆何遭。沾来泆货权，千今侪鲁连，阴阳初末契，皂白金徒乐，苍黄古亦然。满堂金已散，一草命无全，绝塞尘无起，杨朱宁漫泣。不时经废宅，无地见荒堙，劳心遽益倦，洪炉当剑戟，大匠主陶甄。阮籍不空眠，人心遽唯允，上意今亦先，血首待花砖，地峻清流急。谏多心弥果，星回议亦先，军庭青楚廷，金马门徒乐，蒲轮诺末宣。天高白日悬，相桐青虚艺，始贺官殊败，寻闻御食谲，灾蝗虽犯稼，重德北临边。会逢嵩岳幸，应见清滨晚，茜草欲依躔，楚国风殊革，夷门政已传，深谋南界郡，重德北临边。	《全唐诗补逸》卷一一，彭定求等编《全唐诗》第13册，第10494~10495页

续表

篇名	作者	相关太原尹	内容	出处
《戊午感事书怀二百韵谨献荀太原相公淮南李相公汉南李仆射宣武李尚书》	张祜	裴度	迹恋丰公切，心依魏相专。潘方夸甚圣，三千拥簪纪。乐音尤在律，十万各旌旆。花塔醉妖铅，子夜修开乾。卧大犀舆轭，星象修汾汩。诗秋叠彩笺，入室风仪词。蟹黄咸满著，鸣骝跃锦鞯。鹘鸽舞蹁跹，绿毛鹦鹉细。揭袖从风虎，剪烛艳重然。徐行病本牵，拥护香旋薄。万端饶睡眵，熊白软加滋。谁问李情鹞，文章臻曹植。物外心仍辟，笔砚今犹置。西陵见墓田，沈冠仰露蝉。翠华深喜蔼，诂疏凌绝川。传范逞先贤，话顺詹尹策。步日松阴缺，伤心从楚塞。新参北园阙，一笑泥婵娟。朽心峰杞梓，伤心病已痊。归看峰数峰连，情籁响漭瀇。梦去为蝴蝶，三吴临井塍。百越伶疆境，朝睄人入浦。拔岚石翠鲜，楼卧枕空拳。涧游提破屦，真泪到湘川。生意慕兰茎，黄道非无溢。劳师勿相煎，苦目虚更结。大器能斟酌，阳春飒岭颓。塞旗冬猎猎，红实荔支辨。画鹊文浮浅，军书到谢玄。夜门归妆乐，投枕瞳空旋。勃崒形骸朽，深源亦聚麈。行因竹林寺，萧疏吟草木。浩渺湖波迤，建业天无也。魂游逐杜鹃，江分九派水。嗟驾逸长汗，口肆行卿问。空谈是信缘。轮转功何倍，长材少弃捐。鬼园濡建笔，江鼓夜新麟。酒夕繁含管，雕盘几伏檀。鹍鹋词绮靡，部砌拾花钿。窃语机气嫣，眼回语气嫣。偏思公宁馆，出为柘枝筵。南陌逢车马，姑苏事已焉。诗吟陈陌主，海石一方天。襄造西霞律，僧棋坐与填。侯王如重阳。	《全唐诗补逸》卷一一，彭定求等等编《全唐诗》第13册，第10494~10495页

续表

篇名	作者	相关太原尹	内容	出处
《献太原裴相公二十韵》	张祜	裴度	万古元和史，功名将相殊。英明逢主断，直道与天符。一镜辞西阙，人情每内输。双旌镇北都，轮辕归大匠，剑戟尽洪炉。重轻毫在手，树酌斗回枢。邢告真丞相，陈蕃实丈夫。礼兵真眼色，妖诊共风驱。忧国白髭须，料敌劳天象，几赖平中土，长愁入五湖。虎豹皆亲射，开边过地图。黄河归博望。坐筹不不失，刬狼例刬柘，持钺四无虚。温良美价沽。夔龙甘道劣，贾马分材拙。曙色开营柳，纵横追穴兔。直下灌城狐。举论当前古，秋声动塞榆，推心及后篇。风云知借箭。开眼即天衢。	《全唐诗补逸》卷一，彭定求等编《全唐诗》第13册，第10488页
《投太原李司空》	张祜	李听 或 李光颜 或 李载义	烟尘绕北京，千里动人情。位压中华险，功排上将荣。四方分万石，三镇拥双旌，大都为深寄。雄才身挺立，柱石势映倾。霍氏勋元重，胡家正本清。珠头酬义勇，河家自忠贞。积庆和时出，风云得气生，海岳秾到襄，碧霄膏长日路，龙额疆侯名，曲蘖功归智，盐梅味到襄，宾礼尽逢迎，黄犬少年行。号令诛无机，物情周智用，观风审未萌，促座杯心亚，开场镜面平，神隐旗干平，虎占地衣苻，黎绣分排马，鱼金垂重纛，暖阁朝庭简，深符夜妆生。青城乱昏瞰，罗袖神球轻，羸弱病刘桢。试暗秦台下，应回照胆明。	《全唐诗补逸》卷一〇，彭定求等编《全唐诗》第13册，第10486页

续表

篇名	作者	相关太原尹	内容	出处
《送慈恩寺霄韵法师谒太原李司空》	贾岛	李听 或 李光颜 或 李载义	何故谒司空，云山知几重。碛遥来雁尽，雪急去僧迟。清磬先寒角，禅灯彻晚峰。旧房闲片石，倚着最高松。	彭定求等编《全唐诗》卷五七二，第9册，第6701页
《送僧游五台兼谒李司空》	张籍		远去见双节，因行上五台。化楼侵晓出，雪路向春开。边寺连峰去，胡儿听法来。定知巡礼后，解夏始应回	彭定求等编《全唐诗》卷三八四，第6册，第4326页
《送僧往太原谒李司空》	朱庆馀		已共邻房别，应无更住心。中时过野店，后夜宿寒林。寺去人烟远，城连塞雪深。禅余得新句，堪对上公吟	彭定求等编《全唐诗》卷五一四，第8册，第5912页

参考文献

一 史料古籍

（唐）李延寿：《北史》，中华书局，1974。

（唐）魏徵：《隋书》，中华书局，1973。

（唐）温大雅：《大唐创业起居注》，李季平、李锡厚点校，上海古籍出版社，1983。

（唐）吴兢：《贞观政要》，上海古籍出版社，1978。

（唐）李林甫等：《唐六典》，陈仲夫点校，中华书局，1992。

（唐）长孙无忌等：《唐律疏议》，刘俊文点校，中华书局，1983。

（唐）杜佑：《通典》，中华书局，1988。

（唐）李吉甫：《元和郡县图志》，中华书局，1983。

（唐）李德裕著，傅璇琮、周建国校笺《李德裕文集校笺》，河北教育出版社，2000。

（唐）张鷟：《朝野佥载》，赵守俨点校，中华书局，1979。

（唐）刘𫗧：《隋唐嘉话》，程毅中点校，中华书局，1979。

（唐）刘肃：《大唐新语》，许德楠、李鼎霞点校，中华书局，1984。

（唐）李泰等著，贺次君辑校《括地志辑校》，中华书局，1980。

（后晋）刘昫：《旧唐书》，中华书局，1975。

（宋）欧阳修、宋祁：《新唐书》，中华书局，1975。

（宋）司马光：《资治通鉴》，中华书局，2013。

（宋）王溥：《唐会要》，中华书局，1960。

（宋）王溥：《五代会要》，中华书局，1998。

（宋）宋敏求：《唐大诏令集》，中华书局，2008。

（宋）程大昌：《雍录》，黄永年点校，中华书局，2002。

（宋）王象之：《舆地纪胜》，李勇先点校，四川大学出版社，2005。

（宋）晁公武撰，孙猛校证《郡斋读书志校证》，上海古籍出版社，
　　1990。

（宋）王钦若等编《册府元龟》，中华书局，1960。

（宋）李昉等：《太平御览》，中华书局，1960。

（宋）李昉等：《太平广记》，中华书局，1961。

（宋）李昉等：《文苑英华》，中华书局，1966。

（宋）赵彦卫：《云麓漫钞》，傅根清点校，中华书局，1996。

（宋）程大昌：《考古编》，刘尚荣校证，中华书局，2008。

（宋）赞宁：《宋高僧传》，范祥雍点校，中华书局，1987。

（宋）马端临：《文献通考》，中华书局，1986。

（宋）邵伯温：《邵氏闻见录》，上海古籍出版社，2012。

（宋）邵博：《邵氏闻见后录》，中华书局，1983。

（元）骆天骧：《类编长安志》，黄永年点校，三秦出版社，2006。

（元）脱脱等：《宋史》，中华书局，1977。

（清）徐松：《唐两京城坊考》，中华书局，1985。

（清）徐松辑《河南志》，高敏点校，中华书局，1994。

（清）顾祖禹：《读史方舆纪要》，贺次君、施和金点校，中华书局，2005。

（清）赵翼撰，王树民校证《廿二史札记校证》，中华书局，1984。

（清）王昶：《金石萃编》，中国书店，1985。

（清）董诰等编《全唐文》，中华书局，1983。

（清）彭定求等编《全唐诗》（增订本），中华书局，1999。

（清）王鸣盛：《十七史商榷》，陈文和、王永平、张连生、孙显军校点，凤凰出版社，2008。

（清）龚新、沈继贤、高若岐：《重修太原县志》，清雍正九年。

（清）费淳、沈树声：《太原府志》，清乾隆四十八年。

二 今人专著

白寿彝总主编《中国通史》，上海人民出版社、江西教育出版社，2015。

岑仲勉：《隋唐史》，高等教育出版社，1957。

陈金生：《中国古代民族关系中的质子研究》，兰州大学出版社，2008。

陈寅恪：《隋唐制度渊源略论稿》，《唐代政治史述论稿》（合订本），生活·读书·新知三联书店，2001。

戴伟华：《唐方镇文职僚佐考》，广西师范大学出版社，2007。

冻国栋：《唐代人口问题研究》，武汉大学出版社，1993。

杜文玉：《五代十国制度研究》，人民出版社，2006。

范文澜：《中国通史简编》（修订本），人民出版社，1969。

韩国磐：《隋唐五代史纲》（修订本），人民出版社，1979。

河南省文物研究所、河南省洛阳地区文管处编《千唐志斋藏志》，文物出版社，1984。

贺业钜：《唐宋市坊规划制度演变探讨》，《中国古代城市规划史论丛》，北京中国建筑工业出版社，1986。

胡戟等：《二十世纪唐研究》，中国社会科学出版社，2002。

黄永年：《唐史史料学》，上海书店出版社，2002。

黄永年：《六至九世纪中国政治史》，上海书店出版社，2004。

黄永年：《唐史十二讲》，中华书局，2007。

黄永武：《敦煌宝藏》，台北：新文丰出版公司，1982。

李纲主编《晋阳古都研究》，山西古籍出版社，2002。

李孝聪主编《唐代地域结构与运作空间》，上海辞书出版社，2003。

洛阳市文物工作队：《洛阳出土历代墓志辑绳》，中国社会科学出版社，
　　1991。

毛汉光主编《唐代墓志铭汇编附考》，台北：中研院历史语言研究所专
　　刊，1985。

宁欣：《唐宋都城社会结构研究——对城市经济与社会的关注》，商务印
　　书馆，2009。

乔栋、李献奇、史家珍编著《洛阳新获墓志续编》，科学出版社，2008。

荣新江：《中古中国与外来文明》，生活·读书·新知三联书店，2001。

荣新江：《中古中国与粟特文明》，生活·读书·新知三联书店，2014。

山西省史志研究院编《山西通志》，中华书局，1997。

史念海：《中国古都和文化》，中华书局，1998。

谭其骧主编《中国历史地图集》第5册，中国地图出版社，1982。

唐长孺：《唐书兵志笺正》，科学出版社，1957。

王寿南：《唐代藩镇与中央关系之研究》，台北：大化书局，1978。

王义康：《唐代边疆民族与对外交流》，黑龙江教育出版社，2013。

王贞平：《多极亚洲中的唐朝》，上海文化出版社，2020。

王振芳：《大唐北都》，北岳文艺出版社，2009。

吴钢等编《全唐文补遗》（第1~9辑），三秦出版社，1994~2007。

吴廷燮：《唐方镇年表》，中华书局，1980。

夏炎：《唐代州级官府与地域社会》，天津古籍出版社，2010。

闫建飞：《走出五代：十世纪藩镇研究》，四川人民出版社，2023。

严耕望:《唐代交通图考》,上海古籍出版社,2007。

杨作龙、赵水森等编《洛阳新出土墓志释录》,北京图书馆出版社,
　　2004。

俞钢整理《全宋笔记》,大象出版社,2019。

张达志:《唐代后期藩镇与州之关系研究》,中国社会科学出版社,
　　2011。

张国刚:《隋唐五代史研究概要》,天津教育出版社,1996。

张国刚:《唐代藩镇研究》,人民大学出版社,2010。

张荣芳:《唐代京兆尹研究》,台北:台湾学生书局,1987。

张希舜主编《隋唐五代墓志汇编·山西卷》,天津古籍出版社,1991。

赵跟喜、张建华主编《新中国出土墓志·千唐志斋卷》,文物出版社,
　　2008。

赵君平编《邙洛碑志三百种》,中华书局,2004。

赵君平、赵文成编《河洛墓刻拾零》,北京图书馆出版社,2007。

赵文成、赵君平编选《新出唐墓志百种》,西泠印社出版社,2010。

周绍良等编《唐代墓志汇编》,上海古籍出版社,1992。

周绍良主编《全唐文新编》,吉林文史出版社,2000。

周绍良等编《唐代墓志汇编续集》,上海古籍出版社,2001。

朱士光:《中国古都学的研究历程》,中国社会科学出版社,2008。

〔英〕崔瑞德编《剑桥中国隋唐史》,中国社会科学院历史研究所、西
　　方汉学研究课题组译,中国社会科学出版社,1990。

〔美〕宇文所安:《初唐诗》,贾晋华译,生活·读书·新知三联书店,
　　2004。

〔美〕宇文所安:《盛唐诗》,贾晋华译,生活·读书·新知三联书店,
　　2004。

〔美〕宇文所安:《晚唐:九世纪中叶的中国诗歌(827~860)》,贾晋华、
　　钱彦译,生活·读书·新知三联书店,2011。

〔日〕渡边信一郎:《中国古代的王权与天下秩序——从日中比较史的视

角出发》，徐冲译，中华书局，2008。

〔日〕渡边信一郎：《天空の玉座——中国古代帝国の朝政と仪礼》，东京，柏书房株式会社，1996。

〔日〕堀敏一：《唐末五代變革期の政治と經濟》，东京，汲古书院，2002。

Victor CunRui Xiong, *Sui-Tang Chang'an: A Study of the Urban History of Medieval China*，The University of Michigan, 2000.

三　论文

艾冲：《论唐代前期"河曲"地域各民族人口的数量与分布》，《民族研究》2003 年第 2 期。

艾冲：《唐代漠北铁勒诸部羁縻府州的建置与移徙》，《陕西师范大学学报》（哲学社会科学版）2008 年第 6 期。

常一民：《唐北都城址试探》，中国古都学会编《中国古都研究》第 4 辑，浙江人民出版社，1986。

陈明光、王敏：《唐朝开元天宝时期节度使权力状况析论》，《厦门大学学报》（哲学社会科学版）2006 年第 3 期。

陈翔：《唐代中央与地方关系研究——以三类地方官为中心》，博士学位论文，武汉大学，2010。

崔彦华：《"邺—晋阳"两都体制与东魏北齐政治》，《社会科学战线》2010 年第 7 期。

丁海斌、张思慧：《作为军镇制陪都之唐北都太原研究》，《中原文化研究》2020 年第 6 期。

冻国栋：《唐代前期的岢岚镇与岢岚军——读敦煌所出〈诸道山河地名要略〉残卷札记之一》，武汉大学历史系魏晋南北朝史研究室编《魏晋南北朝隋唐史资料》第 14 辑，武汉大学出版社，1996。

樊文礼：《唐末五代代北集团的形成和沙陀王朝的建立》，《中国中古史论集——中国中古社会变迁国际学术讨论会论文集》，2000。

樊晓静:《唐代并州经济研究》，硕士学位论文，山西师范大学，2018。

冯金忠:《唐代储帅制度考论》，张金龙主编《黎虎教授古稀纪念中国古代史论丛》，世界知识出版社，2006。

傅雪菲:《令狐楚章奏文研究》，硕士学位论文，广西师范大学，2012。

高霞:《试论唐朝河东道的军事地位和军队部署》，《山西师大学报》(社会科学版)2006年第A1期。

葛承雍:《西安唐代奚族质子热瓌墓志解读》，《考古》2014年第10期。

耿强:《唐肃宗至唐宪宗时期河东节度使及辖区研究》，硕士学位论文，陕西师范大学，2012。

桂齐逊:《唐代河东军研究》，硕士学位论文，中国文化大学，1997。

贾志刚:《唐代河东承天军史实寻踪——以五份碑志资料为中心》，《人文杂志》2009年第6期。

姜剑云:《有关令狐楚的几点考辨》，《山西大学师范学院学报》(综合版)1992年第1期。

姜剑云:《令狐楚年谱简编》，《山西大学学报》(哲学社会科学版)1999年第3期。

李钢:《从考古发现追溯晋阳文化渊源》，《晋阳学刊》2001年第6期。

李鸿宾:《唐朝后期北方的边地与民族研究》，《历史教学》(高校版)2007年第9期。

李鸿宾:《唐朝北部疆域的变迁——兼论疆域问题的本质与属性》，《中国边疆史地研究》2014年第2期。

李伟、王振芳:《唐太宗的太原情结》，《文史月刊》2006年第5期。

李裕民:《唐代太原的建置沿革——北都研究之一》，《城市研究》1989年第2期。

李裕民:《唐代太原的总管与都督——北都研究之二》，《城市研究》1989年第4期。

李裕民:《唐代太原的长史》，《城市研究》1989年第5期。

李裕民：《唐代的太原尹》，《城市研究》1990 年第 1 期。

李裕民：《唐代太原的城门与街坊》，《城市研究》1992 年第 4 期。

李裕民：《李光弼太原保卫战》，《城市研究》1994 年第 2 期。

李振华：《隋唐时期河东道北部地区治边机构演变研究》，硕士学位论
　　文，陕西师范大学，2011。

梁征：《唐末五代的太原》，硕士学位论文，北京师范大学，2004。

廖靖靖：《二十一世纪以来唐代太原研究新动态》，樊英峰主编《乾陵文
　　化研究》第 10 辑，三秦出版社，2016。

林荣贵：《五代十国的辖区设治与军事戍防》，《中国边疆史地研究》1999
　　年第 4 期。

刘安志：《唐五代押牙（衙）考略》，武汉大学历史系魏晋南北朝隋唐
　　史研究室编《魏晋南北朝隋唐史资料》第 16 辑，武汉大学出版社，
　　1998。

刘冬：《论唐后期边将范希朝的治边活动》，《内江师范学院学报》2012
　　年第 1 期。

刘文静：《以陪都留守为核心的中国古代陪都官制演变初探》，硕士学位
　　论文，辽宁大学，2016。

刘晓艳：《从唐中后期使相的变迁看唐末地方独立化的进程》，硕士学位
　　论文，天津师范大学，2012。

刘正民：《西域籍沙陀人在中原称帝及其历史作用》，《新疆师范大学》
　　（哲学社会科学版）2001 年第 4 期。

宁可、阎守诚：《唐末五代的山西》，《晋阳学刊》1984 年第 5 期。

宁欣、史明文：《笔记小说的演变与唐宋社会研究》，《西北师大学报》
　　（社会科学版）2002 年第 5 期。

宁欣：《唐宋城市经济社会变迁的思考》，《河南师范大学学报》（哲学社
　　会科学版）2006 年第 2 期。

宁欣：《论题：如何发掘笔记小说中的唐宋城市社会经济信息》，《历史
　　教学问题》2007 年第 4 期。

片山章雄:《关于 Toquz Oruz 与"九姓"的几个问题》,章莹译,吴大山校,《西北史地》1986 年第 3 期。

齐子通:《如影随形:唐宋之际都城东移与北都转换》,《中国史研究》2020 年第 2 期。

任崇岳:《契丹与五代山西割据政权》,《晋阳学刊》1984 年第 5 期。

任艳艳:《建中末河东道政区调整与德宗藩镇政策》,《江汉论坛》2011 年第 5 期。

石云涛:《唐开元、天宝时期边镇僚佐辟署制度》,荣新江主编《唐研究》第 7 卷,北京大学出版社,2001。

石云涛:《唐诗中长安——晋阳官驿道上的行旅——兼谈晚唐诗人杜牧北上游边的经历》,《晋阳学刊》2018 年第 5 期。

史念海:《中国古都概说(一)》,《陕西师大学报》(哲学社会科学版)1990 年第 1 期。

史念海:《中国古都概说(五)》,《陕西师大学报》(哲学社会科学版)1991 年第 1 期。

谭其骧:《山西在国史上的地位——应山西史学会之邀在山西大学所作报告的记录》,《晋阳学刊》1981 年第 2 期。

汪家华:《唐代长史述考》,博士学位论文,华东师范大学,2011。

王程乐:《唐代方镇使府僚佐与笔记小说》,硕士学位论文,上海师范大学,2011。

王继祖:《太原建置史略》,《晋阳学刊》2001 年第 6 期。

王建国:《唐代韦杜家族宰相综论》,《渭南师范学院学报》2012 年第 7 期。

王小甫:《隋唐五代东北亚政治关系大势》,王小甫主编《盛唐时代与东北亚政局》,上海辞书出版社,2003。

王育民:《论唐末五代的牙兵》,《北京师院学报》(社会科学版)1987 年第 2 期。

王振芳:《论太原在唐初期的战略地位》,《城市改革理论研究》1988 年第 5 期。

王振芳：《论太原在五代的战略地位》，《山西大学学报》（哲学社会科学版）1997 年第 3 期。

小野川秀美：《铁勒考》，王恩庆译，《民族史译文集》第 6 辑，中国社会科学院民族史研究所，1978。

宿白：《隋唐城址类型初探（提纲）》，《纪念北京大学考古专业三十周年论文集》，1982。

杨晓霭：《令狐楚简论》，《兰州大学学报》（社会科学版）2002 年第 6 期。

杨宇婷：《唐末五代河东地区与沙陀势力研究》，硕士学位论文，内蒙古师范大学，2022。

阴朝霞：《唐代河东道研究——以敦煌文书为中心》，硕士学位论文，西北师范大学，2010。

张春兰：《唐五代时期的城市管理制度》，杜文玉主编《唐史论丛》第 11 辑，三秦出版社，2009。

张广达：《唐代六胡州等地的昭武九姓》，《北京大学学报》（哲学社会科学版）1986 年第 2 期。

张国刚：《唐代藩镇军将职级考略》，《学术月刊》1989 年第 5 期。

张国清、许文娟：《试论李克用河东幕府的建立及其人员构成》，《新余学院学报》2011 年第 3 期。

张捷夫：《山西在唐代的地位》，《沧桑》1995 年第 3 期。

张明禄：《唐代河东道经济发展概论》，硕士学位论文，山西大学，2005。

智宇晖：《北门军镇　塞外江南——唐诗中的太原》，《中北大学学报》（社会科学版）2015 年第 2 期。

周契：《唐代山西经济发展试探》，硕士学位论文，山西大学，2005。

周振鹤：《东西徘徊与南北往复——中国历史上五大都城定位的政治地理因素》，《华东师范大学学报》2009 年第 1 期。

朱一帆：《唐末五代河东地区军事地理研究》，硕士学位论文，云南大学，2015。

森部丰:《〈大會抄録〉唐末五代河東地域におけるソグド系武人の系統
　　と沙陀勢力》,《東洋史研究》2002 年第 3 期。

山下将司:《唐の太原挙兵と山西ソグド軍府:〈唐・曹怡墓誌〉を手が
　　かりに》,《東洋学報: 東洋文庫和文紀要》2012 年第 4 期。

西村阳子:《唐末五代の河東道北部における沙陀集団の内部構造に
　　ついて:〈契苾通墓誌銘〉の分析を中心として(東洋史部会, 第
　　一〇三回史学会大会報告)》,《史學雜誌》2005 年第 12 期。

后　记

　　距离第一次在纸面上兴奋地写下"得太原者得天下"，已有十一年。那是在 2012 年 4 月业师宁欣教授的隋唐五代史课上，当时讲到三都中北都的特殊性，从北朝霸府到隋灭唐立的龙兴之地，再成为唐末五代各方力量的屯兵处，其中多少政治斗争、风流人物，战马嘶鸣处风卷旌旗。听起来热血沸腾，下课后意犹未尽，我遂去图书馆阅读和搜集史料。不禁联想，边疆诸族在马背上经历漫长的旅程，穿越沙漠、草原，终于遥遥望见太原城墙，即将走入第一座唐朝中心城市时，他们会是怎样的心情。震撼、忐忑、好奇或是满怀期待？此前听过的千百个中原故事终于可以亲自去验证。"并州士马豪"，呈现出凛冽又激荡的独特魅力，令我在论文选题时果断放弃热闹繁华的长安与洛阳，拒绝"扬一益二"的温柔，投入北都的怀抱。

　　从硕士论文到博士论文，业师以城市史与社会阶层研究的两条线索引导我前行，让我看到一座城、一群太原尹、不计其数的僚佐、复杂多样的民族交往状态，以及北都拱卫两京的掎角之势。毕业来中央民大工作后，我很长时间不敢回看自己的博士论文，总觉得它充满了遗憾与不足，每每遇到相关文献就对文章增增补补，读到河东、北都新研究就希望能更新理论、拓展思路。真正感觉能给论文注入"活的灵魂"，是从2021年陈涛师兄邀请我参加何兹全先生110周年诞辰的会议。我当时想写一篇学术史回顾，就阅读学习了何先生全部的论著。那一个暑假，我都沐浴在先生的学问、治学思想、择善而固执之的信念中，对中国古代史上民族的斗争交融、和同为一家的主流，有了更深入的理解。将之与中华民族共同体、"三交史"的研究相结合，以重新审视唐代的北都旧事，我的论文终于有了自己的特点。

　　惶恐地想给师友们呈现这本小书，感觉到了"翻山越岭"的前一刻。这让我忆起跟宁老师爬山的经历。当我跪倒在半山腰、退堂鼓打得咚咚响时，逢高必上的老师总是活力十足地呼唤我："靖靖，快上来，山顶有好东西！怕停不怕慢啊！"我满头大汗、心慌气短地登上山峰，与老师共享清风拂面、山河辽阔，长舒一口气，又要翻越下一座山了。写完这篇文字，我也要踏上隋唐五代的城市、人群、边疆的继续探索之路了。

　　特别感谢我的论文答辩"座主"阎守诚老师，他是宁老师之外最相信我能把太原尹研究做出来的人，每次见面都赠给我相关书籍，送来暖心的鼓励与学术指引。本书能够出版离不开中央民大史院的支持和社会科学文献出版社的帮助。谢谢郑庆寰师兄对我无限的关照和宽容，让我拖欠书稿至今。最后要感谢我的爱人张永皓，我曾经因为博士论文和书稿而流下的泪水都是被他轻轻擦去，没有他的温柔、幽默、信赖、陪伴，我的脸上怎会那么多笑容。

2023 年 9 月 26 日
于中央民族大学

图书在版编目（CIP）数据

镇守与共荣：唐代的太原尹 / 廖靖靖著. -- 北京：
社会科学文献出版社, 2023.12
　　（九色鹿. 唐宋）
　　ISBN 978-7-5228-2881-7

Ⅰ.①镇… Ⅱ.①廖… Ⅲ.①地方政府－官员－行政
管理－研究－太原－唐代 Ⅳ.①D691.22

中国国家版本馆CIP数据核字（2023）第226479号

·九色鹿·唐宋·

镇守与共荣：唐代的太原尹

著　　者 / 廖靖靖

出 版 人 / 冀祥德
组稿编辑 / 郑庆寰
责任编辑 / 汪延平
责任印制 / 王京美

出　　版 / 社会科学文献出版社·历史学分社（010）59367256
　　　　　　地址：北京市北三环中路甲29号院华龙大厦　邮编：100029
　　　　　　网址：www.ssap.com.cn
发　　行 / 社会科学文献出版社（010）59367028
印　　装 / 三河市东方印刷有限公司

规　　格 / 开　本：787mm×1092mm　1/16
　　　　　　印　张：16.5　字　数：237千字
版　　次 / 2023年12月第1版　2023年12月第1次印刷
书　　号 / ISBN 978-7-5228-2881-7
定　　价 / 78.80元

读者服务电话：4008918866